U0731481

REAL ESTATE
OPPORTUNITIES

房地产风口

中国房地产何处去？

杨家浩◎著

人民日报出版社

图书在版编目（ＣＩＰ）数据

房地产风口 / 杨家浩著. —— 北京：人民日报出版社, 2016.8
ISBN 978-7-5115-4113-0

Ⅰ. ①房… Ⅱ. ①杨… Ⅲ. ①房地产市场—研究—中国
Ⅳ. ①F299.233.5

中国版本图书馆CIP数据核字（2016）第205536号

书　　　名：房地产风口
作　　　者：杨家浩

出　版　人：董　伟
责任编辑：袁兆英
封面设计：张　逸

出版发行　人民日报出版社
社　　　址：北京金台西路2号
邮政编码：100733
发行热线：（010）65369527　65369846　65369509　65369510
邮购热线：（010）65369530　65363527
编辑热线：（010）65363105
网　　　址：www.peopledailypress.com
经　　　销：新华书店
印　　　刷：北京天宇万达印刷有限公司

开　　　本：710mm×1000mm　1/16
字　　　数：300千字
印　　　张：19.5
印　　　次：2016年8月第1版　　2016年9月第1次印刷

书　　　号：ISBN 978-7-5115-4113-0
定　　　价：48.00元

推荐序

　　中小型房地产企业时下正面临转型或改造升级，房地产风口这本书正是当下房地产企业需要的书，它将为房地产行业转型成功提供新的方向。

2016.9.19

房地产风口
课题研究顾问团

叶明钦	林明森	陆学政	邢有海
张　蛟	武爱荣	苏　磊	蒋祖辉
陈进庆	冯　焕	陈　洪	刘永斌
陈裕霖	邱计珲	刘向阳	陈永生
丛　军	李　强	许　峰	何世川
秦　楠	袁　宏	李　鲆	刘　颖
李为斌	赵文献	孟世杰	刘必恩
同　欣	张贞豪	陈为椾	孙康升

Preface

前　言

　　"没有成功的企业，只有时代的企业"这句话在当下是最恰当不过的，随着移动互联网时代的到来，各传统行业不断被颠覆，有的传统企业直接被淘汰出局，作为中小型房地产企业，如果没有被淘汰出局都是很庆幸的事了。如果你身为中小型房地产企业的老板，还是按传统思维模式做事，流连于房地产黄金时代的情景中，徘徊在十字路口，那你真的OUT了。

　　面对"互联网+"时代，国企、上市等大型房企凭借庞大资本和资源的优势，可以任性着在一二线核心城市抢地，当地王，可以有耐心去库存化，造豪宅。但众多的中小型房地产企业如何生存？

　　房地产行业的格局已经发生裂变，曾经的行业做法已经过时了，传统商业模式已被变革。世界变了，风口来了！在"互联网+"环境下，房地产转型的风口机会已到来，作为房地产开发商的你，是否已在风口下有所布局？

　　在房地产行业风口下，我们一群地产人深感现在房地产行业不易，汇聚一些行业信息，剖析发展之趋势，罗列出数类房地产风口的方向，使业界同仁能在极短时间内认清形势，改变思路，决定出路，不做时代巨轮下的牺牲品，借本书，道出风口未来方向，供业界同仁阅判，希望业界同仁能从其中有所受益，不枉我们的努力。

　　2016年初，当人们期待的万宝股权之争有个开年大戏之时，却迎来2016年股市新年开盘交易日因实施熔断机制，股票暴跌两个交易日，股市市值蒸发8万多亿，不管原因是熔断机制造成，还是股票注册制的提前实施，都表明2016年整体实体经济下滑的趋势，两天的市值缩减已相当于2015年全年中国房地产市场9万亿的销售额。2016年春节后，中国一二线核心城市的房价因为宏观调控放松、央行降息降准、政府去库存政策及首付金融杠杆放大诸多因素影响，从初春出现了惊人的疯涨，我们担心这波一二线城市房价大涨，是否会重演去年A股的大股灾情景，成为房地产行业盛世的最后狂欢？

　　中国房地产市场从改革开放诞生以来，从一个一穷二白的物质匮乏的经济体、从一个房地产行业制度政策真空，至今已有三十多年时间的发展历史，历经了中国特色的体制改革，从无制度政策到自由开放市场，从暴涨暴跌到政策控制，从经济危机到4万亿资本注入；从穷得叮当响的京城拆迁户到腰缠万贯的土豪金老板，从土地倒爷到国际金融掮客，从炒房族到全国炒房团，买房如买白菜，横扫售楼部，成就了不少投资大咖，从建筑小包工头发展成为千亿级的大富豪。国家经济实力一跃成为世界第二大经济体，无一不是和房地产发展有紧密关系。当然，中国人购置房产跟中国五千年文化也息息相关，中国人口基数之多，对房地产市场影响之

大，是别国无法相比。如此好的房地产市场机会，造就了房地产行业，成为众人皆知的中国历史以来的黄金大行业。

但是，随着人口红利殆尽，加上中国城市化的逐步放缓，紧随政府扩城运动的大中小型房地产开发商，制造了大量同质化产品，特别是三、四线及以上的城市，它们的房地产总量占中国房地产总量高达70%－80%左右！为此，产能出现过剩，实际刚需不需要那么多房子，中国房地产市场大部分地区价格滞涨了，投资房地产已变成无利可图了。未来要使中国经济持续发展，需要从其他方向提供新动能，从而使中国房地产进入下半场，行业已看到天花板，行业内部格局已发生裂变。从事房地产行业的不得不面对行业改造升级或转型的问题。未来行业规模集中度还会越来越大，大鱼吞小鱼、快鱼吃慢鱼成为必然。现在的一二线核心城市核心区域房地产暴涨现象，是城市资源配置不公，导致稀缺现象所致，是面粉比面包贵的特例。行业已是末日黄花，传统意义上房地产开发，只属于少部分大咖所拥有。

随着移动互联网时代的到来，新兴科技革命的渗入，互联网思维模式的兴起，人们的工作方式和生活方式也发生了质的变化，在"互联网+"下，影响的不仅仅是思维层面和策略层面，对传统企业的文化、组织结构、产品、创新、管理、营销等均产生重大影响。传统行业进入"互联网+"的历史性机遇已经来临。这种趋势是"大势所趋、不得不为"，也是"大有所为、事在人为"。"互联网+"在当下已成为中国经济的最大风口，"互联网+"将为中国经济发展带来新能量、新机遇、新发展，传统产业和新兴产业均会受益于此。"互联网+"时代下传统实体的业态模式改变将催生新的商业业态和新的商业模式，站在"互联网+"的风口上顺势而为，会使中国经济飞起来。房地产行业也正从内因的格局裂变到外部"互联网+"的冲击与挑战，一方面给房地产带来了危机，另一方面也能让房地产获得重生机会，为房地产的发展注入新动力。

房地产作为民生最重要的资产，会自动或被动地去转型，以适应当下时代的需求，各种转型升级的房地产风口随之而生，你信与不信，房地产风口就在那儿。

与"互联网+"一样，处于转型升级的房地产"+"风口也将顺势开启，未来房地产行业不再是单一的房地产了，而一定是"房地产+"的组合，"+"可以有不同的组合，这些组合中，以房地产为中心去"+"不同的经济体（含线上线下的产业），形成新的商业业态，例如：房地产+"互联网+"、房地产+产业、房地产+大金融等，整个行业将从"资源重组"过渡到"价值重组"，在"+"之后形成新的商业模式，从而成了互联网+时代下房地产风口的产业。

作为房地产开发商以及相关联的上下游产业链企业，现在首先要做的是改变思想观念和商业理念，过去的房地产黄金时代的资源价值和传统观念及操盘模式都要让它随风而去，否则作为房地产行业的你什么时候被淘汰出局还都蒙在鼓里呢！现在的商业逻辑思维要从未来看现在，发现更多的机会。在互联网时代，互联网思维成为最根本的商业思维，互联网思维下的用户至上、用户痛点的解决，正是所有旧商业模式变革的起点、原点。传统企业遇到的最大挑战是基于互联网的颠覆性挑战，因此同仁们要做的是，勇于颠覆或自我革新，迎接挑战，顺势"房地产+"下的风口而为，不被当下时代所抛弃。

在"互联网+"下，"互联网+"本身就是风口，房地产行业顺势而为，就能制造出风口；随着各大行业的互联互通，互联网+产业、互联网+平台、互联网+共享经济等模式都可以产生新的商业模式，因而房地产"+"它们，就成了房地产风口了；以链家、房多多、好屋中国、爱屋吉屋等全民线上经纪人大张旗鼓在线上卖房颠覆线下售楼部时，传统的置业顾问疯了，营销模式变了，电商平台来了，首付成为杠杆化，都因"互联网+"的出现而成为房地产+新商业模式风口。

在当下的房地产存量市场中，消费替代投资成主要增长亮点，消费服务业比重大幅提升的背景下，新商业模式思维是要把住户变成用户，让房地产开发商转变成为生活综合服务商，让旗下的物业公司转变思维，融入社区O2O，为业主提供增值服务产生风口。随着移动互联网和智能手机的到来与普及，线上线下的社区O2O万亿等待挖掘的金矿理所当然成为房地

产+的一个风口。

国家对智慧社区的重点打造,智能家居享受智能生活,这个就是未来家生活场景,城市更新下的旧房的二次改装及互联网家装的兴起,国家供给侧落地的实施,房地产C2B定制等这些必将成为房地产+的一个风口。

当提倡共享经济成为下十年左右全球经济的风向标时,以AIRBNB、途家、蚂蚁短租和WEWORK、庆庆哥等众创空间的兴起,以及政府消化房地产库存之时,共享经济不想成为房地产风口下产业都难啊!

2015年末,当恒大亚冠赛胜利,亮出恒大人寿标语时,当万达转型文化旅游地产、多元化并行、国外影院并购成功时,当碧桂园海外布局森林城市,中小型房企进军休闲农业、电商产业园、养老地产、物流地产时,当这些产业地产成为政府建造新城镇化中坚力量之时,房企布局产业就是房地产+的大风口。

互联网金融成为普惠金融、互联网众筹玩转房地产,私募地产基金对房企越来越近,REITs信托基金、资产证券化日益成熟,房企轻资产运营、房企大吃小的并购重组成为常态,房企布局大金融,步入国际化,房地产+大金融就成了房地产的超级大风口。

本书将从以上几种已产生的房地产风口的现象,深入浅出地论述,更多的风口之下新的商业模式即将出现,互联网+环境下房地产风口已到来,中小型房地产企业现在及时转变思路,紧跟时代的节奏,把握机会,就能争取更大的成功。

以上为自序,因水平有限难免有过错之处,请包涵指正。

杨家浩

2016年5月

Contents

目　录

Chapter 1

第一章

房地产的黄金时代

　　中国从改革开放以来，从一个一穷二白的国家，发展成为富可敌国的世界第二大经济体，这与房地产的发展是密不可分的，因为房地产产业发展带动的100多个相关联产业的发展，从而形成的相辅相助的联动发展，同时也解决世界上人口最多住房问题的国家，这也是国际上没有可比的经典先例，房地产产业对中国的贡献很大。

　　在房地产刚开始发展阶段，由于没有经验，开拓者们可谓是摸着石头过河，凭着勇气和信念，在房地产发展过程中取着一步又一步的成功，同时房地产产业也迎来黄金时代。在房地产黄金时代中，从一无所知的淘金者门外汉，成为腰缠万贯的大富豪；从一个建筑小包工头成为一代巨贾。还有各种投资、投机都因房地产发了财，成为土豪大老板。例如：土地倒爷、炒房客、京城拆迁户等等。国家经济实力跃升成为世界第二大经济体。作为黄金行业的中国房地产也制造出亚洲的首富、中国首善等叱咤中国的地产风云人物。还有房地产开发企业100强排行榜的那些趣事儿，到如今他们还在你争我赶突破了一次又一次的房地产行业纪录，就可感受昔日房地产行业无限风光的精彩记忆！这些都是房地产行业黄金时代的点点滴滴见证！

从房改时代到开放市场的变迁

中国房地产市场改革制度到房地产全商品化开放市场的变迁发展史，可以从改革开放初期说起，在20世纪80年代之前，所有房产都是没办法流通的，在1979年上山下乡的知青大规模返城后，住房紧张问题大爆发，原先人均面积还有5.6平方米，到了1979年反而下降到4.5平方米，引起了政府对解决住房紧张的注意，房子这个与民生紧密相关的问题就摆到了桌面上。国家领导人通过访问新加坡，考察了新加坡的公共住房建设情况，当时还将北京的新建住宅和新加坡的住房进行了对比，同时提出了"出售公房，调整租金，提倡个人建房买房"的设想，关于住房问题，明确了房子是可以买卖的，因为它是商品。而在此前，中国人解决住房问题只能靠单位分房，包括政府造房子也是用于福利分配，没有房地产市场。房子是一项重要的福利，1980年是房地产江湖元年，推动房地产行业发展的土改、房改都是在这一年开始启动的，中国的房地产变革蓄势待发。

从1981年开始，在深圳和广州开始搞商品房开发的试点，由于当时搞试点比较成功，后来就在全国小范围的开始试点。之后，政府也解决了经租房问题，人们发现，国家经营租赁多年的个人多余面积房屋产权仍然属于自己，于是他们开始讨回房屋，而这个时候，政府解决了经租房产权问题，也就意味着鼓励房屋商品化。1982年，房地产房改进程又进一步，开始尝试商品房预售制，房改的历史的车轮不断向前迈进。

谈到房地产预售，必须谈到一个关键人物。当时有个叫尚志安的陕西人来到深圳淘金，当年的深圳似乎就是个理想国。这里巨大的、几乎没有开发的资源和环境吸引了大量移民。尚志安对深圳市政府夸下海口："给我政策，不用政府一分钱拨款，我就能在荒山野岭上开辟出一个工业区

来"，政府给他一块地。开工后，香港一家企业就来交钱了。尚志安不解道："厂房还没建好，怎收你钱？"港商笑了："我们香港都是先认购，先交钱，后收房。"还有这等好事，他立马过境香港转了两天，茅塞顿开。回来后，他马上开始大面积预售厂房，拿到购房预付款，再去建新厂房。一栋刚建好，下一栋就预售了，不停地滚动。资金如同"滚雪球"越滚越大。到1983年6月，一个上步工业园区已经不够尚志安折腾，面积更大的八卦岭工业区随之开发。大胆利用资本滚动增值原理，使房地产产品快速进入流通领域，边盖房，边预售，甚至刚设计图纸好就开始进入交易，即所谓"卖楼花"。

尚志安的开发模式得到了实践的证明，并大获成功，也得到了一些开发企业的效仿和政府部门的高度关注。从那以后香港式的商品房预售制在中国内地得到开发商引用推广，使得房地产开发企业的融资渠道迅速拓宽，既降低了房地产业的融资成本，又加快了房地产销售，开发商获得急需的建设资金步伐加快，资金回笼过程缩短，单位资金的运作效益提高，房地产业的资金周转加速。商品房预售制度，较好地解决了房地产市场发展初期资金在总量和周期上的缺乏问题，并且逐渐发展成为房地产业进行资本运作的一种经营战略，促进了房地产市场的成长与发展。

1987年12月1日，新中国土地拍卖"第一槌"在深圳开拍，当时有44家企业参与竞拍，中国第一拍落户深房公司。深圳这第一块土地的公开挂牌拍卖，是中国土地商品化的历史性突破，对房地产计划经济走向市场经济意义重大，使房地产市场朝着更加健康和商品全开放市场迈进一大步，没有那"一拍""一改"，也就没有今天的中国房地产市场。到1992年深圳特区的房地产开发非常成功，开发区的经验值得向全国推广，于是政府就吹响了中国房地产住宅开发的号角，1994年，住房公积金制度的建立，对工薪阶层购买住房也起到关键作用，对房地产全面走向市场化得到有力的补充；1998年对中国房地产业来说是关键之年，政府出台政策，停止福利分房，住房分配一律改为商品化。宣布了"福利分房"时代的终结。从此，中国的住房分配，完全走上了商品化的道路。

　　1998年下半年，政府出台了一系列的刺激房地产发展的政策，其中一个是取消福利分房，福利分房从此在中国永远退出了历史舞台，意味着所有的机关单位人员要取得住房，都要到市场上去买房，通过市场来解决住房问题。同时出台的商品房按揭贷款政策，大大降低购房人的门槛，从而使中国的房地产从房改时代到商品市场化时代的华丽转身。2003年8月2日，由当时的建设部门起草的《关于促进房地产市场持续健康发展的通知》（简称"18号文"）获准通过，该文件明确把房地产业确定为国民经济的支柱产业，文件还指出房地产市场持续健康发展，对于全面建设小康社会、加快推进社会主义现代化具有十分重要的意义。这是一项影响乃至改变了中国未来经济趋势和无数人命运的中国房地产改革政策问世，同时也把最后一项政策性极强的保障性住房也换成市场化的商品房，从房改完成到开放市场，房地产行业得到暴发式发展，从此以后中国房地产市场进入高速增长期的十年。

房地产的黄金时代

中国房地产行业发展到2013年，之前都是真金白银时代，中国从一个一穷二白的发展中国家，从房地产行业诞生以来，直接或间接带动了100多个实体行业经济发展，各行各业也都紧跟房地产发展步伐，绽放出自己光鲜一面，整体带动了中国经济的发展。

从前穷得叮当响的一线城市老百姓，由于房子拆迁，领到的补偿款一夜之间让他腰缠万贯，一小包工头及时转型房地产发展成为千亿级的大富豪，炒房投资客闭着眼睛买房都有十几倍的投资回报，国家经济综合实力也一跃成为世界第二大经济体，这一切，无一不是与房地产发展有紧密关系。

纵观房地产产业发展过程，如果按阶段分的话，大概可分为三个阶段：

1984年到1997年，在这个阶段，政策制度真空时期，房地产萌芽发展时期，房子基本没有好坏之分，房子极度匮乏，市场信息极不对称，人们视野不宽阔，只要你敢想敢闯敢干，都可以成为房地产行业以及相关联行业的暴发户，完成第一桶金的原始积累。当时万科的王石、万达的王健林、世纪金源的黄如论、碧桂园的杨国强和国企中海、保利、绿地等一大批地产大佬人物与百强企业都是那个年代发展壮大出来的。在海南经济特区，十万大军横渡琼州海峡，要赚钱到海南，要发财，炒楼花，万通六君子也都是在那个时期淘金海南，结下情谊，日后杀回内地重返房地产业，如冯仑造就的万通地产、潘石屹发展的SOHO帝国、易小迪组建阳光100叱咤地产界，这些例子足够说明那会儿真的是黄金时代。

1998年到2007年，也可说是房地产黄金十年，从1998年住房体制改革开始，中国房地产行业进入了快速发展的阶段，行业内也公认这个阶段

为房地产的黄金时代，这个黄金时代的发展模式由以下因素构成，1998年以后住房体制全面放开，房地产市场进入商品完全市场化运行阶段，针对个人的按揭贷款和住房公积金组合贷款落地执行，50年代至70年代出生的这批人的刚性住房需求，房地产市场呈现量增价涨，各个区域板块房价接二连三轮番猛涨，开发商资金杠杆略微运作，几乎都有几倍的利润可赚。在2002年之前，土地没有实际的招拍挂制度，大部分开发商拿地只是与政府签协议就可圈地开发，土地可以进行分割分批滚动开发，房企少量资金就可撬起大型项目，资金杠杆可放大N多倍，房子销售求大于供，想不赚钱都难，这时期的特点是赚大钱，普通的老百姓也受益匪浅，房子翻倍增值。全中国的人都在享受房地产市场兴旺所带来的红利。也有部分的开发商的盈利模式是建立在土地的持续快速升值上，倒一手土地或长期囤地就会让你成为亿万富翁，是那个阶段的特点。

"那时候闭着眼睛买房都赚钱"，炒房致富成为这十年中草根生意人快速敛财的捷径，通过炒房，也可成为千万富豪。全国的炒房族就是这时期发展起来的。我们知道房地产开发企业在中国只是做资源整合的企业，初期阶段准入门槛非常低。因此，即使没有干过房地产业，或者对这个行业一窍不通的企业，也能很快进入角色，获取暴利。有人曾经发出这样感叹：国美做地产、格力做地产、苏泊尔做地产、奥康做地产、娃哈哈做地产、喜之郎做地产、长城床垫做地产、长虹电器做地产等等，神奇的房地产啊！这是中国房地产业亘古未有的辉煌时期，这段时期的房地产为中国经济的发展做出了巨大的贡献。

2009年到2013年，中国房地产市场走到黄金时代的末端，2008年发生的国际金融危机，全世界经济遍地哀鸿，各国房地产市场跌得一塌糊涂，中国房地产市场也受影响，政府立即启动四万亿入市刺激经济方案以及各地方政府为配合中央政府的方案，纷纷出台地方救市政策，发行地方债，如上海甚至命令国有资产购买房地产，以维持房地产市场的稳定，其实就是不让房地产市场受一点伤害，再如合肥提出这时买房就是爱国、缓交土地出让金、商业住宅可以分割租售等地方政府配套优惠政策，诸多救

市政策出台之后，2009年春节后，房地产市场迅速回升，抢购潮涌现，同时随着中国城市化进程的不断推进，70年代中到80年代末出生的这批非独生子女较庞大的人群刚需住房启动，丈母娘经济也来凑热闹，不买房女不嫁等等利好房市因素，促使这段时期房价又像腾云驾雾一般飞涨，如北京通州2008年每平方米五六千，到了2010年3月，涨到了近两万一平方米，通州地区租售比达到罕见的一千比一，直至2013年，全国房地产房价都超出了人们的预期，政府也加快了扩城运动，全国大中小开发商也一路跟随，高歌猛进，认为房地产黄金时代还未结束，制造出大量同质化的商品房，调查统计房地产市场空置率需要小区看点灯数才能初算出结果，回顾历史，2013年末中国房地产已经走到黄金时代的末端，行业内认定这段时期已进入了房地产投机时代，最后几年也许就是中小型开发商进入癫狂状态，后面就没有什么黄金和白银时代了，最终没有及时退出，面临的将是被迫退出、淘汰或被兼并的结果。

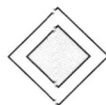

制造首富的大佬时代

中国房地产市场从改革开放以来，经过三十年的发展，高潮迭起，经历房地产泡沫危机前所未有的剧痛，也经历房地产朝气蓬勃所带来财富的幸福时刻，有的地产人被市场无情的巨浪打翻沉入海底，也有的地产人在这过程中经受时代各种浪潮的洗礼，奋进拼搏，终成巨富，以至他们登峰造极，成为房地产业造就的中国首富，归纳一下，他们是那种敢为天下先，开拓进取，不畏艰辛，意志坚定和抱负远大并能掌舵大局的人物。纵观制造首富的房地产界大佬时代，我们就精选出各阶段时期纵横中国房地产时代和叱咤地产界的几位鲜明特色的风云人物，讲述他们的事迹，剖析他们的做事风格作风，领略他们的过人之处，学习借鉴他们的成功所在。

一、王健林——亚洲首富，万达集团创始人

2015年12月30日，最新的彭博亿万富豪指数显示，王健林的财富已达369亿美元，比2015年初增加117亿美元，增幅达46.4%。无论财富总数还是财富增长幅度，都稳居亚洲和华人富豪榜第一，并进一步扩大对其他亚洲富豪的领先优势，在全球富豪榜的排名也攀升至13位。他第二次成为中国首富，这是王健林六年内第五次名列房地产榜首位，也是第一个获得房地产榜首富"四连冠"的企业家。紧随王健林之后的是华人首富李嘉诚和阿里巴巴马云。

王健林军人出身，做事干脆，胆识过人，是血气方刚的企业家。他拒绝模仿，大胆创新，是名副其实的行动派。

受家庭的影响，15岁的王健林就从四川来到东北，入伍参军，28岁成

为一名正团职干部。20世纪80年代中期，"百万裁军"启动，王健林迎来了人生第一个重大的转折。1986年，王健林告别了18年的部队生活，转业来到大连市西岗区政府，一次偶然的机会，让本认为仕途无量的他有了一个新的选择，西岗区政府办的一家国有房地产企业陷入困局，欠了600多万元贷款，当时，区财政一年的财政收入也就700万元。区政府里无人敢接盘，而年轻的王健林"逆向思维"地认为：这个公司办得这么烂，随便弄点成绩就比他们强，这次选择，成了王健林进入房地产行业的契机。

第一年上任，王健林通过旧城改造挖到了第一桶金，成功实现了从"官"到"商"的转型。1992年8月这家公司改制成大连万达房地产集团公司，国有资本逐渐退出万达，他争取并抓住了国企改制的机会，组建属于自己当家做主的公司，从此踏上南征北战的房地产扩张事业中。创业初期的路是艰辛困苦的，为能从银行里头贷出一笔款项，他从早上等到晚上，还见不到行长的面；经历过9天9夜没睡觉，200多场官司需应对等这些创业过程苦涩的事，这些艰辛感受也使他在日后发展过程中更加坚忍不拔、图强奋发和不断进取。

2001年他带领的万达从住宅地产转型到商业地产，专做商业综合体的开发，在建造万达广场前期招商过程中，他为大品牌量身定制卖场，以求入驻，促进万达广场的整体发展。他说过人生做任何的事情，要没有一种咬牙的精神，要没有一种一直坚持到底的精神，是不能成功的。而成功往往都是留给有准备的人，2003年之后，中国城市化加快使商业地产行业得以迅速壮大，由于他布局的前瞻性，在这风口上，万达地产在众多开发商中脱颖而出，成为中国的NO.1的商业地产公司，被称为"万达速度"。以致后来宾主易位，成了别人求自己的局面，当地领导排队登门拜访，以求能招商引资万达到当地开发建设，因为万达有把非中心变成中心的能力，而且速度极快，成为当地政府业绩的孵化器，这也是他在中国商业地产上创造的奇迹。

王健林创办的万达商业地产越来越成功，2013年，万达集团已在全国开业超过80家万达广场，成为全球第二的不动产企业，他个人也登峰造极

成为地产界的首富，第一次登上中国首富的位置。2014年12月23日，万达商业地产在香港联交所主板挂牌交易。融资额高达288亿港元，稳坐港股2014年集资王宝座，并带动香港联交所2014新股集资额摘得全球第二。

他开出了两个药方：其一，轻资产，万达广场还要建，但我不出钱了，未来房地产收入将持续缩减至集团总收入的1/3；其二，多元化，万达优势兵力将转移到新型服务产业，金融与文化是他旗下的两个重点。他要求万达做到八个全球最大，涵盖不动产、电影、体育、儿童娱乐、院线、酒店、旅游和商业O2O平台。按照他的规划，从2016年开始，万达电影制作和发行、万达体育、万达旅游、万达网络金融等业务都将相继上市，这将使他的财富值大幅增长。

继房地产行业时代之后，王健林的成功靠的是创新和执行力，通过前瞻性的战略部署，带领万达商业地产又一次成功转型，抓住中国经济转型带来的成长机遇。在中国千亿级别的企业中，万达的转型开始最早，也最成功。并在电影、体育、旅游、网络金融等中国经济增长最迅速的领域，通过提前布局，抢占先机。可以说，王健林财富的可持续性、成长性在世界顶级富豪中是领先的，到2015年他荣登亚洲首富，是地产界走出来造就的中国乃至亚洲的首富。

二、王石——房地产界教父，万科地产董事局主席

2015年末，万宝股权斗争烈焰烧遍全国，王石喊话反对宝能系入主后的24小时内，万科股票从涨停到短暂停牌，以重组方案启动对宝能系的对抗，反应迅速、动作决绝。一场职业经理人与第一大股东之间的博弈、一场关于企业信用与资本之间的较量注定了而立之年的万科，将迎来30年中最为波澜和动荡的一段时间。随着恒大的入局，这场悬而未决的股权之争，是2016年最重磅的地产新闻之一。这次事件又把王石和他所创立的万科带到风口浪尖之上，至于发展如何，将拭目以待。

王石出过书，做过品牌代言，上过时尚杂志封面，花甲之年登过珠峰，

游学欧美，在他60岁的时候为女朋友做红烧肉，他一手创立的中国房地产的龙头企业，在2009年时销售超过美国帕尔迪公司成为全球最大的房地产开发商。他是中国房地产界的"教父"、是中国房地产行业的领军人物。

王石军人家庭出生，好胜心强，他当过汽车兵、铁路工人，1980年在深圳靠做饲料中介商赚到第一桶金，1984年组建深圳现代科教仪器展销中心（万科企业股份有限公司前身），任总经理，1987年邓小平南巡，他敏锐地判断到大发展的机会来了，开始涉足房地产业，1988年11月21日，是王石和万科创业历程中极为特殊的一个日子。这一天，深圳市政府批准股份化改造方案，中国人民银行深圳分行批准发行万科股票，公司定名为"深圳万科企业股份有限公司"。

1988年的11月，在他带领下万科参加了深圳威登别墅地块的土地拍卖。拍卖场上，万科经过白热化争夺，终于胜出。在签订土地出让合同时，负责拍卖的官员望着王石，劈头就是一句："怎么出这么高的价？简直是瞎胡闹。"按照拍卖的价格计算，楼面价格已经高于周边地块的住宅平均价格，其黑马姿态，一点不比后来高价拿地的顺驰差，这一年王石37岁。

1991年1月29日，他带领万科正式在深圳交易所挂牌上市，在众多地产大腕的众多公司中，万科是最早完成股份化、完成上市的。在1991年的环境下，确实他有独特的眼光，同时也保证了万科以后在发展过程中，能有一条宝贵的资金渠道，这对资金密集型的房地产企业来讲，其重要性可见一斑。1993年，宏观经济紧缩的大环境下，他带领的万科却成功发行了B股，判断未来房地产行业有巨大的市场，明确了以住宅开发为公司发展目标，在他带领下，万科解决确立行业领跑者地位的思路。随着中国房地产开发市场的需求越来越大，万科地产由于有清晰的战略思路，执行落地化、公司规范管理、公司职业经理人制度实行彻底，得到了公司大小股东的大力支持。

为使公司未来更加规范和健康发展，1999年他自动辞任总经理一职，他认为两职一身兼是一种特定环境下的产物，万科正在驶上规范化的轨道，继续兼下去，显然不利于万科的健康发展。2000年，他"卖掉万科"之

举再度震惊业内，但早在一次对券商的演讲中，王石就曾经为万科理想中的新大股东画像：一是必须有实力；第二，在香港上市；第三，有良好的政府关系；第四，对双方管理层和公司文化彼此认同。华润恰好与之吻合，面对诸多疑问，他调侃道，"我跟别人两天不见，人家名片就变了。我的名片已经很久没变了，我也希望能变一变。一个快步行走的人往往会忽略路边的风景，即便到达目的地，收获的也只是短暂的欣喜。慢走的人却可以领略一路的风景！"在解决公司未来稳定发展的基本问题后，让王石决定退隐，开始参加各项极限运动。2009年，他卸下万科集团董事长职务，将权力下放，做更多自己喜爱的事情，也让公司更加规范的走职业经理人和合伙人制。也为中国房地产行业起到典范作用。

王石是万科的精神领袖，在他带领下万科专注房地产行业，是国内第一家房地产上市企业、强调地产文化制度建设、产品工厂标准化刳定和实施、房地产上市公司职业经理人年薪制实施和公司合伙人制的推行以及减政放权，再到超过25%利润不做、公司不送礼不贿赂，是现代化优秀经营管理的实践者。在房地产制造大佬的时代中，他不是地产界的财富大佬，但他堪称房地产业标准实施的范本教父。

三、黄如论——中国首善，世纪金源集团董事局主席

2016年初，世纪金源集团董事局主席黄如论先生又向北京大学教育基金会一次性无偿捐赠资金2000万元，为北京大学的精英学子们送上了一份浓浓的新年关爱。

胡润研究院发布"2016胡润慈善榜"，世纪金源集团董事局主席黄如论先生以8.2亿捐赠额荣登榜单第六位。在慈善和财富之间，黄如论先生更加注重慈善，他曾表达："取之于社会，用之于社会，再多的财富如果不用在社会奉献上，其意义不大。"回国二十五年来，黄如论先生行善之举未尝稍止，迄今已捐资公益慈善事业高达60亿元人民币，捐资内容覆盖教育、助学、敬老、医疗、扶贫、新农村建设、传统文化、环境保护等多个领

域，惠及二十余个省市、自治区、直辖市。2009年福布斯发布的中国慈善榜榜首黄如论，同时也成为胡润2009慈善榜·单年子榜的第一名，这也是胡润和福布斯发布排行榜以来极为罕见的出现冠军为同一人的现象。他是地产界出来的中国首善，被人称为是福建籍扬名海内外的华侨慈善家陈家庚第二人。

黄如论说："我出生于福建连江一个小渔村，小时候家境贫寒。为了养家，刚读到小学六年级就被迫辍学，丧失了继续念书的机会。1986年，我只身前往菲律宾。记得那时候没有知识的我在异国他乡寸步难行，因为不懂英语，进出海关面对全是英文的卡片我非常尴尬。从那时起，我就发誓，如果有一天我飞黄腾达了，一定不能让我的孩子没有文化。"

中国房地产业界的大腕们对黄如论的评价是："这位只受过小学文化程度教育的慈善家，是一个躲在云层背后的人物，如同隐藏在海面下的冰山，只露出一点尖角儿。"一直以来，秉承着"为民生盖房"的理念，世纪金源集团首创"造城"模式，在全国可以算是大盘运作的第一把手。在全国各地打造的各大"世纪城"项目，每个建筑面积均在400万平方米以上，整体规模堪称中国第一，为现代化城市综合体的典范之作。

黄如论人生的第一个重大转折，是1986年。当时，刚满35岁，之前只在家乡做过小买卖的他，只身离开故乡福建前往菲律宾淘金。短短5年时间，通过贸易，黄如论赚到了人生第一桶金，并在当地构建起了良好的商界人脉。这对曾经忍冻挨饿、露宿公园的黄如论来说，无疑实现了人生的第一次成功跳跃。

1991年，黄如论携带这第一桶金，以归侨身份回到家乡寻觅长足的发展空间和机会，进行第二次跳跃。时逢国内房地产业蓬勃发展，黄如论看准当时福州旧城改造，动用全部资产，成立了在家乡的第一家公司——福州金源房地产有限公司。对自己在随后能迅速成为地产界的"福州之王"，他说他"当初根本就没有想过发展势头会有这么猛"。黄如论回忆说，在最初投资兴建福州国泰大厦的时候，曾经有过一个最艰难的阶段。过春节时黄如论身上只剩500块钱，但黄如论还是坚持把大厦封顶，并给

员工发了全额工资，这些良好的信用，促使他事业能够成功，由此掘得世纪金源在大陆的第一桶金。1994年，金源介入了装修、物业管理、混凝土、建筑、石材等产业，进一步降低了采购和开发成本。

　　至90年代末，黄如论已经成为福建最大的私人房地产商的代名词。然而，被成功喜悦笼罩的黄如论并不满足做福州的"地方诸侯"，他最需要的是迅猛扩张。他开始寻找又一次跳跃的落点。在考察了上海、广州、沈阳、北京等地后，黄如论决定把北京作为金源集团走出福建的首选福地。1998年8月，金源集团进入北京；11月，在亚运村奥体东门附近一块2.8公顷的土地上，金源集团在京城挂出了第一个楼盘的牌子——世纪嘉园。世纪嘉园在一年之内一扫而光，销售收入达到了7个亿。小试牛刀之后，黄如论又在370万建筑平方米的北京世纪城中，将准现房销售应用到极致。连续三年蝉联北京市销售冠军的世纪城，让黄如论赚得盆满钵满。印象中的黄如论首次出现在公众视野的准确时间，应该是2003年的年初。作为新进北京的外地房地产商，他的特立独行和大手笔投资，对中国房地产市场与众不同的判断，以及对单个楼盘独特的资金操作手法，全利用自有资金、采用现楼销售的方式一夜之间震动了业界。

　　2003年，北京世纪城三期黄如论开始不声不响地斥资38亿盖了一个建筑面积68万平方米的金源购物中心，耗资38亿元的号称世界上最大的购物中心金源购物中心，世纪城三期建世界上最大的购物中心，单是一期面积就比当今世界最大的加拿大西艾明顿摩尔还大7万平方米。如比庞大的项目，金源仅用一年时间就完成立项和建筑封顶。是目前世界上最大的单体商业建筑，地上五层，地下两层，拥有北京最大的室内停车场，可同时停放1万部汽车。是成为北京首家集购物、休闲、娱乐、餐饮、旅游、文化于一体的"一站式""多体验"商业航母。

　　在2003年，黄如论凭其多年的投资与开发经验，预测到房地产业发展的趋势，认为北京房地产业在连续几年的攀升后，已经到达了阶段性的顶峰。他根据世纪金源集团的长远发展规划和全国性的战略布局，结合当时的市场实际，认为如果继续留在北京开发，对世纪金源而言并非是首选

之策。黄如论离开北京后，经过审慎分析，把目光投向了与东南亚国家接壤的云南。"房地产水平滞后的云南昆明在今后将有很大的发展空间，而且未来10年随着中国—东盟自由贸易区的建立以及建设'新昆明'规划的出台，昆明这一经济桥头堡将商机无限。"就是在这个观念指引下，黄如论在云南昆明投下100亿元巨资，征地3680亩，导入"北京世纪城"的开发模式，建设总建筑面积达400万平方米的地产巨无霸——昆明世纪城。此后，黄如论在他进军房地产的路上，南征北战，投资了一个又一个楼盘。贵阳、重庆、湖南、安徽、湖北、江苏、浙江、福建、河南等地区亦一一涉足。"我们自己造城"，造出一个又一个的"世纪城"，规模之大，速度之快，堪称世界奇迹！

黄如论一直坚定地认为他的成长得益于父老乡亲的滋润、养育和关爱。因此他在富裕之后，乐于回报社会，特别是乐于回报养育他的故土和父老乡亲。福建连江贵安新天地作为世纪金源回归福州家乡、回报桑梓的典范性项目。

在他带领下的世纪金源是集房地产、大型SHOPPING MALL、大型文化旅游地产、五星级连锁酒店、物业、矿业、金融业、食品投资、资本股权投资等为一体的多元化国内500强企业。2016年之后企业正朝着百年金源目标再向前发展一步，将以实体经济促虚拟经济助推实体经济转型升级，开启轻资产运营与品牌输出模式，启动企业转型升级。在国内、国外将旗下企业分批上市，资产证券化，转向轻资产，真正形成实体加金融帝国的超级大鳄。

四、潘石屹——地产达人，SOHO中国董事长

从打工仔到身价300亿，在中国谈论房地产风云人物，几乎不可能不谈到SOHO中国公司的潘石屹，他开发的楼盘占据了北京CBD地区将近一半的销售额，他永远不变的招牌形象不间断地出现在各种论坛、媒体、户外广告上，让这位房地产大佬每时每刻都能成为媒体的宠儿，堪称是房地产界的

地产达人。

　　潘石屹出生在甘肃天水的一个小山村，1982年，潘石屹考入位于河北的石油管道学院，两年后他从石油管道学院毕业，被分配到河北廊坊石油部管道局经济改革研究室工作，经历过艰辛童年的潘石屹从此捧上了铁饭碗。然而，潘石屹对机关生活却并不满意，甚至有一些厌烦。事后，他回忆道："整个管道局，除了输油调度处每天在做事外，别的部门全都无所事事，只会给人添麻烦，包括我自己。"在此期间，有一个广为流传的故事：有一天，单位新分来一个女大学生，潘石屹的处长安排他陪着她去仓库领桌子和椅子。结果，潘石屹发现这个女大学生特别挑剔，再加上那时候桌子和椅子的质量也不好，她说这个桌子也不行，那个椅子也不行什么的，选了一上午也没有选好。潘石屹等得不耐烦了，就对她说："不就是一张桌子吗？赶紧抬回去得了，至于这么挑剔吗？"结果，这位女大学生的回答深深地触动了他，她回答道："小潘，这张桌子我可得用一辈子啊，当然得好好挑了。"回去之后，潘石屹陷入了沉思。他看着自己的桌子，再看了看自己的茶杯，心中不停地问自己，难道我一辈子就这样度过了吗？

　　1987年年底，潘石屹第一次南下广州、深圳。潘石屹下海时所处的时期，是中国改革开放如火如荼进行的时期，是拥有无限机会、令人激动的年代。这是每一个拓荒者开拓疆土、实现梦想的最好时机。可以说，这是时代赐予每一个像潘石屹一样希望追逐梦想的热血青年的历史机遇。抓住了，离成功就更近一步；放走了，就再也不会回来。潘石屹也很庆幸当时自己能够毅然下海，这个决定奠定了他今后人生成功的基石。春节一过，潘石屹便变卖家当，辞职南下深圳，到达南头关时，身上剩下80多块钱，这便是多年后外界描述的潘石屹的"创业资本"。由于没有边境通行证，这笔"创业资本"首先是花了50元请人带路，从铁丝网下面的一个洞偷爬进了深圳特区。现实中的深圳并不像走马观花时看到的那么美好温馨。潘石屹为三餐而奔波，不久进了一家咨询公司，"其实就是皮包公司，电脑培训、给香港人当跑腿的、接待内地厂长经理旅游，什么能挣钱就干什么！"

　　1989年，潘石屹所在的公司要在海南设立分号，潘石屹觉得这是一个

千载难逢的机会，于是他主动向公司请缨前往海南拓荒，迎来了他自认为最多姿多彩的人生阶段。不久，公司在海南中部接收了一个砖厂，潘石屹出任厂长。随着经济低潮的来临，大部分淘金者都撤了，潘石屹决定留下来碰碰运气。砖厂办不下去，他就办起了电脑学习班。尽管他本人不太懂电脑，但开始教别人学电脑。潘石屹充分发掘各种商业机会，同时他还利用这段时间结交了很多朋友。办电脑学习班时，需要印刷学习教材，就在这个过程中，他与开小型印刷厂的易小迪有了生意往来，他成了易小迪的第一个固定客户，两个人的交情从那时开始。通过易小迪，潘石屹又结识了漂泊中的冯仑、王功权、刘军、王启富等几个意气相投的朋友（这6个人，就是后来的"万通六君子"，这几个人里都有当老板的基因，日后都有所成就）。英雄相见，惺惺相惜，在交往过程中，相互之间结下了深厚的友谊，相互鼓励，相互支持，并一同寻找商机。

正是有了这些朋友，才有了后来起家的万通，奠定了潘石屹腾飞的基础。1991年8月，潘石屹与冯仑等人合伙注册成立万通公司，高息借贷1000多万元炒房，随着海南经济第二波热潮的到来，在短短半年多时间里，万通积累下了超过千万元的资金。"虽然后来又赔掉了，但让自己找到了胆量。"1992底，潘石屹在海口规划局查到两个数字：北京市当时人均住房面积7平方米，海口市人均住房报建面积却已经达到了50平方米，他感觉海南房地产业"要出事了"。冯仑则从另一个侧面看数据：当时海南有1.8万家房地产公司，海口本土人口不到30万，整个海南岛600万人，只有20%在城市，剩下的都在乡下，这必然导致房地产的供给远大于需求。预感到海南房产泡沫不能持久的潘石屹撤离海南，北上京城。找到华远，通过运作，在北京阜成门地铁附近盖起了万通新世界广场。这一次，北京万通挖到数亿元的利润，潘石屹商业头脑开始崭露头角。万通新世界广场的成功，也奠定了两个地产大佬冯仑和潘石屹的"江湖地位"。潘石屹和他的万通六兄弟们最终还是散伙了，只有冯仑留在万通，其他人各自都创办自己的企业。

1994年4月，潘石屹认识了在华尔街高盛银行工作的张欣，同年10月两人结婚。1995年9月，潘石屹离开万通与妻子创办红石实业，随后开创出

属于他们夫妻的SOHO中国的地产王国。公司创建以来，两人共同开发了一系列房地产项目，包括在北京CBD的第一个大型综合项目、48万平方米的SOHO现代城；由12位亚洲建筑师设计的长城脚下的公社，该项目成为中国首个在威尼斯双年展上荣获大奖的建筑项目；以及位于北京CBD核心区域，70万平方米的建外SOHO，该项目销售额突破90亿元人民币。2007年10月8日SOHO中国在香港联交所主板成功上市。已成为北京CBD内规模最大的房地产发展商。两人所持股份的市值达317.45亿港元，由此跻身中国富豪榜前列。

在潘石屹和张欣夫妇共同经营SOHO中国的过程中，SOHO中国的商业模式是非常成功的。它的成功就在于能达到物尽其用，物有所值。有一个媒体计算过，SOHO做过的12个项目中，有6个在SOHO接手以前是空置、烂尾项目，他们对SOHO模式的总结就是，"化烂尾为利润"。这体现了SOHO中国对城市和社会的贡献。同样，在过去十年时间里，SOHO中国的7000多位客户都分享到了这种成功的商业模式带来的物业升值和回报。他们获得的出租回报比同时期购买的物业高出许多，这也形成了老客户不断重复购买SOHO中国产品的案例。一种商业模式成功与否重要是看它能不能经受住市场波动的考验——SOHO中国商业模式经受了全球金融危机的冲击与考验，在同地区写字楼出租率大幅度下滑的情形下，SOHO中国开发的写字楼出租率一直保持在95%以上。同时SOHO中国在过去十几年的成长过程中，销售额的持续高速增长也是这种商业模式成功最好的证明。

谈及互联网转型，潘石屹直言百合网给了他很大启发，也倒逼了SOHO中国的互联网转型。"连谈对象都能互联网了，还有什么不可以互联网。""SOHO盖了很多房子，但是不是把每平方米的房子都利用好了呢？远远没有，商业没有利用好，办公楼没有利用好，住宅更是如此。"潘石屹说，"互联网技术的出现，可以解决汽车、办公室、住宅等资源的充分利用。"在潘石屹看来，由于目前市场存量巨大，未来房地产业的发展趋势将从"拼命盖房"转向"盘活存量"。"互联网可以让房子每平方米的面积和客户在最短时间内结合，从而为创业者提供时尚、灵活、便捷的共享办公空间。"

五、孙宏斌——霸王雄心，融创中国董事长

提起孙宏斌，大家的第一反应就是中国TOP10地产公司融创的老板，鲜有人知的是孙宏斌早期的发家史。1989年，孙宏斌在读完清华大学的研究生后，进入联想工作，并凭借自己卓越的销售业绩很快成为柳传志手下的得力干将，一度有机会成为联想的接班人。

孙宏斌毕业于清华大学水利系，智商奇高，谋略颇大。25岁时就成为联想少将，负责全国IT分销网的建设，比杨元庆资历都老，影响都大。但1990年因"经济问题"与柳传志发生冲突，获罪入狱将近四年。聪明过人的孙宏斌既有胸怀，又有眼光。1994年3月出狱后，主动请柳传志吃饭认错，但他没有重操IT旧业，而是准备进军房地产。

在柳的资助下，孙宏斌1994年4月就在天津创建顺驰房地产销售代理公司，8月即获得"先达小区"的独家销售代理。半年后，即1995年初就在柳传志和中科集团董事长周小宁的支持下，成立天津中科联想房地产开发有限公司，成功切入房地产开发业务，7月即开发出第一个项目"香榭里"小区。

7个月，这个速度比房地产行业从拿地到开发的平均周期18个月快了一倍以上。这位IT起家，受过摩尔定律熏陶，又在监狱中苦等过四年光阴的人，一开始就亮出了自己的绝招之一：速度。只是此时的孙宏斌还只是房地产市场一位默默无闻的新来者，没人理会他。

1998年，孙宏斌看准国家停止福利分房的政策后，开始大干，一举拿下面积14万平方米的名都项目，声震津门。2000年8月拿下万科与泰达都不敢碰的梅江地块，并成功开发出蓝水项目，不久又拿下面积170万平方米的"超级大盘"太阳城，基本确立津门老大地位。

从1998年到2002年，顺驰天津开发了近30个项目。虽然孙宏斌没有赚到大笔利润，但对地产模式带来了巨大震动。孙宏斌带来的第一大震动是

速度。他彻底打破了房地产平均开发周期18个月的惯例，一举缩短到7个月。与速度紧密相关的是模式。以今天的研究来看，顺驰的速度从战略上源于孙宏斌急切的称王之心，从战术上则源于他老练的IT模式。孙宏斌的房地产开发模式后来被称作"现金—现金"模式或者"地产戴尔"模式，这一模式的核心是利用很低的自有资金启动项目，迅速转入土地开发进程，然后以销售回款支撑后期建设与城建配套等，再用毛利作为新的自有资金启动新项目，如此循环，极速滚动。清华数学系毕业的孙宏斌把模式设计得几尽完美，按照他的模式，只要每一个时间点拿捏得当，每一步战略执行到位，这一模式不仅行得通，而且威力巨大。事实也证明了这一点。

到2004年，顺驰就已经接近百亿，不到三年，翻了10倍，差一点就掀翻万科，坐上全国老大的交椅。

王石对孙宏斌说过，顺驰不可能这么快超过万科。孙宏斌笑嘻嘻地对王石说："王总，我们可能超不过，但是你总得让我们有理想吧。"

顺驰的兴盛和衰落，在中国房地产发展史上绝对是值得书写的一笔。顺驰的成立，正好赶上了中国房地产发展的好时候。凭借聪明的头脑，加上异常彪悍高调的拿地作风，顺驰的发展一路顺风顺水。2004年，国家开始对房地产进行调控，这让同年计划赴港上市的顺驰惨遭夭折。直至2007年，由于资金链过于紧绷，孙宏斌最终将顺驰的控股权低价转让给路劲。如今的顺驰不再是报道对象，而是引用语，作为"因扩张过速而资金链断裂"的失败案例代号，"下一个顺驰"在2008年房地产市场上足以与"拐点论""百日剧变论"等关键词并驾齐驱。

12年之后，孙宏斌再次到郑州。只不过，这次的主角已不再是顺驰，而是孙宏斌新的战舰——融创。在痛失顺驰之后，转战融创的孙宏斌身上似乎发生了某种化学变化。在未来两三年时间，380亩的土地，融创会成为白沙区域新的扛把子！这是白沙的幸运！但不管怎样，这注定会是一个不出世，便名世的项目，因为融创，更因为孙宏斌。

顺驰时代已经成为历史，在顺驰失败基础上崛起的融创仅用了5年时间成为行业黑马，2010年成功在港交所上市。2010年融创销售额是86亿，

2011年达到193亿，几乎翻番，2012年达356亿，增长超过80%，2013年销售额是547亿，2014年销售额658.5亿，2015年融创的销售额达734.6亿。2016年，融创的目标是800亿，再下一年，他们准备冲击千亿。帝国需要去经营，每一个帝国都不是自然形成的，而是需要努力经营出来的，孙宏斌就是这个帝国的缔造者。

六、许家印——超级黑马，恒大集团董事局主席

2016年3月17日，恒大旗下互联网金融平台——恒大金服亮相，这意味着多年来一直具有极强品牌号召力的恒大集团，正式大举进军互联网金融。近年来，恒大集团一直在进行多元化的布局，业务涉及院线、百货、足球、冰泉、粮油、畜牧、乳业、健康等多个领域，而其中恒大足球则最为吸引眼球。自去年起，恒大通过收购保险公司正式进军金融行业并更名恒大人寿，收购盛京银行股权；凭借保险经纪、保理等牌照，恒大金服上线之初在互联网金融领域几乎实现全方位布局。据悉，恒大金服将利用互联网平台为用户提供互联网支付、基金支付、预付卡、基金销售等金融服务，包括但不限于理财、保险销售、基金销售、第三方支付业务及其他企业资产投资，这是此前多家知名互联网金融平台用了好几年才做成的事情。恒大在各个领域的布局就像一匹超级的黑马，而这匹超级的黑马的驾驭者就是地产风云人物——许家印。作为一家总资产近7000亿、年销售额超2000亿的地产十强榜眼企业，许家印率领他的团队又是如何一次又一次以激情与速度超越别人不能跨越的境界，始终都能成为一匹超级的黑马，闪耀在各大行业中。

许家印出生于1958年河南太康县，这是一个全国有名的贫困县，十年倒有九年涝，当地人常常以外出讨饭为生。幼年的许家印，母亲早逝，家境十分贫寒，依靠父亲节衣缩食供他念书，常常面临辍学的窘境。印象中最刻骨铭心的是自己经常带馒头到学校上课，可不到三天馒头便长了毛。生活的艰辛没有使许家印放弃求学的信念，反而坚定了他"知识改变命

运"的决心。在亲友的扶助下，许家印发愤读书，恢复高考后的第一年，就以优异的成绩考上武汉钢铁学院，终于学有所成。1982年许家印大学毕业被分配到河南舞阳钢铁公司工作。在工厂的10年，从小技术员做起，历任车间主任、厂长等职。1992年，小平同志的南方谈话让许家印察觉到新的机遇，毅然放弃了铁饭碗，到改革开放的前沿深圳去创业。已经做到厂长的职位，对于想创业的许家印来说似乎资历是够了。但他还是决定先给人打工，再寻求机会。1992年他到了人生地不熟的深圳，自己做了将近20份简历，每份简历有30多页，东奔西跑3个月，却石沉大海。后来许家印重新做了10余份只有两页的简历，这招果然奏效，很快就有好几家公司的老总约他面试。当谈到此，许家印深有感触地说：想想自己，老总们怎么可能看你30余页的简历呢！

　　许家印在几家大公司的盛情邀请下，最终和一家连锁商店的老总签了约，"看中了它的发展前景和可提供锻炼自己的舞台以及老板的才智和胆略"，当谈到此时，许家印对这位老板的深情难以言表。许家印又一次显示他的决断能力和高瞻远瞩的眼光。就这样，他从一家商店的业务员做起，靠着踏实、肯学又勇于开拓创新和坚韧不拔的精神，他很快成为这家公司的办公室主任。其果断、大气的作风也为老板所赏识，并和老板成为要好的朋友。到了1995年底，已是这家公司总经理的许家印，面临人生最大的一次机遇。老板派他进军广东的房地产业。洞察力极强的他，意识到广东经济的快速发展一定会带动当地房地产行业的红火，胸怀大志的他决意在地产界打拼一番。许家印立即收拾好行李，带着公司的委托和老板的信任去了广州。创业的艰辛难以想象，一个司机，一个出纳，一个业务员，一个只有3个员工的公司成立了。没有办公费用，他就找朋友借了10万元。为了节省开支，他们就在郊区租了一间民房办公。公司没有资金、项目，他们就四处打广告，找客户，经过近3个月的努力，他们终于找银行贷到了2000万元的启动资金。一年半的时间，这家房地产公司已成为广州地产界小有名气、初具规模的地产公司。他也为公司创造了巨大的经济效益。

　　有过两次为老板创业的经历，自己创业起家自然就轻车熟路了。当人

们看着许家印10年创造的惊人财富时，其实并不知道他用了14年的时间历练自己获得财富的本领。1996年许家印开始真正属于自己的创业时，他的确是白手起家，带着原来公司的七八个人创立了恒大实业集团公司。资金不多，但许加印却可以凭着十多年间积累的丰富经验，打造誉称中国第一个楼盘的广州金碧花园，并借此一举成名，成为"中国著名城镇化社区50佳"名盘。1998年6月23日，广州市政府举行中心城区的首次土地拍卖会。当时，名不见经传的恒大集团以1.34亿元的价格拿到了海珠区南州路的农药厂地块，楼面地价仅686元/平方米，土地出让金可在1年内分期缴付。正是这块当时无人愿要的农药厂地块成就了许家印的今天。许家印在这块地上开发的金碧花园以2500元/平方米的价格开卖。由于价格低，金碧花园成为当年海珠区销售最好的楼盘之一。有业界人士保守估计，一个金碧花园让许家印有了五六亿的进账。这也是他的第一桶金。他还创下了包括金碧花园、金碧华府、金碧御水山庄、金碧湾等13个楼盘同期开发的惊人纪录，创下了房地产开发的奇迹。1999年许家印的恒大集团位居广州房地产企业综合实力30强第七名，完成这一切，他只用了一年半的时间。

2004年对恒大而言是个分水岭：在此之前，恒大是以规模取胜，度过资本原始积累的初创阶段后，恒大开始走"规模+品牌"路线。当年，恒大全面实施精品战略，以召开全员精品誓师大会、推倒金碧世纪花园造价千万的不符合精品标准的中心园林为标志，确立了打造精品方针。2009年11月5日，恒大成功在香港联交所正式上市。以收盘价计算，恒大上市当天以705亿港元的市值成为中国市值最大的民营房地产公司，许家印将479.49亿港元收入囊中，成为当年的中国大陆首富。在许家印的带领下，从2006年—2011年的短短六年间，恒大实现了各项经济指标平均46倍的跨越增长，创造了世界房地产企业发展史上的奇迹。恒大秉持"民生理念"打造民生地产，满足中国普通老百姓的住宅需求，推动中国城市发展和经济腾飞，并且累计为中国慈善公益事业捐款超21亿元。

近几年来恒大在许家印率领下，除了房地产业务，在医疗、快消等产业上的布局也相继推进。医疗方面，旗下的首家整形医院已经开业，而社区

互联网医院的数量有望在2016年年底达到12家。由此，恒大已经构建了多层次医疗体系：社区医院、综合医院、整形医院三大板块，同时纳入香港上市平台恒大健康旗下，并且通过互联网实现资源共享。另外值得提及的是，恒大旗下另一上市平台马斯葛已经更名为恒腾网络。这是恒大与腾讯合作的一项业务，目前公司内部正紧锣密鼓地筹备互联网社区的相关业务，希冀凭借恒大旗下400多个社区，将"最后一公里"这块蛋糕做大做强。

当恒大地产旗下足球俱乐部第一次问鼎亚洲冠军之际，恒大集团凭借饮用水产品"恒大冰泉"开启多元化战略之门；两年之后，同样是亚冠军争夺赛场上，"恒大人寿"骇然出现在世人面前。仅仅两年时间，原本只是在房地产开发行业拥有一席之地的恒大地产，在许家印率领下俨然已经成为涉及地产、金融、文化、体育、医疗健康、快速消费品、互联网等多产业的巨无霸企业。

据恒大方面披露，恒大人寿将作为集团进军金融行业的第一步，早期业务覆盖寿险、健康险和意外伤害险等。此次正式亮相的恒大人寿，由恒大收购中新大东方人寿而来。重庆市地产集团作为股东之一披露，地产集团与城投集团在重庆联合产权交易所成功转让中新大东方人寿保险有限公司50%股权，恒大地产集团（南昌）有限公司以39.39亿元价格竞得，溢价145.72%，创下重庆联交所成立以来交易金额最大、增值额最高等多项纪录。恒大以巨资接盘的中新大东方，是唯一一家总部设在重庆的合资寿险公司，但自成立以来经营一直不见起色，于2013年首次进行股权转让，新股东的加入并未使得公司境况有实质好转，2014年公司再度筹划股权转让。成立近10年来始终未实现盈利。在外界看来，恒大以40亿的巨资接盘了一家并不太理想的标地，但这并不重要，因为在恒大董事局主席许家印的战略布局中，这是最快捷的方式。恒大人寿将借助邮政储蓄等多渠道开展保险业务，试图在2018年底使恒大人寿的资产规模达到1000亿以上，保险业务只是开端，恒大有可能在此基础上，借助互联网平台恒大金服开展更多样化的金融服务，从而打造恒大自己的金融帝国。

房地产行业TOP的那些事儿

房地产行业TOP那些事可以从2003年说起。从那时开始，房地产行业成为国家经济发展的支柱产业后，社会各界就开始对房地产行业中谁是老大、老二等很关心了，很多机构与专家开始对中国规模大、效益佳、品牌优的房地产企业群体进行研究，也出现了行业的排行榜。

2005年，中国房地产前10名企业为中海、万科、合生创展、绿地、恒大、富力、大华、复地、绿城、北京天鸿，2015年中国房地产前10名企业为万科、恒大、绿地、万达、中海、保利、碧桂园、华润、融创、华夏幸福地产企业。确实颇有"岁岁年年花相似，年年岁岁人不同"之感。中国房地产市场前十年的蓬勃发展，随着行业集中度的不断聚焦，房地产百强企业的综合能力发生了翻天覆地的变化，入榜门槛节节升高，折射出超大规模房企快速发展的轨迹。2007年，世茂以100亿元刚好入榜房地产TOP10企业，而至2015年，十强房企准入门槛已提升至725亿元，8年时间，房地产TOP10企业门槛实现了7倍以上的增长。

一、TOP10你追我赶进千亿俱乐部那些事儿

2009年至今，万科始终稳坐第一把交椅，2009年万科以630亿元年销售额夺得冠军，2015年万科销售额已高达2627亿元，上涨了317%，是2009年的三倍还多。从2014年、2015年的TOP10房企排位对比来看，7家千亿房企"老面孔"依然变化不大，只是内部互相竞争，而2014年排名第8的世茂已经不见了，取而代之的是华润与融创纷纷上升一名，华夏幸福作为"新面孔"冲入2015年度TOP10房企。恒大2015年强势冲入"两千亿房

企俱乐部",但老大万科以2627亿元的销售额仍然遥遥领先,比第二名恒大高出576.6亿元的销售额,整整差了一个"招商(570.1亿元)"。

同时,第2名恒大到第7名碧桂园,销售金额差高达648.6亿元,第7名的碧桂园与第8名华润相差550.7亿元,这之间又差了一个招商,所以形成了四个明显的梯队。因此,同为10强房企,之间的差距在增大。万科:百尺竿头,更进一步,能在2000亿规模的基础上继续快速增长,实在是难得。老二恒大,作为一家主要在三、四线城市及部分二线城市布局的房企,同比增长49%,强势迈入2000亿门槛,是靠全国布局大量的项目推盘一亿亿凑起来的,体现出恒大独一无二的执行力。老十华夏幸福:由于华夏的布局主要以北京周边为主,拜今年整个北京市场的火爆所赐,吸引了整个北京的刚需溢出型客户,在2015年大获成功,销售业绩增长39%,增速在十强企业当中位列第二。

从销售额来看,2010年和2014年都成为房企发展历程中十分重要的年份,在2010年,诞生了首家1000亿级别的房企。2014年市场中则出现了首家2000亿级别的房企。不同的是,两者出现时,分别所处的市场环境截然不同。2010年,房地产行业从黄金时代走向存量时代的趋势并未明显。2010年,龙头企业万科实现销售金额1081.6亿元,销售面积897.7万平方米,继续雄踞房企销售冠军,成为国内首家跨入千亿大关的地产企业。

如果说房地产有"大年""小年"之分的话,2010年绝对算得上房地产行业的好年份。在没有实行限购的2010年,房地产企业依旧保持了较快发展势头,大多数企业的销售业绩都获得了进一步提升。然而,就在"房地产行业结束了黄金时代"已成定论的2014年,不少房企各项业绩开始下滑,却诞生了两家"两千亿"企业,万科、绿地分别以2120亿元、2080.2亿元荣登销售金额榜前两位。

2015年的榜单当中出现了几个巨大的"鸿沟":第一名万科今年2627亿和第二名恒大形成了577亿的差距。第七位千亿企业碧桂园1401亿和第八名华润850亿之间相差551亿。500亿和400亿企业之间又有一个较大的鸿沟。这三个"鸿沟"其实显示出来的就是中国房地产行业强者恒强的特

征。与此同时，万达、碧桂园、中海和保利的销售金额在1500亿元左右。不同的战略方向下，千亿房企有分化为两个梯队的趋势。但2016年，如不出意外，TOP排行将会打破万科一直保持第一名局面的魔咒，而超级黑马恒大将超越万科，成为TOP NO1。

二、TOP100百亿俱乐部的那些事儿

2015年，有三家年销售额超过2000亿的企业。其中，万科以2627亿元遥遥领先，恒大则明显上了一个台阶，以2050.4亿元的销售金额成为第三家"两千亿房企"，一举超过销售额为2015.1亿元的绿地攀升至第二位。房企之间的竞争愈发激烈。第二名恒大与第三名绿地之间的差距只有1.7%。1000亿级的几家企业也是杀作一团，从第4位的万达到第7位的碧桂园只差约7.3%。500亿以上的房企较去年增加了一家，金地以621亿元的销售金额首次进入了这一行列。第二梯队房企尽管每年都能确保一定业绩增速，但因整体布局和规模扩张已经基本完成，要迈入千亿大关还需一定时日。200亿以上的房企数量较去年增加了九家，包括正荣、融信、仁恒、卓越和融侨等。梯队内企业变化较多，销售均值则较去年提高了19亿。200亿以下的房企竞争最为激烈，你争我夺，想尽办法扩大行业规模。2015年TOP100房企的销售已全部超过百亿，共有房企51家，单个项目的成败就可能决定最终的座次。规模低于百亿的，没有话语权。

三、闽系地产商那些事儿

闽系房企走向全国化后，表现愈发稳健，逐渐打响品牌，巩固了进城的位置，在百强企业中，闽系房企可以说是中国房地产行业的中坚力量，从数量统计上看，位居全国第一名。现在活跃在行业中房企有世茂、世纪金源、宝龙、明发、禹洲、建发、冠城、利嘉、升龙、泰禾、阳光城、大名城、旭辉、融侨、金辉、正荣、融信、三盛等等以及分布在四、五线县级市

的中小规模闽系房企不计其数。部分还将登陆资本市场，如：金辉、融侨、世纪金源、正荣等。

闽系房企走出海西后，就像走出围笼中的龙一样，施展各自的看家本领，如当时北京地产界的闽系四大天王世纪金源、世茂、冠城、香江国际。这几年中国院子系列缔造者泰禾地产，它把中国独有的古建筑文化融合起来，打造具有中国文化内涵的院子，同时邀请成龙作为形象代言人，产品做到了极致，别人难以模仿。还有泰禾商业地产的成长史，堪称房企进军商业地产的经典案例。"我们决不害怕和龙湖正面PK"、"学习万达，超越万达"，去年进入深圳市场与融创死磕数十个回合，拍下全国地王。

世纪金源的"我们自己造城"模式，堪称造城速度与规模创世界第一，王石也感叹世纪金源速度之快无人能比；潘石屹认为世纪城在北京城准现房销售模式与去化速度能力上是其他企业难以超越的。

阳光城偏居福建一隅17年，在全国名不见经传；2012年，阳光城董事局主席林腾蛟请来曾在华润、龙湖担任高管的陈凯为集团总裁，随后吸纳来自万科、华润、中海、龙湖等一线房企的资深职业经理人出任集团各中心及各区域总经理等职位，这个精英团队，在短短2年间实现了业绩翻10倍，市值翻3倍，使阳光城成为房地产企业品牌成长性全国第1名。阳光城中长期聚焦福州、厦门、上海、西安这四个城市，坚持"区域聚焦、深耕发展"的差异化战略。战略落地方面，阳光城推行"5+1"战略模型，其中，5是指推行"高周转+低成本"的运营策略、"丰富产品线+精选城市"的定位策略、"扁平化+青年近卫军"的团队建设策略、"股+债"的多元融资策略以及"信息对称+评价到位"的管理策略；成功需要魄力，正和岛福建岛主林腾蛟就有这样的魄力，信任与启用这支具有丰富房企运营经验的经理人团队，形成了阳光城的黑马路径。未来阳光城谋定而后动，冲刺500亿，只是个时间问题。

融侨作为福州本土最大的开发商，在福州房地产市场长期名列前茅，在做强做大的扩张道路上，曾经与同乡兄弟金辉地产强强联合共同发展，后因发展理念不一致又分拆，大家聚聚合合，但在强强联合过程中，各自也都壮大起来，都在TOP50强中，其中，金辉地产即将上市。

正荣集团，这个品牌正在快速深入人心。正荣是业界近两年发展最快速的地产开发集团之一，以创新、快速和高效而声名鹊起，因此业界赋予"小万科"的美誉。关于正荣与小米的合作，只是落实正荣提出了"改善大师"的战略定位之一。正荣和小米的联姻是社区智能化、互联网+房地产的重要策略，是未来社区场景时代进化的一个重要体现。未来正荣与小米还将在商业地产、酒店公寓、小型青年公寓以及智能住宅展示空间等地产领域展开合作。应该说，正荣和小米的合作只是"正荣+"战略的一个漂亮的开端。

三盛地产名人代言的那些事儿。名人代言，恐怕没有比闽系更擅长了。看看三盛地产的从韩国明星全智贤到格力董小姐，从借势明星到自造明星实践之路。三盛在《来自星星的你》主演们人气爆棚后，抢在全国其他房地产商前签约全智贤为其品牌代言，自带了"头条"的属性，也为"非快销品市场请代言人有多大卵用"的话题留足了后续发酵空间。

三盛的做法是，不爆不立。最有爆点的内容+最对的引爆时间和地点，而线上线下的传播节奏，以及留给舆论恰到好处的发酵火候。三盛选择在官方微信平台上线"和女神合影""微笑挑战"的自制手机小游戏幸运大转盘抽奖活动。短短几天，参与第一期游戏的人数便达数万，实现了一次大范围的接地气品牌传播。明星营销，不等于明星脸营销。明星脸营销，也不等于明星的单脸营销。如何变单向的名人为品牌背书为双向乃至多向的自主式大众互动传播，在最不易将名人效应转换成实际购买力的非快销品房地产市场，尤有意义。

三盛走的是"有用、有趣、有料"三有路线，首先以最快捷的参与体验感拉近用户与品牌的情感距离。促成全智贤粉丝向三盛粉丝的自主转换，自发地为企业活动带话题，实现了从名人效应到企业品牌的二次、三次乃至N次性传播。尽管代言人仅有全智贤一人，但为传递更大化的三盛地产极致精神，2014~2015年间，三盛还在官方微信上推出了马可、贝克汉姆、王澍、姜文、董明珠、黄渤、蔡国强、李健、周杰伦等"极致人物"专栏，以

一篇篇原创文献礼,三盛的微信品牌因此被称为"最不务正业、最不像地产号的地产号"。

2016年,融信拍下全国地王上海地块,一时闽系地产商声名大噪。闽系地产商这种敢为天下先、爱拼才会赢的强烈性格,正在上演着一个个破茧突围、传奇励志的事儿。

Chapter 2

第二章

房地产格局裂变

在房地产黄金时代，人口的红利、城镇化率的需要，全国大中小型专业的、非专业的房地产开发企业一路高歌猛升，制造的大量的房子，特别是三、四线及以上城市，这些市场总量占了房地产整个市场的70%—80%的产量！随着人口红利的殆尽，城镇化率的缓慢增长，房地产已从求大于供到了供大于求的转变；一二线核心城市也从增量市场转化成为存量市场了，明显感受到二手房的交易量已超过新房的交易；从房地产行业销售规模来看，房地产开发企业前10名销售规模达17%，前100强销售规模已达到40%左右，剩下几万家中小型房企只能瓜分剩余的份额，房地产行业已呈现出大者恒大、强者恒强的态势，行业集中度已越来越集中了。

随着移动互联网时代的到来，互联网思维的商业模式出现，传统的房地产商业模式在快速迭代中，在房地产行业黄金时代，全民皆开发，都来房地产行业过过瘾，无论东西南北中，拿到地块就盖楼，现在，供给过剩，变成存量库存房，资金无法回笼，后续投资乏力。跑得快已算侥幸，其余被兼并或破产淘汰出局。房地产格局裂变已经开始，它是产能过剩的必然结果、也是行业竞争白热化时优胜劣汰的结果、同时也是时代发展的更新迭代的结果。

2016年初春，中国一二线城市房地产突如其来的疯狂暴涨，使许多人认为，是否中国房地产又回到了黄金时代？非也！国家政府是想去掉由于房地产行业产能过剩而产生的大量的库存房，本意在于此，出台的一系列政策，帮助地方政府去库存，以解决更多深层次诸多社会问题。不料，政策一刀切，使得占尽一切资源优势的中国一二线核心城市，一些投机者煽风点火，利用金融杠杆，撬动房地产软肋，老百姓买涨不买跌心理跟风杀入，造成这些城市房价再次疯狂攀升。当下，房地产行业格局已发生裂变，不管你相信不相信，它已经发生。

从需求时代走向供大于求时代

中国房地产经过三十多年的发展，2014年是房地产行业的一个分水岭，房地产的市场从需求时代走向供大于求时代。这个变化之快是大家没有任何思想准备的，2013年房地产还在创新高，2014年突然急转直下，出现下滑。2015年这个形势还在持续。很多人以为这是短暂的波动，但经过这两年多的市场观察，才发现这不是波动，而是一个转折点。虽然2016上半年一二线核心城市呈现出价涨量增现象，但对于全国房地产市场而言，还是小概率事件，不管政府出于何种战略考虑，中国的房地产市场总量已出现供大于求的事实。

从3个方面进行剖析：

第一是城市化率增长不断下降的问题。1978年中国改革开放初期的城镇化率仅18.3%，当时号称10亿人口8亿农民，但随着中国的改革开放，各大城市人口净流入大幅增多，深圳一个人口不足十几万的小渔村经过三十多年的发展，成为人口1000多万的特大城市，这需要多少的商品房！中国大部分城市化率大幅增长，现在增长缓慢了，2015年城市化率增长只有1.04%，远远低于往年的增长速度。意味着开发商如按往年的开发速度，肯定是过剩的。

第二是人口红利消逝问题。1962到1976年这年龄段，是人口出生率高峰时期，平均一家出生四口人以上，70年代中和80年代中后期，这个年龄段的人口平均一家二人以上，这些人的年龄层在28岁到53岁之间，购房需求不是刚需就是改善，都有购房需求，可以说从1988—2013年期间，这群人给房地产带来了强大的刚性需求。仅在2003年到2013年期间，中国商品房年销售额就从不足8千亿元到突破8万亿元，商品房年销售面积从不足3.4亿平方米到突破13亿平方米，开发商从1万多家发展至8万多家之多，人人都去做开发商，都想

去开发中国大地。可想而知,产量是多高!但随后因为计划生育,90年代人口出生率大幅下降,出现了人口断崖,中国人口红利时代悄然流逝,之后将进入低生育陷阱、产业结构调整、流动人口的迁移回潮。如今,中国房地产供大于求世人皆知,即使身处底层的农民工,嘴边常常提及的也是,中国人口和房地产供应之间已不成比例了,到2013年,刚性需求大幅下降,房地产供求关系发生巨变,供大于求。

第三是房地产投资减少问题。炒房客和居民投资房地产受政策限购、贷款限制和房价滞涨(除一二级城市外)等因素影响,现在中国户均住房拥有量已超过1套,中国仍有可供2亿多人居住的新房在建待售,而炒房的本质在于用少量的资金,再放大资金杠杆炒高房价,低价买入,高价卖出,但国家不支持、银行不支持,就变成了无利可图,基本上不炒了不投资了。当下房产市场明显供大于求,房价加大力度下降,房产已不再值钱,炒房时代和投资房地产基本结束。

总结起来,房地产市场开始走向供过于求的时代,尤其是在三四线以上的城市,这些地区累积起来的数量占房地产总量的80%。代表中国房地产市场格局发生变化,需求时代已转向供大于求的时代。

确认这些格局已发生变化,意味着房地产产能过剩,且这个供大于求的市场将在很长一段时间存在,中国房地产短缺时代已经彻底过去,尤其是过去十几年,房地产在暴利驱动下,大量的资本、投资沉淀其中。供求关系发生变化的时候,工业企业沉淀的是固定资产,而房地产市场沉淀是巨大的资金。房地产开发企业运作完全是资金运营,特别是中小型开发企业,在格局裂变过程中,要赶紧谋出路或转型。如果不被淘汰掉,大量经济资源将无法从低效领域转移出来,所谓产业结构转型也成为空中楼阁。超过40%以上的房地产开发企业将面临淘汰或转型,这是顺应了时代发展潮流,否则政府或企业将付出极为沉重的代价。

从增量市场转换成存量市场

"去库存"三个字在过去一年中频繁地见诸新闻中，库存成为房地产行业发展的阿喀琉斯之踵，甚至成为中央经济工作会议中一个老大难的问题。2015年12月召开的中央经济工作会议上，"化解房地产库存"被列为2016年中国经济工作五大任务之一，并开出了二胎政策、户籍制度改革、农民工市民化、发展住房租赁市场等"药方"。

中国房地产市场去库存能否找到"良方"，成功化解目前的整体库存压力，尚未知晓。仅从政府近段时间出台的政策，就说明中国房地产从增量时代已经进入到了存量时代，或称我国住房市场正由增量时代句存量时代过渡。

不管是美国或中国房地产市场，如果一座城市的二手房交易量超过新房交易量，即可以视作这座城市已经进入了存量房时代。中国的一线和核心二线城市（指北上深和省会城市及直辖市），基本上已进入了存量时代，因为二手房交易量已超过新增房屋。三四线城市房地产将会以增量交易为主，转向存量与增量并重的格局。对于大部分三四线城市，净流入人口不大且人口流动性差，二手房市场交易并不活跃，但是房屋库存量大得不得了，许多开发商原先是卖期房，但现在行情不好，卖着卖着工程都结束好几年了，放在开发商手里的现房还都无人问津，因需求不旺，形成开发企业开工即库存现象，诸多原因造成的库存数量非常大。解决三四线城市的库存没有更好的方法与思路，譬如任志强说把他炸掉。解决处理库存只能按照存量房时代的方法处理，大部分三四线城市去库存成为未来面临的最严峻的问题。

增量时代和存量时代是完全不同的游戏规则，增量时代只要找到资

源就能进行野蛮增长,而存量时代要靠思维、需要转变经营模式,要将物业进行整合来提升价值。消化存量房意味着开发商需要沉淀大量的资金,需要漫长的时间过程,不是一时半会儿能够解决的事。但这对中国大部分中小型开发企业无疑是莫大的压力,中小型开发商本来家底就不雄厚,不像国企、上市企业那么财大气粗,他们根本不是在同样的起跑线上,国企上市企他们可以等等,但中小型开发商大部分会因此资金链断裂,只好跟房地产存量市场说拜拜。因此中国房地产进入存量时代时,将对房地产行业产生重大影响,成为行业格局裂变的导火索。特别是中小型房地产开发商将被迫转型或被兼并,甚至破产和淘汰出局。

行业高度集中产生格局裂变

中国的房地产正经历变革，行业正在高度集中，行业之间的竞争也从蓝海打到红海，从红海打到血海，从增量市场打到存量市场，从初级功能打到高级定制服务，从专注一个市场到多元化布局。

从TOP10房地产企业集中度来看，2009年才8.09%，从2012年以来，房地产行业集中度继续提升，到2015年已上升至16.87%。简单来说是这10家房企卖了中国六分之一的房子，然而参照发达国家十强房企集中度均已超20%的情况来看，未来中国的十强房企集中度还有上升空间，汇总2015年中国房地产开发企业TOP100强为39.64%，总销售已占到中国十分之四的房子。

当房地产行业集中度到一定程度时会产生格局裂变，这是经济发展的必然规律。对于全国几万家的房地产开发企业，不难想象，从现在开始TOP100强之外的房企，特别是三到六线城市的中小型房企未来生存是何等的艰难！未来在3—5年中，TOP100强房企集中度可达市场份额近半。未来增长率如按照过去5年的复合增长率的一半计算，到2026年它们将会占领整个市场，预计会有90%的房企将消失。

从目前行业竞争格局来看，房企间的竞争暗潮汹涌异常激烈。万科、恒大、绿地、万达、中海系、招商系、保利系、融创等大中型房企都试图通过重组或并购形成"巨无霸"联合体做强做大，都想扩大规模争夺未来行业老大或区域的老大地位。如万科与万达强强合作、恒大收购香港新世界位于海南海口、湖北武汉、广东惠州3个城市的4个超大型项目，建筑面积近400万平方米，总金额135亿人民币，创下中国房地产收购的最高历史纪录。时代地产宣布全资附属公司珠海鑫时代，分别以3.805亿元及1.02

亿元的价格收购珠海房地产开发及珠海盛嘉全部股权,两处股权共计4.825亿元。在当下的房地产行业环境下,诸如此类的合作并购大戏将会越来越常见,成为常态化。"大者恒大,强者恒强"的局面也将形成。从表面看,这是一场场行业间的并购案,然而背后我们却隐约看到了房地产行业的新趋势,"大鱼吃小鱼,快鱼吃慢鱼"的时代已然到来。

在中国城市化率已经接近60%的背景下,房地产市场进入了下半场,房地产行业增速下滑也是必然,区别于过去十几年房地产的速度快、扩张式、粗放式的发展格局。而原来那些曾经在地方上呼风唤雨,拿地地段比别人好出一大截的地方房企,则受困于原有的"关系"模式,企业治理粗糙,产品打造上缺乏核心竞争力。在三四线市场饱和之后,这些关系型企业就很难走出自己的城市到异地扩张,因为在异地就丧失了原有的关系资源,缺乏拿地实力,加之缺乏集团化管控能力,产品缺乏竞争力,于是就陷入进退两难的境地。还有,从销售模式来看,年销售数十亿元的规模并不算小了,仅仅在十年前,老大万科的年销售额也刚满百亿元,而豪言壮语要超万科的顺驰年销售额也仅40多亿元。当时,龙头房企和其他房企之间的差距其实非常小,常常就是三五个项目的差距。那时候,横行房地产行业的是各种迷信"关系",就是生产力的地头蛇,他们往往通过"关系"拿了一块地就迅速崛起。这是十年前"黄金时代"的真相。十年时间过去,我们就看得很清楚了,战略均衡、企业治理结构先进、管理规范、以产品和服务说话的企业越跑越快,与当初在一条起跑线上的房企差距越拉越大。鉴往知今,对这些企业来说,未来的出路要么是拿着手里的土地资源被一线大中型房企收购,要么拿着手里积累下来的资金转向别的行业,要么就纯做投资,把开发交给专业的品牌开发商来做,这样也可以卸下养团队的包袱。

房地产行业未来的真正走向是"香港模式"向"美国模式"的转换,专业的事情交给专业的人做,也是每一个走向成熟的行业的必经之路。唯有规模化和专业化,才能让"匠人精神"进入这个行业,这个行业创造的产品才能不断满足消费者日益增长的对品质的要求,且唯有专业化和规模化，才能大幅降低成本，适应低利润率时代的要求。从公布的2015年房企业绩可以看出来，当前在一线房企业绩继续增长的同时，中小房企退出市场的趋势越来越明显。在TOP100强门槛之外，是规模庞大的年销售额不足百亿的小房企，其数量占了我国几万多家房地产企业的99%以上。这些房企面临的困境，才是当前我国房地产行业不得不面对的真相。

　　未来整个房地产行业的企业兼并重组整合是不可避免的，市场集中度会越来越高，具有较强的资金实力和专业化能力的企业才能活下来。房地产行业品牌和规模依然是房企未来争夺蛋糕的重要筹码，还有大型房企在资本规模、融资能力、链条资源、技术人才、管理平台等还会越来越强大。房地产行业正走向深度整合，大型房企向超大型房企发展，而大量中小型房地产开发企业将加快消失。

传统商业模式思维导致格局裂变

马云说:"没有传统的企业,只有传统的思维!""这是一个摧毁你,却与你无关的时代;这是一个跨界打劫你,你却无力反击的时代;这是一个你醒来太慢,干脆就不用醒来的时代;这是一个不是对手比你强,而是你根本连对手是谁都不知道的时代。今天你还很贫穷,是因为你怀疑一切;如果你什么都不敢尝试,你将永远一事无成,机会总是留给有准备的人。"马云的蚂蚁金服一旦上市,他将可能成为世界首富,这就是现在你我正在经历的时代,你被惊醒?以房地产行业、传统银行、传统制造业、传统商贸等为代表的传统商业模式正在被变革甚至被颠覆取代。如果还没有,那一定正在路上,何谓是十年河东,十年河西,就是现在的写照。以移动互联网、大数据、分享经济、实体经济与虚拟经济相结合的商业新模式已经出现在我们面前,传统商业模式思维已产生迭代,大多数的房地产开发商也会因为跟不上新时代的商业模式思维而被边缘化淘汰出局,这是历史的潮流,谁也无法阻挡。截止到今天,全球移动互联网用户数总数已经超过20亿,并正在改变了20亿人生活方式的点点滴滴。中国正在发生一场史无前例的商业动荡,传统企业在衰变,大企业在裂变,小企业在聚变。想成为下一个时代的佼佼者,唯有能看透商业规律,改变传统商业模式思维,迎合新时代发展趋势,才会得以生存和壮大起来。马云、马化腾、刘强东、雷军、程维等一批互联网时代人物已取代了传统经济的大佬,成为当红的经济人物。

世界上曾经有一家世界500强的企业,名叫"柯达",在1991年的时候,他的技术领先世界同行10年,但是2012年1月破产了,被做数码的干掉了。当"索尼"还沉浸在数码领先的喜悦中时,突然发现,原来全世界卖照相

机卖得最好的不是他，而是做手机的"诺基亚"，因为每部手机都是一部照相机，近几年"索尼"业绩大幅亏损，接近破产。然后原来做电脑的"苹果"出来了，把手机世界老大的"诺基亚"给干掉了，而且没有还手之力，2013年9月，"诺基亚"被微软收购了。外行的"小米"入侵国内传统手机行业，在新时代用移动互联网商业模式思维打破行业旧秩序，仅用四年时间，成为国内行业第一名，创始人雷军财富进入国内富豪前十名。AIRBNB自己不建造一家酒店，当分享经济趋势来临时，轻松踏上便车，几年时间便成为全球最大的酒店提供服务商。

我们在这里讲的是新旧两种思维的结果，原先那些在一代又一代的传统行业里做得那么牛的企业，其实他们在技术水平上还是那么的强大，时代的"趋势"是商业模式的改变，拼的不是你的技术、资源等等，而是你的商业模式"趋势"思维要与新时代的思维相一致。但是思维不改变，结果一夜之间都会被淘汰出局。但是如果你不与趋势作对，去改变原先的商业思维模式，融入新时代的思维，那么你就会更容易成功。

"趋势就像一匹马，如果在马后面追，你永远都追不上，你只有骑在马上面，才能和马一样快，这就叫马上成功！"这种比喻并不为过，多少的企业被淘汰，不是你能力与技术的问题，而是你的传统思维没有跟上时代的思维。曾经多少的建筑包工头也没有跟上十几年前的房地产开发趋势，在十几年前，它们随便顺手转型做几个地产项目，甚至炒几套房子，就可以完成原始资本积累，成为人生赢家。但是有几个建筑商能改变传统思维，跟上趋势的发展呢？现在众多的房地产开发企业要能怎么样？编著这些案例的意义也是让读者有更多本书之外的思考。

改革开放以来中国经济高速发展，中国房地产行业的造富运动，无论从人数上，还是从财富总量，均令西方瞠目，完成了资本主义国家一两百年的历程。中国的多数富人仍沉醉在财富神话中，中国亿万富豪中近一半是房地产开发商，很少人意识到未来危机的严峻性，他们虽在中国国内是逞威的狼，然而现正面临全球虎豹的围猎。即便有所警觉，也大多数缺乏应对突围的能力。传统商业模式将在2016年之

后陷入全面瘫痪状态,这一次变革将彻底淘汰那些暴富者、投机主义者、特权主义者,包括贪官污吏、房地产、矿产等传统暴富领域。

究其本质而言,是中国的传统富人陷入僵化的思维不可自拔而跟不上新时代的思维,当中国迎来真正的好时代,游戏规则发生改变时,他们将因缺乏足够的文化、智慧、创新、责任去改变自己。

人类社会正在进入前所未有的突变时代,社会变革推动商业变革,反过来商业变革又在推动社会变革,企业进入高速裂变期。就是说我们正处的时代,已经发生巨变,房地产行业不再是"高富帅"行业,房地产不再是高利润企业,房企纷纷谋求转型。但是谈何容易,传统的商业模式思维,多少传统的企业是转不过来的。房地产行业在许多发达国家早已走上正轨,已经发展得相当完善。但移动互联网时代的到来,对房地产行业,即使是发达国家的房地产行业也是一个极大的挑战。在这迭代的时光岁月里,格局裂变注定要发生,也会注定有不少的房地产开发企业将离我们而去,这是每一次社会变革下的经济规律,这是你我都无法阻挡的时代浪潮。

Chapter 3

第三章

房地产与互联网思维结合

　　时代的列车已到了互联网思维时代，房地产格局裂变正在发生中。互联网思维下的用户至上，产品极致、消费者痛点的解决，正是许多传统旧商业模式变革的起点、原点。互联网思维是前二年最红火的词汇，好像它跟房地产行业风马牛不相及，但确实真的触动了我们房地产产业。随着传统行业一个个被互联网思维商业模式企业所颠覆甚至取代，如苹果的乔布斯用互联网思维几乎革了传统工业的命；雷军用互联网思维商业模式做小米手机，四年的时间市值做到450亿美金，手机产量做到世界第三、中国第一。互联网思维的颠覆浪潮汹涌而来，它将扫荡一切传统行业。马云说过，很多人一生输就输在对新生事物的看法上：第一，看不见；第二，看不起；第三，看不懂；第四，来不及。因此，由于时代需要，房地产行业也要与互联网思维相结合，运用互联网思维改变和取代房地产行业一些传统思维，使房地产行业能够在互联网思维时代紧跟新商业思维模式，不被时代所淘汰。

　　房地产与互联网思维相结合到底会刮什么风？互联网思维强调"用户思维"为核心思维，从这一点房地产行业需要更好地切入进来，在房地产黄金时代，卖房子如卖白菜，根本没有"用户思维"概念，也用不上。但是现如今，今非昔比，房地产格局已发生变化，房地产在存量时代的消费服务比重将越来越大，如果再不把准业主和已入住的业主当用户来好好对待，并通过互联网思维下的"用户思维"而延伸的各种服务，那么一定无法面对白热化的竞争。还有互联网思维中的屌丝经济思维也是房地产行业需要结合的，在互联网和社群时代，人人皆屌丝，群体庞大且是互联网潮民、原住民，在互联网时代中有很大的话语权，因而才有着"得屌丝得天下"的名言。粉丝经济对于房地产而言，许多老前辈也许认为就是对品牌知名度的认可，但是在互联网时代，其实玩法已完全不同了。

何为互联网思维

"互联网思维"是近年来最走红的词语之一。互联网思维把人们带入了一个全新的世界，正在影响政治、经济、文化、生活各个方面。由于传统行业纷纷被互联网思维颠覆，各大实体经济这两年都在关注互联网。在2013年时，互联网思维一词还不是太火，但是在2014年时，这个词已经火得发烫了，当时媒体邀请我来讲房地产行业未来发展趋势时，用"互联网思维"来经营房地产就是我讲的主题。而到如今，如果不懂互联网思维，那真是OUT了。

有人说互联网思维根本就是标签，不值得较真；有人说互联网思维是瞎扯，做好产品才是最真实的等等。这些口水仗没必要去理会，远的不说，2013年11月3日《互联网思维带来了什么？》上了央视《新闻联播》的头条，用了几分钟时间专门播报"海尔"和"小米"这两个案例来讲互联网思维给传统制造业带来的巨大改变。互联网思维的重要性，由此可见一斑。

近几年来互联网思维对商业模式的影响可谓是颠覆性的。"苹果"的乔布斯用互联网思维几乎革了传统工业的命。国内商业模式的变化也是翻天覆地的，雷军用互联网思维商业模式做小米手机，四年的时间市值做到450亿美金；360打败了金山词霸；余额宝抢了银行的钱袋；淘宝电子商务让传统零售巨头无以招架；微信更是直接打劫了中国移动、联通和电信；全球最大开发商万科地产学习用互联网思维改造企业等等。以上实例说明，现在如果还不学习互联网思维，迟早会被运用互联网思维的企业扼住咽喉。

那到底什么是互联网思维？工业化时代的标准思维模式用三个"大规模"就可以概括，即大规模生产、大规模销售、大规模传播，这三大就是

被工业化时代企业奉为圭臬的"三位一体"。但是在移动互联网时代，这三个基础被解构了。工业化时代稀缺的是资源和产品，资源和生产能力被当作企业的竞争力；现在不是了，产品更多的是以信息的方式呈现的，渠道垄断很难实现。互联网思维利用先进技术降低生产成本，使产品价格大幅度降低，以此扩大需求，形成大规模的消费群体，再加上互联网思维下产品不仅能够满足消费者的需求，还能带给消费者良好的体验。最重要的一点，媒介垄断被打破了，消费者同时成为媒介信息和内容的生产者和传播者，你再希望通过买通媒体单向度、广播式制造热门商品诱导消费行为的模式不成立了。这三个基础被解构以后，生产者和消费者的权力发生了转变，消费者主权形成。

互联网思维是指在移动互联网、大数据、云计算等科技不断发展的背景下，对市场、对用户、对产品、对企业价值链乃至对整个商业生态进行重新审视的思考方式。互联网思维不是方法论，而是思维的维度；不是商业进化，而是一种革命式的商业逻辑。互联网思维，不是因为互联网的出现才产生，而是因为互联网的发展，使得这些思维得以集中爆发。互联网思维是一个商业时代的产物，就是我们经常谈到的"生产力决定生产关系，生产关系要适应生产力"。不管你来自互联网公司，还是来自房地产企业或传统企业，都可以学会这种思维方式。

互联网思维的核心是"思维"，互联网只是媒介和平台。房地产行业中小开发商和相关联的上下游传统企业要想转型成功，要适应互联网时代商业社会的要求，绝非是做个好网站或者做个微信营销那么简单的，这些都是转型的"皮"而已，重要的是要进行对整个企业商业模式的重新思考，对内部管理体系、业务流程的再造和升级。这是一项系统工程，其背后贯穿的是一整套的新商业思想。

雷军以简单的7个字表达他对互联网思维的理解："专注、极致、口碑、快。"而在海尔张瑞敏看来，"互联网思维"包含两层含义：一是并行生产，即消费者、品牌商、渠道、上游供应商利用互联网技术全流程参与；二是经营用户而非经营产品，传统制造业以产品为中心，而未来的制造业以用

户为中心。最近一个开发商跟我说,他们很受库存问题困扰。我问他们,你们现在降价降多少了?开发商说,降20%了。其实不如开个新闻发布会,把房源上网,然后宣布降价20%。这就是去中介化,实现互联网化。去中介化一定是必然趋势。去中介化不是中介行业互联网化,而是真正的去中介化。SOHO中国总裁潘石屹说:"互联网的发展就是去中介化。如果不去中介化,用最先进的互联网都不是互联网思维。"以上这些都是大咖们对互联网思维的个人理解,其实到现在也没有标准的界定。

互联网思维席卷而来,它正在不折不扣地重构着原有的商业秩序。苹果手机划时代的颠覆、国内小米的奇迹,虽然空前,但不绝后。当下,移动互联网正在快速改造相关行业,房地产在未来也有可能因为互联网思维的介入被颠覆。

房地产遇上互联网思维

互联网思维那么"火"，在房地产界也掀起学习的热潮，房地产大咖们都争先恐后想学之用之。如碧桂园已将"以互联网思维助力营销"作为内部改革的思路之一，以互联网思维助力营销将成为公司未来发展的常态。在房地产开发理念、产品定位以及房地产的销售模式上，绿城已经在用互联网思维操作。最有趣的便是中国房地产老大——万科地产组织高管团队去互联网企业"取经"的新闻了。也不知道郁亮和他的高管们是否已恍然顿悟，学会了互联网思维的精髓，并最终可以憋出厉害的大招，来"自己革自己的命"，从而换取万科的新生。

万科作为一个有着强危机意识的企业，已敏锐感觉到中国房产市场已进入"下半场"，持续多年的囤地捂盘、野蛮生长的暴利时代即将结束，迎来关键的转型节点。互联网思维的出现，万科最担心的就是房地产行业会不会出现一个类似"小米"的搅局者，以互联网的思维模式打碎行业旧秩序，威胁甚至取代以万科为代表的行业传统模式。而事实好像也是如此，譬如郁亮刚拜访完小米公司，网上马上就有消息传出"小米公寓"即将开建。如果还有其他房地产企业认为万科是在"杞人忧天"，并轻视"小米"只是炒作博眼球的话，那就真要小心了。

"淘汰你的不是互联网，而是你不接受互联网思维"，房地产大佬王石的这句话并非危言耸听。因为互联网思维带来的破坏性商业变革，是大势所趋，有着摧枯拉朽的强大力量，也代表着"提升社会效率，节约消费成本，压榨不当利润"的先进商业模式。万科如此焦虑，小米那么傲娇，均缘于对于这一态势的清醒判断和深刻认知。虽说万科已经意识到房地产行业需要互联网思维进行改革势在必行，也刻不容缓，但房地产遇上互联

网思维到底改变了什么？究竟如何"学"，如何"用"？如果仅仅以"术"的心态看待或利用互联网思维，未免太过浅薄，房地产开发企业要想学好、利用好，应该从以下"道"的层面来理解互联网思维。

一是正确理解互联网思维的本质。如果剥去互联网思维的层层面纱，我们就会发现其精神内核源自乔布斯，而不是雷布斯。具体来讲，就是紧紧贴合"人性化"的时代需求，用科技的手段，以艺术的气质，把产品和服务做到一种极致。这种极致，要实现实用性和艺术性的完美融合，并以快速迭代的方式，不断演进升级，与用户的需求共同成长。对于房地产开发企业而言，那就是建房子以及为业主提供物业服务的所有标准，时刻要以"人的尺度"衡量。要知道人类对居住条件的终极目标，是舒适而美好地诗意栖居。理解并悟透了这一点，神秘的"互联网思维"才能走下神坛，化为房地产开发企业进行产品创新和服务升级的真正思想利器。

二是实现两个完美的转变。就行业本质言，房地产开发企业可不是"盖房子的"那么简单。房地产开发企业最核心的竞争要素是不动产的管理能力和社区服务水平。也就是说，管理的是物，那就要考虑让"物业"保值增值，服务的是人，那就要考虑让"业主"舒服满意。要实现这两个层面的管理升级，房地产开发企业就必须完成两个转变：一是角色的转变，从生意人变为产品人。以前房地开发企业认为房子能卖出去就是成功，所以对营销非常重视。房地产开发企业给我们留下的普遍印象就是擅长概念创新和广告炒作。如果仅把互联网思维理解成一种"优秀的社会化媒体营销"手段，那就依然是生意人的惯性思维，必须改变。在移动互联网时代的成功是建立在好产品的基础上，所以房地产开发企业必须明白，只有建造出让人想住的好房子才是王道。而好产品又不必局限在新房子上，好的旧屋改造方案，好的物业管理创新，好的社区服务升级，也都是"产品人"思维的体现。二是商业模式的转变，从原来的单维度靠挤压成本要利润变为多维度凭服务增值要利润。互联网思维最重要的变化就是消费者主权意识迅速觉醒，以往由商家主导的市场已变为由消费者强势主导，互联网思维提倡的并非取决于商家自身有多强，而是取决于商家的姿态有多低。对房地产开发企业而言，也必须积极转换身份，全心全意地

为业主服务，只要业主满意，挣钱就是捎带的事了。

　　房地产遇上互联网思维会改变传统的房地产经营模式产生新商业模式，从而更好地适应移动互联网时代的人性需求，对房地产行业产生积极的影响。

房地产与屌丝（经济）的错爱

从2015年末以来，"供给侧改革"直成为高层讲话中的高频词，那么"供给侧改革"到底是什么？它是针对过去大干、快上的观点提出的一项新的消费端举措。过去，我们一提经济增长就是扩大需求、刺激消费，现在要换一种新的思路、新的方法，就是要在供给侧进行改革。拿蛋糕打一个比方吧：原来我们致力于让更多的人来买蛋糕，但现在我们要努力把蛋糕做好做精致，这样自然不愁人们不买你的蛋糕了。以前我们国家消费动力不足，所以要刺激消费，现在有了消费动力，但是供给的产品却满足不了消费者的需求。中国互联网经济的本质是屌丝经济，也叫大众经济，是那些所谓的"屌丝"撑起来了。不管怎么改革，大众经济应该在很长一段时间内是现实存在着。在这之前，谈互联网思维就必须有屌丝思维，所以也就有了"得屌丝者得天下"的经营模式。

现在一些政策提倡小众经济，从理论上来讲是有一些矛盾之处。作为房地产开发企业经营者，支持政府提出的"供给侧改革"，这是未来的发展趋势。互联网经济中离开"屌丝"这个群体，大部分企业就无法生存了，特别是互联网企业。可以说中国的"屌丝"为经济做出巨大的贡献，"高富帅"的房地产（其实已经不高了、不富了、不帅了，大部分开发商可能也会成为屌丝，这是后话。）

房地产本质上是挑战屌丝底线的，它能满足屌丝心理但屌丝很难获得。那什么是屌丝？就是想买房，但当下又买不起房，可能要等到15年后的积累才能买得起。只有通过各种与房地产的"错爱"才可实现。比如刚毕业就想通过工作五六年时间来买房，其实没有达到买房水平却向往更高的生活，这就是屌丝心理。当下的一些屌丝也不是混不出来的人，不是

社会底层，而更多是受过良好教育的白领。房子属于白领向往的产品，正常来说，按个人的收入在预计的购房周期内难以实现。但现在这些屌丝却依靠两股力量通过更短的时间买到房，父母出首付款和男、女屌丝结合在一起供房，实现买房。其实，屌丝的买房过程是很焦灼和痛苦的。屌丝心理渴望一步登天，拥有特权。在买房方面是不愿意按揭贷款，说那是给银行打工，无奈对房地产又爱又恨，就先从了吧。

人们几乎每天都能听到"屌丝"这个词，在高端消费群体日渐萎缩的情况下，屌丝群体赫然挺立，他们是中国消费的主力军；由于大量的屌丝有购房需求，庞大的屌丝汇聚的数目足以让房地产开发企业垂涎三尺。如果房地产开发企业要与屌丝经济发生错爱，就需要产品类型做出调整。

目前房地产开发企业开发的高端公寓产品、政府主导的大量的经济适用房和廉租房都不是屌丝的真实需求。在高端公寓、大规模廉租房并举的两端分化的产品构成里，中档附加值高的产品少；高端产品是屌丝最爱、低端经济适用房和廉租房有失屌丝身份，但中档且附加值高的产品才是屌丝群体的实际需求，"附加值"必须高，才能满足屌丝要求！因此房地产开发企业要加大中档且附加值高的产品供给，以便更加贴近众多屌丝的需求！房地产开发企业既要放下"高大上"的身段为屌丝带来需要的产品，又要给屌丝足够的各种"慰藉"。

有一句话：白富美永远是被癞蛤蟆征服的，高富帅永远是被屌丝逆袭的。房子过去是奢侈品、房地产开发原是高富帅行业，而互联网金融是普惠金融、"屌丝金融"，互联网金融是一个消除中间层的非常好的载体，更多是针对屌丝群体，能够做到放低门槛，让更多人参与、享受开发和众筹购买的过程。房地产开发企业的投资都是几千万、几个亿甚至几十个亿的规模，所以很难募集到资金。而现在，房地产与屌丝错爱了，可以产生关系了，开启了房地产投资的屌丝时代，募集小额资金完全可以通过各种各样的互联网金融手段来实现。现在房地产开发企业还可以和屌丝玩房地产众筹，房地产众筹是将分散化的资金集中起来折腾一些事情，是互联网思维屌丝经济的运作模式，房地产众筹玩法的面世让无数屌丝兴奋了无数个夜晚，做着屌丝逆袭高房价的美梦。真的，当房地产与屌丝（经济）错爱之后，让奢侈品变成必需品、让屌丝经济逆袭房地产"高富帅"真的不是梦。

房地产如何玩转粉丝经济

在互联网的思维下，"粉丝经济"是现阶段最火爆、最行之有效的。中国的"粉丝经济"从2004年《超级女声》选秀节目开始崭露头角，之后进入快速发展时期，粉丝群体从最初的娱乐演艺圈溢出，渗透到文化、体育、科技、房地产等与生活相关的各个领域。

进入智能手机时代后，苹果的乔布斯利用互联网思维打造的粉丝群体，成为全球践行粉丝经济取得成功的最佳案例。"苹果粉"虔诚到宗教徒般地迷恋，彻夜排队买新品，甚至传说中的中国"脑残粉"割肾求之。还有现在取得智能手机世界第三、中国第一的小米手机，"为发烧而生"的品牌诉求，点明了小米手机卖"粉丝"的本质。雷军说："小米的成功秘诀之一就是'粉丝经济'，小米的成功不是产品的成功，而是粉丝经济的成功！"苹果iPhone的"果粉"、小米的"米粉"是这个时代特有的经济特点，他们打造的产品都能够引起"果粉"和"米粉"的尖叫，形成这类"粉丝"对它们产品细分品类的反复购买，产生巨大的"粉丝经济"效应。如今，这一商业模式正被国内越来越多的房地产开发企业效仿。至于房地产如何玩转粉丝经济，还得看各家的本领。

现在用行业实例看下房地产如何玩转粉丝经济的。

1.龙湖地产如何玩转粉丝经济：被业内称为"别墅专家"的龙湖地产，或许是房地产行业最有可能创造粉丝经济的企业。龙湖对客户满意度的重视程度甚至超过业绩，对客户满意度的重视程度在房地产界处于领先地位。龙湖的"老带新"比例和二次购买率之高，在业内很少见。龙湖的粉丝，其实十几年前就有了，他们自称"龙民"，虽然听上去有点土，但并不妨碍他们的自豪感，这种自豪感会让他们乐于在人前推广龙湖，这也促

成了老带新，成为龙湖"最有效的营销手段"，没有之一。

龙湖对待粉丝的诀窍有两个，一个是态度，一个是体验。前者是龙湖真正地为龙民去考虑，时不时地慰问老客户，经常有惊喜的礼品拿到手。后者则是去龙湖体验服务，销售、客服、物业，轮流服务客户。这种龙湖式粉丝经济，是有数据支撑的，2013年，国内顶尖的调查机构赛惟，在龙湖2万多个业主反馈中，发现有84%的客户表示愿意推荐龙湖，龙湖业主再次购买意向率也达到了79%，这种数据在中国地产界是很罕见的。在移动互联时代，龙湖对于传统思维下的客户，要升级为互联网时代的粉丝，龙湖通过社交媒体对既有客户进行社群化连接，通过互联网的营销模式和价格让利，是将用户引导向粉丝升级的最佳通道，培养客户在新趋势下的消费习惯，加速粉丝的聚集。目前龙湖提出的"三个亿六大件"工程，就是为了把龙湖的生活价值平台打造得更完整，也是为业主带来更好的居住价值，让自己的客户形成粉丝经济。

2.**绿城地产如何玩转粉丝经济**：绿城号称拥有地产界最忠实的粉丝团队。通过和粉丝的不断互动，绿城摒弃了高档私人会所、游艇俱乐部等华而不实的东西，取而代之的是颐乐学院、健康促进中心等"接地气"的设施。项目配备了健康检测仪器，能够实时精确评估住户的身体质量指数，并提供健康促进建议。社区内还配备日间照料中心，可为居家养老的长者提供上门服务。这些规划经过了十多轮的升级调整，后续不排除还有继续调整优化的可能。绿城还将粉丝营销与移动互联网结合。过去是桌面互联网时代，用户之间的关联受一根网线的羁绊；在移动互联网的时代，一切都在重构和重塑。案场、社交、服务、消费都可以在网上进行。绿城地产开发的"绿粉+"APP平台包含三大模块——线上线下打通的产品平台、服务平台、社交平台。绿城业主通过这个服务平台，实现相互间的圈层社交，跨地域分享推荐产品，享受私人专属定制服务，一键打通人脉，参与社群讨论等功能。例如，一键打通人脉的"绿粉脉脉"，可以找到绿城业主中的15000个企业家、20000个科教文卫等领域的专家；'绿粉在行"，由有名望的绿城业主发起讲座，来听的其他业主为他打赏；还有

"绿粉圈子"功能，绿城业主可以组成各个有意思的兴趣部落。如此诸类的增值服务也是绿城对"粉丝经济"的深度挖掘。

3.碧桂园如何玩转粉丝经济：房企如果能聚拢互联网平台上活跃的"粉丝"，依然可以产生规模效应，以小变大，从而获取持续的经营业绩。在挖掘粉丝经济方面，碧桂园绝对称得上是行家。碧桂园将"微信营销"和"全民营销"融合起来，推出全民营销微信平台"凤凰通"。用户只需关注该微信公众号，登录注册，便可成为"推荐人"，代理碧桂园百城内的所有项目，只要客户到访项目前2小时内，录入客户信息，即视为推荐，而一旦推介成功，让客户在规定时间之内认购签约，推荐人便可获得高达4‰的佣金点数。这种方式无疑激活了碧桂园此前全民营销和微信营销积攒的粉丝，并持续吸引新的粉丝。碧桂园的微信营销已聚集了规模庞大的微信粉丝群。而碧桂园凭借五星级的产品，聚集了一批忠实的业主粉丝拥趸，并极大调动业主、员工及社会力量助力营销，被称为"将全民营销从潘长江长成了姚明"，碧桂园式全民营销被公认是业内做得最成功的。目前，旗下所有项目均有官方微信，已形成了强大的自媒体营销矩阵，拥有近千万的微信活跃粉丝。

4.伟星地产如何玩转粉丝经济：粉丝队伍在呈几何级数发展壮大的同时，粉丝们也在有意无意承担着营销的职责，帮助被追捧者一再创造营销奇迹，成功诠释了"得粉丝者得天下"的营销理念。一位伟星的业主讲出，当年购买伟星开发的香格里拉单身公寓是他最成功的一笔投资。因为信赖伟星住宅的品质，对伟星房产的保值增值同样深信不疑。从那时起，他就成了伟星房产的忠实粉丝，亲朋好友想要买房，他都会向他们推荐伟星的楼盘。伟星业主忠诚度的背后，体现出的是品牌的力量。深耕芜湖15年，伟星将10万业主成功打造成伟星的忠实粉丝，粉丝与品牌之间逐步建立起牢不可破的情感联系，这正是伟星品牌的最大价值。

目前，伟星的微信公众号已经获得近万名粉丝的关注。不要小看这个新媒体平台，它打破了传统售楼处的空间限制，让粉丝将售楼处装进口袋。随着互联网思维在伟星团队中不断强化，伟星业主和准业主对移动互联网日益依赖，伟星微信公众号的粉丝数量会迅速增加，微信会成为伟星精准

营销的有效渠道，也是伟星的粉丝们互动交流、增进感情、提升对伟星品牌黏着度的绝佳平台。

　　安徽伟星目前拥有10万业主，每年社区消费将达10多亿元，从中可以看到大力发展社区商业和社区服务业的巨大潜力。正是看到了这样的潜力，伟星开始强力推进品牌升级战略。通过住宅创新、服务升级、发展社区商业三大战略，努力实现整体运营的一次革命。在服务升级战略中，伟星提出了"从产品供应商转型为新型服务商"的口号，推出全能服务计划，打造更加人性化的社区服务体系，还将通过伟星商业服务计划，为业主实现物业资产的保值增值，最大限度地满足不同层次业主多方面的综合需求。一位伟星的高管介绍说："对业主服务的多元、体贴和及时，对商家服务的快速、有效，必将有效地壮大伟星的粉丝队伍。粉丝间的口碑相传不仅会大大节省伟星获取新用户的成本，用户对伟星品牌的认可度和忠诚度也将大幅提升。"

　　5.花样年如何玩转粉丝经济：在借力互联网充分挖掘粉丝资源方面，花样年地产无疑走在了行业前列。老板潘军曾经算过一笔账，到2013年花样年累计销售120万套住房，拥有400万业主。假设一、二线城市平均每个人每月在社区消费1000元，一年下来是1.2万元，400万业主的年消费近500亿元。潘军说："500亿的现金从你的门前流过，你一分都没捞到，那不是没机会，是你笨。"正是出于这样的思考，花样年倾力打造了基于大数据平台下的社区服务平台，旨在将那400万业主培养成花样年的忠实粉丝，进而将500亿现金截流在自己门前。

　　如今，这个名为彩生活的社区服务平台不但实现了盈利而且在香港成功上市。在2014博鳌房地产论坛上，潘军在做题为"互联网思维开启社区服务新纪元"的演讲中表示，未来房地产商不能只是盖房子卖房子，而是要关注客户体验，提供有趣、有味、有料的生活空间。花样年正是这样做的，他们奉行"客户为王"的理念，并将这个理念与互联网思维充分融合，让花样年的粉丝通过彩生活这个虚拟社区，体验到更多生活的方便和乐趣，在不知不觉中参与到企业的营销中来，与花样年的经营管理者一道，共同创造了粉丝经济的奇迹。

Chapter 4

第四章

房地产风口来了

中国房地产行业经过三十多年的发展，经历了从一穷二白到富可敌国的华丽转身，随后又从黄金时代到产能过剩导致房地产行业内部格局发生变化，伴随着互联网+已成为了当下时代的最大风口影响，还有移动互联网时代的互联网+下的经济风头也超越房地产行业成为国家的战略经济体。作为以往中国经济的支柱产业地产行业，难道就这样被时代所遗弃？房地产行业在移动互联网时代是否还有机会，是否还有台风口，风口又是在哪里？

柯达的破产，诺基亚、摩托罗拉被收购，微软被谷歌挤压，万达、苏宁的转型，苹果和小米裹挟互联网思维"颠覆"浪潮席卷而来，Uber、滴滴出行、Airbnb共享经济的无中生有，微信几乎干掉传统电信业，银行一直是中国老百姓心中至高无上的地方，从未有人想过能超越它，然而马云创办的蚂蚁金服旗下的支付宝直接抢了银行饭碗。互联网下电商的兴起，大批百货连锁倒闭，TESCO、家乐福的退出，连沃尔玛都难以招架了！而阿里巴巴的淘宝2015年双11却创造一天销售912.17个亿的奇迹，一天的交易额超过中国北上广深一线城市线下零售总额，没有人能想到淘宝会这么强大，大可敌国。移动互联网时代的变化来得太快了。现在许多传统行业将面临转型或消失的窘境，很多人还没有醒来，世界已经变了！

在世界变了，风口来了时代，房地产行业与其他传统经济一样，遭遇到前所未有的挑战和机遇。自从2014年以来，房地产就有内忧和外患的冲击。房地产市场已是供大于求、产能过剩等等问题已成为房地产不争的事实，这些房地产内部的因素，就可以诱发房地产内部格局发生裂变；外患就是移动互联网时代的来临；移动互联网这股"强劲台风"的到来，以绝对的力量，迫使传统实体回归商业逻辑本质，回归用户至上，回归消费者时代。这种新技术的冲击导致旧商业模式的颠覆性变革与创新，让很多大公司瞬间倒闭。这种外患，才真正对房地产开发企业构成致命一击。但房地产作为中国经济的支柱产业，由于行业目前还是太"重"，虽然这两股力量已交织在一起了，房地产还是没有彻底被颠覆，但新的房地产商业模式已开启，颠覆可能就不会遥远了！既然台风来了，那么房地产在风口下何去何从呢？

与互联网+一样，房地产+时代也将顺势而开启了。未来的房地产不再

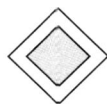

是单一的房地产了，一定是"房地产+"的组合，"+"可以有多种组合，这些组合中，还是以房地产为中心，但整个行业将从"资源重组"过渡到"价值重组"，已变成了新的商业模式，成了房地产风口。例如：房地产+互联网+、房地产+社区O2O、房地产+产业、房地产+大金融等，如房多多、好屋中国直接把售楼部搬到线上，启用线上经纪人，并提供金融服务；乐生活打造未来新兴生活方式，以更好地提升客户的生活体验，创造更丰富的生活场景。

雷军的一句话成为上到总理，下到农民工都皆知的名言："在风口上，猪都能飞起来。"是的，时代的台风和龙卷风已吹来了，各行各业的精英都在各自的风口上排队呢；改造或转型升级的房地产风口已出现了，房地产行业的精英在哪儿？作为民生最重资产房地产行业，相信行业精英们此时也在台风口排队呢！此时正在选择适合他们的房地产+，他们一定也会像李克强总理在两会上所说的，在风口上顺势而为，将会飞起来。至于怎么飞，后面几章节中我们将会一一讲述。

话说风口

在移动互联网时代，各种信息资讯传播很快，与前几年相比是一个质的变化。雷军的一句话一直很火"在风口上，猪都能飞起来"，而且风口的威力远不止如此。如在路上顺着大风方向走，人有种像飞一样的感觉；在电视上、新闻媒体上经常报道的美国式龙卷风，只要它经过的地方都会夷为平地。

一个风力最强的18级或19级以上的台风，不是它自己形成的，而是在它中心气压最低的一处形成一个小风眼，先形成一股小的台风，在继续前行中不断吸收旁边其他的小风眼，一步步汇聚，最终形成超大的18级或19级以上飓风；龙卷风出现的时候也是从一个龙卷风眼形成一股小的龙卷风，最后再形成大的超级龙卷风。强劲的风力连百年的大榕树都会被它连根拔起，龙卷风汇聚强大的风力如同卷成一个通到天上的时光隧道一样，所经之处的沙石树木等都会被吸进去，之后也是被风吹卷得无影无踪。

懂得把握和制造风口的人，会整合这些台风，这些人就是各行业的领导者。从风口处找到风眼，制造大风口，从而成就一场经济变革！

世界变了，风口来了

现在大家都在谈风口，为什么呢？因为世界变了，风口来了！

南京新街口某商城一幕：个体户老板全体起义：受互联网店冲击，传统生意难做，要求降房租！未来五年，还会有更多个体门店倒闭。互联网还没有进入中国前，央视在中国老百姓心目中是崇高的，如今，还有多少人看电视？还有多少人看报纸？移动互联网时代的来临，的确让世界大变天，不管是实体经济，还是娱乐、出行。有两句话很说明问题，一个是"天变了"，不能再用过去的认知来认识这个新的世界；第二句话是"台风来了"，你要想方设法靠近台风口，接近台风口，哪怕你是一头"猪"都能够被吹到天上去。

伴随各种"风口"的出现，出现了各种机遇，借用马云所概述的三个大的风口来总结。

第一个，消费拉动。这是一个消费的风口，是极其巨大的。中国今天消费风口是极其巨大的，这是独一无二的全球罕见的机会。希望大家先审视消费市场。只有先了解、审视市场，再摸清规律，才有可能做起来。大家都说学美国，但美国的东西放到中国来不一定灵。美国人是花明天的钱，中国人是花昨天的钱；美国人是投资很理性、花钱很感性，中国人是投资很感性、花钱很理性。美国人不了解中国，但中国人一天到晚研究美国，反而应该了解自己、了解人性、了解中国市场。从投资转向消费，美国也经历过这个阶段。今天最新的东西很多是在电影、电视剧上出现的，了解市场必须在一线了解年轻人的消费。"双十一"期间75%的商家是新实体，这些企业在3年前没听说过，这些企业完全按照新新人类的消费需求出现的。所以不是实体不行了，是你的实体不行了；不是零售不行了，而是你们家的零售不行了。

　　第二个，是改革的风口。中国现在的改革的确千载难遇,前面提到反腐败和消灭贫穷是机遇,我们必须看清楚这两个巨大的机会。因为改革开放,我们只花了30年就回到了世界第二。市场压力倒逼改革的机会是存在的,但不要盲目等待改革,自己先在企业中进行改革,创造改革。

　　第三个是科技的风口。每一次技术的革命都是靠后面30年的时间真正发展起来。这一次互联网的变革远远超过大家的想象,无论是互联网+还是+互联网。这一轮的20—30年,层出不穷的企业会起来,层出不穷的企业也会倒下去。第一次工业革命诞生的商业模式是工厂,第二次能源革命带来的商业模式是公司,未来三十年的商业模式是组织下的变革。第一次技术革命释放的是人的力量;第二次是释放了人的持久发展能力,但是无论怎样还是身体的变革。技术革命带来的是公司,这一次技术革命带来的现象是,农民和低收入人群的手机普及率达到90%。人类在进入互联网时代,几十年的数据收集信息沉淀,已经超过过去几千年的收集总汇。带来的是智慧的变化、是人脑的变革。

为什么会出现房地产风口

当我们谈房地产经济或房地产风口等诸问题时，必然会谈到中国经济的问题。目前房地产在中国经济总量中的占比还是非常高的，房地产现在还是国家的支柱产业，尽管政府想方设法去房地产化，但是事实如此，况且房地产与其他行业关联度都很高。在中国研究两个东西最不靠谱，一个是股市，一个是房地产；你说它会跌，偏偏它就涨了。现在一、二线核心城市是暴涨的，涨一点是可以理解的，毕竟没有太大的库存量，人口数还是净流入。但暴涨让许多唱空中国房地产的国内外专家学者无一不失败，一次又一次的预测错误，尽管使用房价收入、去库存周期、租金回报率、商品空置率去证明房地产存在巨大的泡沫，会崩盘、会暴跌，甚至采取日本、美国的大量案例去说明，中国房价存在严重的泡沫，一定会崩盘等结论，但最终结果并非如此。为什么会这样？因为中国房地产是政策市、计划市，各种的原因。但是房价如果这样涨下去肯定是有问题的，毕竟中国的经济下行边界已打开，GDP也下调了，供给侧改革也在实施了。因此，与中国经济息息相关的房地产市场及行业必将出现各种风口，只是时间问题。

关于这段时间中国房地产市场的状况，对行业内产生的影响，使我们不得不重新去了解和思考。

如果按照正常的经济学基本原理，目前中国房地产库存创历史新高，市场属于供大于求。在中央去库存的供给侧改革指导下，房价应该是降价，不是疯狂的涨价。为什么没有按照正常的经济学逻辑降价反而涨价？原因在于非市场的、非正常的中国经济运行逻辑：即产业与金融、债务与政府、汇率与人民币之间的关系。一旦房地产不行了，必然爆发连锁反应

危机。

2015年中国经济增速6.9%，这是25年来首次最低增长，未来五年相信中国经济必然冲出重围，打破困难局面，实现6.5%—7%的经济增长。不过，中国经济依然存在严重的问题。2015年12月中央经济工作会议与2016年3月5日政府工作报告提出，去杠杆、去库存、去产能、降成本、补短板的重点工作，说到底还是因为整个经济系统和金融系统的风险马上要爆发了。经济严重下滑必然传导到金融系统，而金融系统的最大危机，不在股市，不在居民住房贷款，也不在企业贷款，而在地方政府债务。根据中国社科院的数据和估算，地方政府债务规模大概是30万亿左右，这还只是审计数据，而不是财务意义上的数据。

这是一个黑洞，也是一颗定时炸弹，一旦处理不当，真有可能爆发系统性风险。除了政府信誉受损之外，整个银行系统都可能崩溃。房地产不行了，土地卖不出去了，财政税收逐年下滑，债务成本越来越高，银行又不想债务置换，地方政府快扛不住了，95%的省会直辖市是靠土地偿地方债的，一大半的债务要靠土地来偿还。

为了让债务置换顺利推进，为了让整个风险地雷不被引爆，有高人出了一计：货币放水，拉高或稳定资产价格，营造债务置换的宽松环境。接下来就是我们看到的，1月新增贷款2.51万亿，创历史新高，大部分进入地产和投资领域；紧接着房贷首付比例下降，交易税费下降；北京上海深圳南京杭州等一线城市房价大涨。降低首付其实就相当于增加杠杆，为什么在宏观层面降杠杆、去产能、去库存的形势下，要让房地产提高杠杆呢？在整个银行贷款中，房贷是最优质的资产，坏账率最低，这说明中国的老百姓是最守信用的，他们宁可省吃俭用，整天吃方便面，都不愿意拖欠银行的欠款。想来想去，只有这块可以用来提高一下杠杆了，于是各种救市措施纷纷出台。这次救市，救的不是房地产，而是地方政府，是地方政府的30万亿债务，是政府的信誉和中国整个金融系统。只有房产价格上升了，其他资产价格也跟着上升或保持稳定，抵押品的估价也上升了，政府的土地好卖了，财政税收也上升了，跟银行的议价能力就上升，债务置换也顺利了。

很多地方政府的身家性命，都取决于房地产价格，房价一旦下跌，意味着土地价格和其他资产价格也一并下跌，土地卖不出去，抵押品价格下跌，会导致政府信用违约，银行逼债。

房地产是连接中国经济上的"产业、金融、人民币、债务"最关键的一环。债务问题最核心的是地方政府、银行，房地产问题最核心的是银行和房地产开发企业。汇率问题最核心的就是人民币贬值与美元升值。为什么说房地产是解决中国经济问题的关键杀手锏？

第一是房地产与产业，即房地产与产能严重过剩。产能严重过剩即面临失业与企业破产、制造业的危机。市场表现在钢铁、煤炭、水泥、船舶、铝业等十大核心制造业。产能严重过剩最主要原因是需求不足与供应过剩，其中需求不足就是出口下降与房地产需求严重下降及政府基建投资不到位，说明房地产涉及的相关60个左右产业，直接影响到产能的需求，如果房地产下行，肯定会导致产能过剩。因此，房地产业调整时期，加上制造业去产能、股市去杠杆，房地产业复苏关系到就业稳定、企业稳定。

第二是房地产库存与金融。即三四线城市库存，目前一线、二线城市房地产不存在库存压力外，三、四线城市存在严重的房地产过剩。如果不能有效化解房地产库存过剩，容易爆发中国经济"多米诺骨牌"现象，首当其冲的首先是房地产企业，死得最快的就是毫无反击之力的、无抗跌风险的中小房企。再就是中型的房企、大房企。接着就是上市房企。然后是银行体系，因为银行系统的问题，必然导致系统性的金融危机问题。

第三是房地产与汇率，即人民币贬值、美元置换与美联储加息及汇率崩盘危机。RMB汇率下跌，引起国际经济震荡，导致中国出售美国国债。在石油国家经济出现严重困难的情况下，如果中国再出售美国国债，必然引起美国国债的连锁反应。而美元出现下跌，导致中国的RMB汇率暂时稳定。

第四是房地产与高杠杆债务，即货币超发与地方债务及高杠杆危机。中国的债务敞口到底多大，没有人清楚，有的说30万亿，有的说50万亿。但是目前中央政府允许地方政府债务进行置换，实际上已经说明存在着严重的债务问题。

　　第五是房地产与人口红利严重下降，即人口增长拐点与人口老龄化危机。人口红利急剧下降已经深深影响到中国经济增长、需求的增长。虽然机器人、无人飞机可以替代人工，但是短时期内无法大规模替代，必然导致劳动人口短时期内紧缺的问题。因此，虽然中国的市场冷清导致大量人口失业，但是我们的劳动人口缺口很大，尤其是服务业，未来2—3年缺口会更大。最好的办法就是解决通过房地产作为桥梁过渡，放开户籍制度与计划生育制度，户籍限制取消与二孩政策就是最好的说明，而房地产不仅可以吸引人口，还可以增加居民，还可以解决落户的问题。第六是房地产与投资、出口已经严重透支，即经济驱动器、引擎熄灭。目前看，需求侧的投资、出口已经到了极限，投资已经没有边际效应，而出口因为全球经济紧缩、RMB汇率等问题已经出现负增长。因此，需求侧的传统投资、出口、消费已经无力推进中国经济的发展，尤其是投资、出口。现在稳增长的关键还是房地产与政府基建，关键是可以起到拉动产业的作用。目前全球经济形势必然影响中国经济，首先是美国经济可能出现衰退，其次是欧洲、日本经济不振，必然影响中国的出口。再者，TTP/TTIP的实施，对中国的贸易带来巨大的负面影响。虽然看好中国经济必然从L型经济模式中走出来，不会陷入中等收入陷阱，但是中国经济依然存在严重问题。

　　虽然供给侧方案是国家进行经济改革的核心方案，但它是长期的解决方案，在经济下滑严重的情况下，必须增加需求端的需求。其一，最核心当然是支柱产业的房地产，而房地产已经占据国家经济总额的40%以上。因此，在进行供给侧改革的时候，必须适当扩大总需求，尤其是房地产产业；其二，虽然实体经济存在流动性紧张问题，但是市面上流动性是非常宽裕的，同时又遇到资产配置荒等问题，导致很多企业、个人、家庭无法有效配置高收益资产，而房地产恰恰是满足众多高净值用户的资产配置需求，目前，房地产热潮恰恰就是风口；其三，各种新的金融模式，如众筹、房地产中介金融等，也起到关键的作用，这和之前的美国房地产贷款机构类似，起到了高杠杆的资金配置作用，使得根本无法首付的人群也能够买上房，但是杠杆比例已经达到10倍—20倍。

一旦在房地产上处理不当，会导致更严重的经济危机。写房地产风口这本书的目的，就是让更多关心房地产的人，了解房地产在不同时期的运行情况，不管是在好环境之下，还是在坏环境之时，客观地总结利弊，找出房地产风口中的"风口"，也许我们点到之处很粗浅，但希望此书能起到抛砖引玉的作用，让更多同行进一步研究与践行，这是我们的初衷。

房地产作为民生行业，每时每刻都牵动着亿万老百姓的心，在中国每个时代转变时期，房地产及行业都会产生巨大的风口，房子作为人们的重要生活必需品，关联着太多的属性，可以融合成为众多行业的入口。世界变了，风口来了，因此在当下出现各类的房地产风口也是必然所在。

风口下房地产何去何从

2016年初春开始，一、二线房地产市场房价开始离谱狂涨，让渐渐逝去光环的房地产行业似乎又重新聚焦到了光环之下。对于房地产市场来说，房价涨了，对房地产行业来讲，只有少数百强房地产开发企业能享受到房价上涨带来的红利，对于大多数的中小型房地产开发企业而言，房地产行业的黄金时代即将过去。在世界变了，风口来了的时代，这一轮的环境变化是前所未有的。过去的变化大多是政策原因，有一定的周期性，只要蛰伏待机即可，这一轮的变化却源于供需关系的根本改变。因此，本轮变化是不可逆的，此后若干年房地产的逻辑注定与之前十几年乃至几十年的完全不同。因此房地产开发企业特别是中小型开发企业更多的是要做好充分的准备，应对当下时代的各种风口。

在房地产黄金时代，对于房企来讲，服务可能就是一个噱头或是一种营销手段，真正潜下心来做好服务的企业并不多。那些"给你理想的家和享受星级物业服务"等诸多的宣传语真正落地的有多少？

在信息趋于对称的移动互联网时代，购房者已经不那么容易被铺天盖地的广告轻易忽悠了。几十年的房地产发展，前几代购房者已经有了丰富的居住体验。谁的服务好，谁能够提供优质的居住体验，购房者就会买谁的单，这是一个需要将服务做扎实的时代。而对于中小型或从其他行业转过来的房地产开发商，项目前端能做好就算不错了，末端的服务都有点差强人意，况且服务这件事不是一时半会儿就能够干好的，需要时间的积累，也需要市场的配合。问题就出来了，一边是购房者对房子相关的综合化服务需求，另一边是房企自身资源的有限，要解决这一矛盾，需要房企有足够的资源整合能力，能通过各种跨界合作将综合化优质服务融入

项目中来，让居者有其屋到居者"优"其屋实现有效转化，最终实现购房者满意与项目增值的双赢。

"互联网+"从去年以来一直很火，而"+"的背后是通过技术跟商业内容的"+"，创造一种新的商业模式。延伸到房地产行业亦是如此。虽然现在房地产开发企业对于"房地产+"的定义各有不同，万科用"城市配套服务商"、正荣用"致力于成为一流城市健康生活综合服务商"来定义；三盛则用"极致未来家"、万榕集团用"城市地产综合服务商"来定义。其实"房地产+"的核心要义各房企基本是一致的，里头都含有主业房地产用"+"的方式进行各种合作与融合，都是想通过突破行业边界的大合作实现转型与成功升级。因此，如何把握"+"所带来的跨界融合的机遇，将是房企玩"房地产+"成败的关键。

其实在当下的房地产风口，就是"房地产+"的概念。风口当下房地产开发行业，特别是中小型开发企业要改变经营思维，要能自我换档、改造升级，选择适合自己的"房地产+"，从而形成新的商业模式，以适应时代节奏，才不会被时代变革的巨浪击沉。

当下国内百亿、千亿房地产开发企业层出不穷，整个行业集中度在快速提升，"大鱼吃小鱼、快鱼吃慢鱼"的格局已成当前房地产开发企业发展的真实写照，未来房地产市场将由国有房企、上市房企和规模型巨头所主导，而大多数中小型房地产开发企业做完手中的几个项目后，就将面临严酷的发展困境。对中小型房地产企业来说，不变革，寻找机会，就是等死。当前中小型房地产开发企业由于规模小、品牌知名度不强、产品研发弱、资金少而导致拿地难、融资难、招人难，若将主战场一直放在三、四线城市，将面临高库存、去库存慢（现在一二线城市多卖一套，三四线城市就增加三四套库存量）等诸多的发展困局，也迫使越来越多的中小型房企进行战略转型。中小型房地产开发企业如能在这时代的风口下，与时俱进，抓住"房地产+"风口机会，也会有好日子过。"适者生存"的道理，用在现今中小型房地产开发企业身上再贴切不过。探讨中小型开发企业的特点，毕竟也具备"船小好调头"的优势，虽然规模小，但在长期夹缝中生

存练就了灵活、机智、善变等生命力特质，完全可以独辟蹊径。在大型房企不愿意去或没有精力顾及的细分市场率先布局，用"房地产+"开拓自己的蓝海。

风口之下，房地产何去何从！"房地产+"这种新模式已经成为房地产开发企业转型升级的独特标签。万科和万达宣布强强联合就已经展现出"房地产+"的重要模式，通过强强联合来实现"1+1＞2"的增值效果。因此，从某种意义上来讲"房地产+"不是颠覆，而是一种市场倒逼的模式探索结果，相信"房地产+"要做的事和"互联网+"一样，在"+"之后产生巨大的成果。还需要补充的是，与"互联网+"相比，"房地产+"战略可能更合适房地产行业，特别是开发商在经历移动互联网近一两年的冲击之后，反而越来越淡定，所以未来将围绕房地产为核心、为主业，去向服务延伸，往金融延伸，往互联网+延伸等。

现在可以罗列出"房地产+互联网+""房地产+社区O2O""房地产+智能家居""房地产+共享经济""房地产+产业""房地产+金融""房企+房企"及"房企+合伙人"等风口机会。在各种风口之下"房地产+"新玩法是否能够促进整个行业，特别是对中小型房地产开发企业的自我改造升级和成功转型产生作用，我们拭目以待。当然，还要看各自企业的用心程度、是否全力拼搏并做好向死而生的准备。

Chapter 5

第五章

房地产+"互联网+"风口

　　这是一个"互联网+"的时代，"互联网+"作为第三次工业革命的核心，成为时下最为红火的风口。在"衣食住行"领域里，服装、餐饮、出行这三个行业已经被"互联网+"颠覆了。在这样的大浪潮下，房地产开发企业就甘于只做一个制造商，辛辛苦苦把最重要的事情干完，等客户上门买房，然后一切的一切就再与自己无关？显然，作为上一个风口的受益者，房地产商不会就这么坐失良机。认识到"互联网+"的重要性显然已经成为房地产行业共知，其实早在几年前有先见之明的地产大佬们就已经投入到了房地产互联网化的实践当中。在国家经济战略下，积极实践"互联网+"应是顺势而为，成为房地产开发企业改造自我升级或成功转型的大好机会。

　　当房地产+"互联网+"时，最有意思的事情就发生了，一个重，一个轻，一个在地上，一个在云端，一个是"不动产"，一个却是"移动互联"，看似最不可能在一起的组合，却是可以带来最有创造性的结果。"互联网+"是用互联网将房地产分离成"实体+虚拟"，实体是钢筋混凝土的房子和现有的房地产模式，而虚拟则是在线的生活方式和未来的房地产新商业模式。房地产可以给"互联网+"带来最好的落地对接，让"互联网+"激发的各种创新都有地方施展，"互联网+"可以让房地产更好地找到并了解客户，做出百姓需要的产品和服务，房地产可以让"互联网+"变得更实，而"互联网+"能让房地产更有效率与创新。

　　房地产+"互联网+"的紧密融合在一起，不再只是工具而已了，而是通过"互联网+"下产生的经济，形成了新的商业模式、新的平台以及商业空间更大的社交生态圈，"+"出了多种模式的房地产风口。如："互联网+旅游"（途家）、"互联网+平台"（房多多、爱屋吉屋）、"互联网+众筹"（无忧我房）"互联网+社交"（YOU+青年公寓）、"互联网+物业"（乐生活）、"互联网+产品定制"（Elab平台）等等；可以看出，没有哪个环节，是不可以被"互联网+"的，关键在于什么时候"+"，房地产开发企业会不会迅速行动起来抓住这样的风口，顺应时代的浪潮，对房地产进行升级改造和技术创新，这是本书关注的问题。

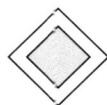

"互联网+"已成为中国经济的风口

政府工作报告中，提出要制定"互联网+"战略，代表一种新的经济形态。"互联网+"是2015年中国经济的最大风口，体现在中国富豪榜上是，排名前10位的富豪有6位来自互联网行业，而排名前100位的富豪中有四分之一来自科技行业。马云的阿里巴巴、马化腾的腾讯，李彦宏的百度、滴滴出行的程维等互联网+企业成为新时期中国经济的标杆性企业。

过去10年，作为互联网与实体经济融合的互联网经济，极大地扩大了消费需求和新的基础设施投资，带动了就业，直接带动了经济增长；推动了中国传统流通业、制造业、出口加工业的转型升级；同时，孕育了技术、产品和商业模式自主创新的基因，广泛培育了创业者和小微企业主的企业家精神，创造了大众创业、万众创新的局面。伴随经济转型和结构调整，房地产、汽车、家电等传统行业纷纷"触网"，借助互联网思维突破发展瓶颈。与此同时，一大批新的商业模式，移动互联网O2O概念的普及和互联网金融不断成熟，未来，互联网对传统产业的改造和颠覆将更加全面、深入。无论哪个行业都会和互联网产生越来越多的联系，而这是我们面临的巨大机会所在，相信未来，传统企业及房地产行业如不和互联网技术、思想进行融合，它们将不会活得很好。从21世纪第二个10年开始，互联网的发展迎来了新节点，从过去20年信息和互联网产业本身的发展，到逐步向实体经济渗透，实体产业通过网络化被吸纳到互联网的经济范畴，构成了一个全新的经济形态——"互联网+"下的经济，成为中国经济的最大风口。

这是最好的时代，这是最坏时代；这是智慧的时代，这是愚蠢的时代；这是信仰的时代，这是怀疑的时代。一场名为"互联网+"的风潮正席

卷产业及资本,犹如一针兴奋剂,注入了每一个创业者和投资者的身体。我们不愿仅仅把这个现象看作一阵风,因为风会停,但现象背后的产业逻辑会不断演绎。相信"互联网+"正在重构方方面面的东西,包括产业重构、资本重构和估值重构,这次是三次方的重构,即将重构出"互联网+"波澜壮阔的大时代。

面临改造升级和转型的房地产开发企业自不待言,尽管其作为民生行业与高端消费品行业,还会在一段时间内占GDP重要位置,其黄金时代已经不可逆转地成为过去。身处这个行业的精英们或土豪们,或许还有些踌躇不前,还有点恋恋不舍,但时代的"风口"已吹向他方,而站在"风口"之上的"互联网+"也进入到盛宴的下半场。当互联网的基础设施完成铺就,移动互联网也步入普及时代,"互联网+"会使得变革或颠覆来得更为迅速,"互联网+"的触角也会更为迅速地覆盖人类生活涉及的所有领域。

现在"互联网+"下的行业模式,是当下正经历其最好的时代,是当下中国经济的"风口",也是当下顺势而为的"风口"。

◆案例:"互联网+"风口下经济形态的实践

在"互联网+"风口下,互联网巨头BAT通过线下渗透寻找新的增长空间;另一方面,从业务模式和阵地来讲,老潘一直相信,未来社会不是线上称霸,也非线下成王,而是O2O线上线下融合互补才是新的变革方向,才会产生互联网经济。BAT巨头也意识到,只有空军是不够的,还需要陆军配合。与线上相比,线下才是消费者活动的主场景,未来最有前途的巨头必然是拥有线上和线下两块业务。而房地产作为最大的线下入口,拥有海量客户,是一个真正的流量入口,这一点也自然成为互联网巨头争夺的重点。

1.阿里想重塑房地产行业。作为当今中国最大的互联网企业之一,阿里拥有中国流量最高的互联网商业平台,背靠以蚂蚁金服为核心的、拥有强大渗透力的金融系统,马云曾经表示,阿里会通过互联网的思想和技术,帮房地产企业进行转型和升级,共同发展。这其中的野心不言而喻,阿里想重塑地

产行业。阿里做地产最大的优势就是有钱。阿里巴巴曾经透露，淘宝房产的目标是将大数据与金融信用注入房地产行业，打造一个"有标准、有制度、获取信息、享受服务"的平台。大数据是阿里在深度渗入房地产领域掘金的钥匙。"阿里拥有中国最大的线上商业平台，它所积累的数据，对于商业地产的开发商进行商业决策和商业定位或许具有价值。"邹毅还指出，淘宝的大数据也可为住宅开发商所用，给社区运营管理提供倒流、资源对接类的服务，实现智慧购物、智慧社区的目标，甚至帮助物业管理者研发基于业主购物行为习惯的相关产品。阿里相关人士表示："我们要证明淘宝不只卖卫生纸，也能卖房子。阿里涉足房产，短期内不会考虑赚钱，而是要把淘宝的业务城墙做大做厚。"

截至今年9月，由碑房产升级来的淘宝房产已与50多家开发商签订合作协议，业务覆盖60多座城市。淘宝房产还希望涉足租房领域，首先选择与中介机构合作，做到房源同步，未来还有可能切入品牌长租公寓。2014年3月底，阿里宣布以57.37港元控股银泰商业。"打造商业圈，这是马云的长项。"邹毅表示，阿里巴巴这一系列的动作，只有一个目的，就是要把线上线下的商业打通，最大可能地进行资源整合。宋会雍也表示，长期来看，线下与线上商业的结合是一种必然趋势。阿里选择和银泰合作，表明阿里意识到互联网能够解决的大部分还是中低端产品销售，高端的商业消费更注重线下的服务和体验。阿里巴巴城市生活事业部、喵街智能商业副总裁苗峰曾经表示，商业地产商转型的最好时代是紧跟消费需求、以消费体验为核心。为实现从线上到线下的贯穿，阿里巴巴推出了"喵街"——一款基于LBS技术的吃喝玩乐购一站式服务移动平台，其逻辑就是互联网与实体商业的链接。但阿里想做的却不止于O2O。阿里计划将物流中心迁移至虹桥商务区，未来马云想构建的是一个从写字楼到物流地产、商业地产，再到适合网络人群居住的新型社区商业帝国。

万达万科牵手，曾经有一位少年写下了一个"互"字，而更多的人调侃这是"万万没想到"！是的，两个行业老大的牵手，就算当天发布会之后，还是有很多人感慨：不敢想，想不到！创造了最大的互联网的生意的阿里巴巴，与最大的现实空间住宅和服务提供者万科，将展开深度合作，这次的"淘万没想到"又要做出什么惊人之举呢？在淘宝拍卖会平台上，万科将旗下超百套房源进驻

淘宝拍卖，房源覆盖全周期包括新项目开盘房源、持续销售房源和尾盘房源，其定价和成交均在拍卖过程中实现。那么，淘宝+万科的合作，到底是浅尝辄止的营销噱头，还将是未来的大势所趋呢？以前就曾尝试着通过拍卖来进军房地产行业，当时的试水小获成功。从它前面的动作来说，现在和杭州万科的深度合作，可谓是淘宝密谋已久的一个动作。淘宝觊觎房产已不是一天两天了。

拍卖不是全部、生态更重要。线上发布房产、线上拓客匹配关注，线上拍卖竞买，线上金融贷款解决方案，线上平台支持与服务……只要打通线上的"交易端"，就会对整个房产销售链条产生极强的带动性、颠覆性，未来整个房地产交易可能线上一站式全部解决。真正做到这一点是非常恐怖的。

一方面，淘宝与世界最大的开发商万科合作，看中的就是万科营销创新在全国地产界营销领域有很强的示范效应，会加速更多的开发商模仿和参与。而且淘宝房产拍卖也不是将所有的梦想都放在万科，目前淘宝已经和全国前30强的房企都在接洽。到目前为止没有碰到一家开发商对淘宝Say No，很多开发商已经和淘宝拍卖预约了明年的楼王拍卖。

另一方面，淘宝内部两大房产板块也从隔离走向可能的融合、一体，这是未来趋势，也是平台模式的必要。目前，淘宝房产和淘宝拍卖是两个完全独立的业务部门，前者目前还仅仅聚焦于房产资讯和网络拓客，未来会拓展到前期购房线索搜集到买房之后的到家服务，这是横向端的一站式打通服务。后者的目标是切入交易市场，是房产销售服务链条纵向端的开发。未来，这两个部门联手可能性极大，未来会数据互通、产品互通，通过阿里的大数据优势为合作开发商提供精准营销、促成交易，让开发商客户的体验更好。同时，拍卖也希望通过交易大数据的运用帮助万科实现卖房前后期的增值服务，卖房子只是其中一环，并且淘宝有计划和蚂蚁金服合作，为用户提供线上贷款解决方案，从而把集团内更多业务打通。显而易见，阿里进军房地产已从过去的零散布局到战略布局转变，阿里地产未来不可小觑。

所以，万科&淘宝的战略合作绝不仅是营销噱头，也不仅是大势所趋，更是面向未来的一次强强联手。一个双赢的局面，一个互惠的商业模式，有多少

受惠，就会带来多大的流量和气候，房地产走到今天，无论商业模式，还是销售变革，都需要一些改变。哪怕这个改变，备受争议，只要为消费者、为开发商解决实际问题的新模式、新平台，就值得鼓励。关于淘宝，密谋已久，厚积薄发。

2.腾讯+房地产=? 作为BAT的巨头腾讯则看中了存量房社区是巨大的线下流量入口，2015年5月，中国金茂与腾讯正式宣布达成深度战略合作，探索和落地智慧社区的研发与建设。11月7日，正荣集团宣布，旗下物业公司联手微信支付，推出全国首个微信定制社区。11月9日，华燕房盟推出"云燕安家2.0"平台，选择与腾讯地图街景房产合作……接下来，腾讯公司基于微信平台的智慧行业解决方案将不断地更新、迭代。除与正荣、中国金茂等房企合作发展智慧社区外，腾讯还联手恒大地产于今年7月收购马斯葛集团（00136，HK），公司拟更名为"恒腾网络"。未来恒腾网络将整合恒大的社区资源与腾讯的互联网技术，未来还会在国内展开社区收购，目标是打造成国内最大的互联网社区服务平台。

3.百度+房地产=? 作为中国网络搜索的老大，百度进军房地产的声音不那么高亢，老潘记得在2015年1月7日百度仅仅低调地召开了发布会，正式宣布了二次进军互联网房产的消息。与以往不同的是，百度并没有再度采用与乐居这样的垂直网站联营的模式，而是直接宣布与30多家房地产经纪公司合作，打通内部ERP实现房源信息的展现，还特别加入了一系列机制，力图建立互联网房产市场的新秩序。而在2015年10月，百度直达号正式推出"百度房产平台"，为房企提供线上入口，并开展新房、二手房买卖以及租房等多种服务，试图在房产行业深度连接人与服务。

据百度透露，目前平台已覆盖北京及周边区域70%的在售新楼盘，未来将接入中国主要城市的开发商以及服务商，覆盖中国主要城市的新房、二手房以及租房服务。百度云首席架构师侯震宇表示，从2011年到2015年，房产类检索量上升了180%，其中购房目的检索上升了94%。检索即需求，把客户的需求转化为购买行为，将给房地产开发商带来十分可观的价值。侯震宇表示，平台将承接百度房产类检索流量，通过直达号、手机百度、百度地图等产品进行客

户需求引导以及精准需求匹配。

以BAT为代表的互联网巨头进军房地产,既不是开始,也不是结束,既没有盖棺定论,也没有一无是处,房地产的互联网+下的重构、优化、变革的道路还在延伸。但未来如何演变,可以肯定的是,谁能更好地服务用户、让用户满意、降低用户的交易综合成本,谁就能获得更大空间的发展。

"互联网+"下多种房地产商业模式风口

"互联网+"已成为当下中国经济最大的风口,也是作为国家战略的一种新经济形态出现,说明"互联网+"的重要性,虚拟经济和实体经济在"互联网+"下产生了新的商业模式,产生的经济效益更多更大,房地产开发商要掌握国家的经济战略意图,懂得抓住眼下机会。在"互联网+"下,通过思维转变,整合各种资源,制造出更多的房地产新的商业模式,实实在在地成为国家战略下新经济形态的"互联网+"风口,产生的房地产新商业模式将能得到更多资本的青睐、享受国家更多政策的支持。现在在国家经济战略下,积极实践"互联网+"应是顺势而为,成为房地产开发商转型升级的大好机会所在。

当房地产+"互联网+"时,最有意思的事情就发生了,一个重,一个轻,一个在地上,一个在云端,一个是"不动产",一个却是"移动互联",看似最不可能在一起的组合,却可以带来最有创造性的结果。对于房地产开发商来讲,房地产+"互联网+",不管如何"+",怎么"+"都可以,能够对房地产现有经济运行模式进行重构,产生新的商业模式就是成功的"+",例如新商业模式实际案例有:"互联网+产业"(苏奥电商产业园)、"互联网+旅游"(途家)、"互联网+平台"(房多多、好屋中国)、"互联网+众筹"(无忧我房)、"互联网+社交"(YOU+青年公寓)、"互联网+物业"(乐生活)、"互联网+产品定制"(蔡雪梅的Elab)等多种新的房地产商业模式。

◆案例：房地产+"互联网+"下多种商业模式实例

以下是万达王健林2015年下半年演讲速记：习总书记在座谈会上强调两个事，中国拥有的核心是实业强，实业的信心是中心共赢这点是非常重要的，在过去几年互联网概念下提出互联网经济，说实话那个时候有多少人担心，担心的是虚拟经济被提到如此高的高度，在世界各国上是没有出现过的，而且在全世界也找不到像中国振兴虚拟经济而提升实体经济走出一条发展道路的，这个是没有过的。所以在今年两会的时候李克强总理提出互联网+这个字，我觉得我的担心消除了。第二个看简单的互联网经济和互联网+经济这一个字的变化，互联网换了+是代表思维变了，思想变了方向变了，不光提互联网、发展互联网只发展到线上这样的出路，一定是互联网与实业融合，线上线下的融合，这才能够真正为互联网的发展也为我们实业长期持续发展找到一些方向，所以加了一个字的基础上，是中国政府思维发展重大变化，强调线上线下融合，只要今后一方面是互联网一方面是实业进步发展的方向，所以我也认为，像谷歌音先生讲的，5年以后没有互联网公司能存活，他讲的一样，眼下我们国家十年内不会看到有所谓的互联网公司或者实业公司在，我就讲一下万达在做互联网+，万达与互联网实业融合做什么。

第一，互联网+商业。大家知道万达做商业中心的，今年上半年到店访问人数、消费者90多亿人次，预计今年到年底有一个消费者高峰期，因此我们分析今年全年是不到20个亿，2020年可以肯定的说是绝对有把握超过100亿人次。因为除了万达自己在发展自己的万达广场，现在跟购物中心做联合体，联合发展，我们投钱对其他购物中心进行数字化改造，这些也会成为我们的合作伙伴和联盟，这些融合在一起那时候一百几十亿人次。这么大的消费人次问题来了，我们知道通过计数器来了这么多人，但是来的是谁？每一个消费特点是什么，这个是不能掌握的，所以对万达来讲我们迫切需要解决我们的消费者，为消费者画像，掌握消费者的数据，通过大数据运用和分析，找到今后发展的逻辑，所以我们几年前就开始投资，今年10月份大数据中心可以投入运营。

如果经过一年时间以后，那么到明年年底，我想我们能够比较准确地提高在全国各地消费者的年龄层次，每一个年龄段的人喜欢什么，这个和网购有所不同，我们这个数据相对讲，数据链缺失的环比较小，网络购物有一点，只有在网络上购物行为才能掌握，但是你来吃饭、唱歌健身这些很难掌握他的消费行为习惯，而我们这些店相当于在社区的周边，半径几公里的人每个月去几次，通过我们数据中心都可以。这个大数据的掌握，我们就能为我们今后商业的发展做出一个非常准确的定位，将来为国家提供有益的数据支持。现在因为万达正在全面推行轻资产，就是因为过去重资产模式通过销售获得现金流再投资广场太慢了，而且这个模式还受了一个限制，就是房价低的地区我们进不去，房价如果低于6000元赚不到钱，所以这个城市我们进不去，所以很多城市迫切需要我们进去，过去因为房价原因我们进不去。

现在改为轻资产模式，用别人的钱投资，产权是别人的，租金绝大部分是别人的，我们只提供设计、招商、服务等，这个模式下来以后，一下子打开了思路，所有只要超过40万人的城市都可以进去，我们分析只要35万—40万人就养活一个十几万平方米的万达广场，一下思路打开了。轻资产模式的推行，意味着万达广场大量加速，这些就迫切需要我们互联网的数据来提供支持，所以我们第一件事就是互联网+商业，这个数据中心我们起名叫万达电商公司，李彦宏投了一部分，这个公司将来主要目标就是收取这些消费者的大数据，将来将大数据再卖给其他的企业，比如说卖给我们自己的企业，这是我们的第一件事互联网+商业。

第二，互联网+金融。万达在发展当中，万达正在筹建金融集团，有了一些金融单位，这个金融集团需要跟互联网结合。到今年底万达掌握了20万台速度发展，加上我们的合作伙伴估计到2020年超过100万台收款端口，那个时候可能是云POSS，可能到那时候没有收款，就是一个二维码支付，怎么都有一个收款的端口。

还有一些现金的，到了三四线城市很多人使用现金，必须有一个收款的端口，不管模式怎么样，收款现金流模式不会变。我们掌握这么多现金流的入口，需要把这方面转化成为金融集团服务的一个价值。比如说这个商家卖了

500万，他的成本大概300万或者350万，根据数据我们掌握现金流入口端口情况，我们的金融可以为这个商家做出一个分析，给他一个售罄，然后他就可以把贷款拿走，我想不需要走传统的抵押担保这些模式，就是完全创新的模式，因为数据和网上金融结合我们马上放款给他，我们不走月还款，我们可能会做次还款，比如说不影响简单再生产情况下，我们可能一次还万分之一的模式。这个互联网和金融就结合起来了，所以万达这个银行和互联网金融是不希望也不可能大量开实体店，大幅度降低了融资的成本，至少在我们开的这些店里面来解决中小商家融资难、融资贵的问题。万达广场里面95%是500平方米以下的中小店，主力店只有两三个，主力店是商业的稳定器，过去讲百货，将来我们跟苏宁谈合作，可能是苏宁的主力店，有这两个主力店就够了。主力店是万达广场的稳定器，但是租金提升幅度不大，小的商家租金可以提升，这些商家在传统金融机构里面很难通过信贷模式获得通过成本低的贷款，所以我们的互联网金融集团是有可能解决这个问题。

第三，互联网+旅游。万达现在成立了自己的旅游控股，我正在打造成大中国旅游首届投资大会上讲，万达的目标是5年内打造成为全球最大旅游企业，我们这个是规模而言，不是讲收入，到访人次超过2亿，成为规模最大的企业，迪士尼并不是旅游到访的收入，还包括很多产品在内的收入。现在已经开业三个大型的项目，西双版纳、武汉、长白山等，还有正在建设十几个大型旅游目的地，建了这么大型的旅游目的地，我们需要有渠道来输送，于是通过并购和自己发展，现在已经成为全国最大的旅行社，这是线下渠道，后来在实践运行当中发现，线上和线下需要融合，于是在几个月前投资了同城网，打造了线上线下目的地融合为一体在中国唯一旅游模式，中国目前还没有出现有目的地的线下公司和线上渠道在一起，现在很多旅游网就是纯线上，旅游是纯线下，但是没有目的地，我们正在打造大型的目的地，我们把这种线上线下目的地捆绑在一起，我们推出若干个产品，这样就有比较便宜的价格，现在正在做这个事情，因为融合刚刚完成，所有产品明年就会陆陆续续推出来，万达做的也是互联网+旅游。

第四，互联网+影视/电影。万达院线（002739.SZ）成为全球市值最大的

影视企业之一,收入增长了40%多,净利润比收入增长幅度还要大,为什么在中国经济逐渐放缓的情况下,他还连续5年保持基本上40%—50%环比增长,首先是中国电影盘子逐渐增长,电影的人均座位收入是行业的2点几倍,净利润是美国电影行业的5倍,因为还有其他是在外面店里面开的,核心的原因就是线上线下融合的方式来发展获得了超高速的发展。我们估计这种速度还会持续向前发展,中国电影市场我们也做了一个判断,2020年有可能做到北美市场的1.5倍,现在看来2017年就会超过北美市场,今年可能会超过400亿。

为什么这么快呢?其实主要增长大家可能忽略了,是来自于三四线城市,一二线城市增长基本上是个位数,因为一二线市场商业的中心,电影院可投的地方也减少了,大量来自于三四线城市,发展得这么好靠互联网技术,万达院线打造了全球最大的会员渠道和线上的销售平台。这些会员主要通过线上网络来维护,来售票,来推出销售措施,成本也低,也无须做平面广告,成本比较低,消费折扣比较大,特别很难买票的时候,而且现在正在运行更多的新的互联网软件技术,我们最近很快会引进北美新的技术,对电影的播放进行预测,上映前预测准确率可以接近80%、90%,万达院线是网上全国统一排片,是全国的一个数据中心可以通过数字的播放,知道哪个影城排多少现在改多少片,线上线下融合才使电影院公司收入增长,互联网+电影要把电影制作和电影发行叠加在一起,所以你只要看万达发展非常快的一些行业,他都是线上线下融合。

刚才我讲的旅游提出口号2020年2亿人次1000亿收入,现在也才100多亿,5年能翻这么多吗?能喊这么多口号是有数据分析的,我们现在成立万达旅游控股,下一步发展的还有儿童娱乐、旅游等这些新的业务都会充分地思考怎么样线上线下融合在一起,来发展互联网+这种模式,这种模式结合好才能促使这个企业倍速发展,创造出更好的成绩。这就是万达目前互联网+做的简单的事情,我们还在学习过程中,互联网+如何走在全世界都是新课题,也没有成功模式,但是这是今后所有实业公司和互联网公司唯一的方向,谁不融合就会被抛弃,这个世界变化很大。

重构房地产组织业务模式

基于处在"互联网+"的时代风口下，房地产开发商都处在"失控"的焦虑时代，以"互联网+"为主的信息技术不断拓展应用范围，推动多领域技术跨界融合，正在引发新一轮产业变革。社会发展变革经历了第一次工业革命，蒸汽机的发明实现了机械化。第二次工业革命是电的发明，实现了电气化。而"互联网+"作为第三次工业革命的核心，不缺新技术、新概念，缺的是技术的落地和带给企业的商业价值，利用"互联网+"主动寻求转变，对现有房地产组织业务进行重构，不是"被颠覆"，而是自身价值的蜕变。

从1998年住房体制改革开始，中国房地产行业进入了快速发展的阶段，这个阶段被称为房地产的"黄金时代"。"黄金时代"的发展模式较为简单，企业的盈利主要建立在土地的持续快速升值上。而现在房地产的"黄金时代"已经结束，在新常态下，传统规模化粗犷发展模式难以为继，必须适应时代发展趋势，寻找突破。而"互联网+"作为"第三次工业革命"的核心，正无孔不入地渗进房地产行业。如何利用互联网+掘到更多"金子"，成为房地产业关注的焦点。各房地产开发商要借"互联网+"而飞，通过移动互联、大数据、云计算对房地产各类业务进行渗透，做到与客户移动互联互通、产品吻合市场、广告精准推送、精准营销等，并对现有的房地产企业进行重构，成为房地产领域的"新的生态者"。"互联网+"与传统房地产行业的结合蕴含着巨大的商业机会，无论对房地产还是其他上下游企业来说，都是一个潜力巨大的蓝海市场。房地产拥抱了一年的互联网+，带来了很多可喜的改变，众多的房地产开发商都提出了"互联网+"的概念。通过"互联网+"房企还可以拓宽营销、融资渠道，掌握客户

的消费行为模式,从而发现更多的商机。万科作为标杆房企,其在房地产营销方面的创新和探索显然具有极强的示范和引领性作用;SOHO中国年会上潘石屹宣布SOHO中国从2015年开始,就不再是一家传统的房地产公司,而是转型成为一家互联网公司。目前像万达、绿地、复星地产、金地集团等房企都用"互联网+"对本企业业务进行重构。

◆案例:"互联网+"下重构房地产业务落地实践

当代置业秉承"绿色科技地产"理念,致力于打造"绿色+舒适+节能+移动互联的全生命周期生活家园"。同时基于房地产全产业链,当代置业通过创新"蓝绿相间、创新深绿、突破深蓝"的发展模式,布局大金融,研发新技术,拥抱"互联网+",开启新的业务和利润增长点。2015年,当代置业销售额呈现稳步增长,全年累计合约112.9亿元,与截至2014年12月31日止十二个月比较,集团合约销售额增长53.48%,顺利完成全年销售目标。

一、创新深绿,升级绿色科技,提高溢价

15年来,当代置业始终坚持绿色科技地产,并不断加大产品研发投入,以当代智慧科技能源,主动控制成本,致力于打造绿色科技社区。随着国家对绿色生态文明的重视,这一绿色节能技术也逐渐成了当代置业最强大的核心竞争力。而在北京等城市深受雾霾困扰的情况下,当代置业顺势开发了恐龙壹号与恐龙贰号设备。2014年推出的"户式空气滤清系统设备"——恐龙壹号,仅半个小时便把150平方米居室内的PM2.5值降至5以下。2015年推出的恐龙贰号,在阻绝PM2.5的同时,提供用户可调节的采暖制冷。通过不断的研发与创新,当代置业的绿色科技住宅已成为企业强大的竞争优势,并成功占领区域市场。当代置业在南昌开发的当代国际MOMΛ项目,自2014年8月首期开盘以来,累计成交1000余套,成交均价7300元/平方米,累计销售额7.5亿元。整体看,绿色科技的产品优势,为项目高定价提供了充足的支撑,并保障了项目在区域的热销。在消费者市场中,绿色科技住宅产品在争夺高经济承受能力客群和高

端、高价住宅产品市场的实践中，表现出强大的竞争力和溢价实现能力。

二、突破深蓝，布局"互联网+"，拓展新业务新市场

1.绿色转型，寻求新的业务增长点

当前，随着互联网+金融+房地产市场的快速发展，当代置业孵化出全国首家房地产全流程众筹平台——"无忧我房"（51wofang.com）。其流程表现为：开发商拿地之初，就能在无忧我房发起众筹，跳过了中间环节，融资成本大幅下降；同时，该平台将蓄客节点提前6个月以上，省去许多销售成本，让利于客户，因此客户通过参与众筹可以获得理想的投资收益与实在的购房折扣。无忧我房还创造性地将虚拟现实技术（VR）引入房地产，其自主研发的交互式VR样板间，已经可以实现任意楼层/朝向/风格切换，实现体验者自由走动及与环境的互动等，某些方面体验已超越实体样板间，并且工期和成本10倍下降。VR+众筹，使得开发商在拿地之初就能异地蓄客，客户体验的数据记录，更能反向影响产品的规划设计。无忧我房2015年1月上线以来，7月实现A轮500万美元融资。截至12月，众筹额达3.1亿，拟撬动销售额15.7亿，服务用户破10万，与超100家品牌开发商建立合作。其"VR+众筹"的商业模式，已在全国近30个一二线城市及北美5个主要城市落地。

2.打造中国首个基于"互联网+"的绿色科技建筑价值链金融平台，优化成本，提升利润

通过精准定位房地产细分领域的"绿色科技住区"，当代置业作为发起人，联合绿色建筑产业链上下游行业共同搭建起一个创新创业投资平台——"绿民投产业链基金"。该基金不仅能够提高当代置业的核心竞争力，更能使企业从供需两端获益：1）供给端：通过与上下游产业之间形成联盟，一方面可以减少交易成本，提高效益；另一方面可形成相对稳定的市场供求关系，从而更好地推动其绿色科技住宅产品的研发和营销，促使商业价值最大化。2）需求端：通过资源整合，借助其他企业的产品优势，当代置业可提升为客户服务的能力，从而增强客户黏性。绿民投产业链基金将"产业链金融"模式应用于绿色地产行业，以绿建产业标准为核心和基础，以价值链为纽带，打通开发

商、上下游供应商、互联网金融、产业孵化器闭环,通过行业大数据找准房地产细分领域市场的"绿色科技住区"领域,首创"PE+孵化"模式,以优秀绿色地产示范项目和产业链优秀创新项目为主要投向,基于互联网+绿色地产上下游产业链和金融机构的资源,真正实现产融结合和轻资产孵化,形成支持项目开发与产业促进的可循环优化发展的良性产业生态圈,引领绿色科技房地产领域的重要变革。

3.深耕绿色区域,打造全新社区生活,增强客户黏性

当代置业主打的绿色科技社区O2O服务平台"爱助家",集合了移动大数据分析、周边商家服务、物业管理和信息化、商品团购、健康医疗、投资理财等多种功能。平台以物业为基础,从居住者和消费者的核心需求和居住感受出发,为居民营造具有丰富内涵的绿色生活方式。2015年11月7日,爱助家体验馆落户上海当代万国府MOMΛ,这是爱助家在上海的第一个线下体验馆,并且与当代置业自身的项目做了深度的结合。平台打造的新型生态关系,有效提高了企业的增值服务,为上海万国府MOMΛ社区的居民带来了全新的社区体验,进一步增强了项目跟业主之间的黏性。除了"无忧我房"和"爱助家"外,当代孵化的移动互联幼儿成长服务App"看孩子"、绿色可再生旧物回收服务平台"无忧回收"等,都受到了用户的一致好评。众多创新项目并不意味着无关的多元化,而是一种同心的多元化,都是围绕着房地产业务的客户价值,它们已经形成了一个全新的生态格局,为当代的绿色科技地产再创新业务和利润增长点。

三、优化拿地布局,发挥"绿色"优势

基于目前房地产市场的现状,公司重点甄选的是北上广深这四个一线城市,持续关注武汉、长沙、合肥等强二线城市。当代置业在城市进入方面,始终坚持"经济+人口"的准则,在此基础上,进一步发挥绿色科技地产的优势,逐步实现扩张全国的大规模布局。今年当代置业宣布以兼并收购的合作方式进入西安市场,一是看中"一带一路"为其项目所在区域带来的新发展机遇;二是通过兼并,一方面可降低成本,获得较高的溢价率,另一方面,以既定规

模的项目进入，规避了获取土地难的风险，也直接增强了其区域经营能力；三是西安夏热冬冷，加之近几年深受雾霾困扰，为当代恒温恒湿、绿色节能产品打开了突破口，其纯熟的运作经验可迅速占领西安绿色科技住宅市场。

总结："博观而约取，厚积而薄发"，2015年，当代"转型不转场"，将绿色科技地产进行到底。通过全产业链的绿色变革，当代进一步巩固了其绿色科技地产领军者的地位，积极拥抱"互联网+"，拓展新业务新市场，寻求新的利润增长点。2016年当代置业将继续以绿色科技地产为核心竞争力，蓝绿相间，创新深绿，突破深蓝。

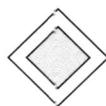

房地产电商平台兴起

在"互联网+"下，房地产电商平台不断升温，房多多电商平台仅成立三年时间，销售规模做到了2000亿，房地产老大万科用了三十多年的时间年销售才达到2000多亿；好屋中国全民经纪人人数已达到四百多万人，几乎颠覆了线下售楼部，"互联网+"下的房地产营销变了，受电商冲击，导致线下的传统置业顾问频频失掉工作。互联网精英创办的房地产电商平台爱屋吉屋，完全是用互联网思维打造的平台；吉屋电商平台成为房地产开发商追逐的对象。平安好房、我爱我家房地产电商平台玩转互联网金融；以传统二手房起家的链家在"互联网+"下成功转型，4月份完成了B轮融资，融资额60亿人民币，互联网巨头百度和腾讯同时成为战略投资方。在估值方面接近400亿。还有BAT等互联网大佬动不动就众筹卖房、双11卖房、线上拍卖房屋等模式，这些房地产O2O电商模式的兴起，无一不是与"互联网+"时代的到来息息相关，植入移动互联网基因、减少中间交易环节是所有房企销售模式创新的出发点。从购房人的角度来说，是寻找到一套合适的房子，从房地产开发商的角度来说，是快速地把开发的房子卖掉。

这几年，原有的房地产开发商销售模式，投放广告+坐销已经越来越不能满足买卖双方的需求，房地产销售模式面临着变革。在美国，Zillow的用户渗透率大约为20%；REA在澳大利亚的渗透率更是超过了40%；而搜房2013年年底的用户渗透率仅为6%。PC时代起家的搜房和乐居等电商平台的商业模式在"互联网+"时代也不得不进行重构。国内的房屋交易过程中消费者仍有大量未被充分满足的需求，留给新进入者的空间依然巨大。在"互联网+"下，房地产线上线下融合（移动O2O）是大势所趋，房

地产电商的兴起也是趋势的结果，同是也成众多房地产开发商投资及转型的下一个风口。

2014年是房地产中介的"变革元年"，2015年就是房地产电商的"布局元年"。这一年，房产电商相互角力，链家南下、房多多起航、好屋中国发力、爱屋吉屋一路向下、Q房北上、搜房被"围剿"。正在房地产大佬们苦苦寻求新的商业模式之时，"互联网+"台风吹向了房地产行业，当互联网巨头们及房地产电商纷纷进入线下，而房地产开发商则开始涌入到线上，使房地产的销售市场迎来一场变革。2014年之前，大部分房地产开发商对于互联网平台的应用还体现在简单的媒体化传播、营销、蓄客等方面，尚未形成完整的互联网应用链条。但在"互联网+"下，不管是房地产开发商还是互联网巨头，都把目光瞄向了房产电商。

2013年年初，SOHO中国就率先推出了房地产电商模式，先后与搜狐焦点房产、新浪乐居等房产电商平台达成了合作。2015年8月25日，万科和淘宝网联手，宣布用淘宝网消费额冲抵购房款，最高可抵扣200万元，随后万科再联合阿里，在天猫开辟"双11"购房专区，将108盘以8.9折销售。而京东商城房产频道，首期就上线了北京、苏州、海口、无锡、南京、常州和三亚等7座城市的18个房产项目。随后联手北京天恒房地产股份有限公司，推出线上房产预约优惠活动。同时为了应对万科天猫双11推出的购房专区，京东金融也与远洋地产展开了互联网金融众筹，通过支付11元或1111元，便可参与1.1折购房的抽取资格。自从万达、百度、腾讯组成了强大的商业地产O2O电商平台，直接掀起了房地产开发商涌入电商的序幕。对于房地产开发商来说，由于缺乏互联网基因，他们希望可以借助互联网巨头的入口优势。对于天猫等电商巨头来说，他们紧盯房地产电商这块蛋糕已经很久了，他们急需更多的实力开发商与其合作。如今，在"互联网+"下，互联网巨头与房地产开发商之间的强强联合，将会对房地产电商格局产生新的影响。

在"互联网+"下，房地产电商的兴起将成为房地产行业的风口。首先，人们未来买房和卖房的交易决策都是从互联网，特别是从移动手机端

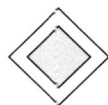

开始的,传统的纸媒、售楼处、中介门店在信息获取和信息处理方面的作用已被大大弱化了,还有中国的房地产市场正逐步从卖方市场向买方市场过渡,通过移动互联网快速实现最大限度的房源曝光,吸引潜在买家比以往任何时候都重要,真实的信息服务与效率成为人们的首选。以往在售楼处深夜排成长龙买房的阶段已经一去不返,这种情景之下房地产开发商需要寻找更有效的渠道、更大用户平台寻找买家,而"互联网+"下的房地产电商模式满足房地产开发商的需求;第二,房地产电商平台已成为房地产综合交易平台了。无论是新房,还是二手房,房地产电商的终极目标必须是最大限度地接近交易,事实上,也只有以交易为中心的电商才能称之为房地产电商。

在"互联网+"下,房地产O2O交易已经实现,如美国的房地产线上销售已达80%左右,这也是房地产开发商投资或介入的目的所在;第三,通过房地产电商平台搭建金融生态平台。围绕购房环节解决购房人的金融问题:如为购房人提供首付支持、二手房的转按揭业务等;在互联网金融方面进行众筹购房、P2P、互联网小额贷款等,诸如链家推出的链家理财,平安好房推出的好房贷等,这些也是迎合房地产开发商融合发展的业务;第四,利用房地产电商平台流量及O2O交易大数据为购房者提供各种售后的增值服务。

房地产电商能做的事,还远不止这些,因而才有房地产大佬、互联网巨头、传统房地产中介虎视眈眈盯着这块蛋糕,现在的链家、房多多、好屋中国的估值为什么如此之高就是最好的答案。

◆案例: 泰禾"互联网+"下, 布局房地产电商平台

去年以来在金融、投资领域快马加鞭加速转型的泰禾集团,近日又将目光瞄准了房地产电商平台。泰禾宣布,集团下属子公司上海红御投资管理有限公司,与"中城联盟"下属多家公司等共同出资设立上海中城渝通投资中心,其中上海红御作为有限合伙人以自有资金出资持股40%。中城渝通则拟通过股

权投资的方式向深圳市吉屋网络技术有限公司进行投资，持股6.67%。

这已经是泰禾在金融、互联网领域的第三笔投资，有别于之前投资的东兴证券、福州农商行，深圳吉屋不过是才成立三年多的互联网公司，对于一家还在初创阶段的房地产电商平台出手投资，泰禾究竟意欲何为？

根据泰禾的公告表述，入股深圳吉屋旨在丰富公司的金融投资业务，寻求新的利润增长点，确保公司持续健康、快速稳定的发展，"同时，深圳吉屋作为房地产互联网销售平台，公司与深圳吉屋存在合作互动机会，可促进与公司房地产主业的协同发展"。创立于2011年的深圳吉屋是一家类似于"房多多"的房地产交易导向型电商企业，旗下拥有"吉屋""吉屋惠""吉莱宝"等产品线，在互联网销售及互联网金融平台方面有良好的基础。通过为房地产开发商和一手房代理构建互联网化的房产交易平台，促进新房销售。尽管泰禾该笔投资的金额并不高，但投资一家成立时间并不长的房地产电商平台企业，泰禾所看中的显然不是其目前的业务规模。据泰禾方面透露，深圳吉屋虽然目前规模不大，但当前已具备上市潜质，其投资人均为知名机构或个人，团队经验丰富，互联网基因浓厚。

根据已公布的投资计划，本轮投资以跟投方式的方式投资，牵头的基金为亚洲最大的创业投资和成长期企业投资基金之一——赛富基金，该基金曾成功投资盛大网络、神州数码、汇源果汁等知名上市公司，而腾讯联合创始人曾李青也是该公司的股东之一；该公司创始人张德祥曾担任腾讯财付通副总经理，亦曾是腾讯联合创始人曾李青的下属，另一位创始人潘国栋曾担任阿里支付宝的用户产品总监与原口碑网的运营总监，平台业务负责人饶国强具备IT背景，加入吉屋前即在高策地产负责其电商平台房江湖的全面工作。

"吉屋网未来登陆新三板或创业板的可能性很大，公司价值在产业市场的实现是销售收入的增长，在技术层面的实现是以更高的效率吸引更多的平台加入者，我们希望其价值最终能体现在资本市场，给予这类公司高市盈率。资本市场是以放大镜来看这一类成长性、创新性企业的。"作为此单投资的另一重要投资人，中城联盟投资管理股份有限公司总裁路林亦透露，之所以看中吉屋网这个投资标的，除了其新房交易的平台优势外，更重要的是其浓厚的

互联网基因。

"在获得本轮投资后，深圳吉屋未来将进行更快速的拓展，具备高速增长潜质，预计将有较好的投资回报。"泰禾集团相关人士对记者表示，布局"互联网+"领域是泰禾今年的最新战略，不仅有利于培育新的利润增长点，还有利于泰禾抓住房地产O2O模式的趋势，促进房地产主业的发展。翻查深圳吉屋官方网站可以发现，目前泰禾集团位于上海、北京的泰禾红御系列、泰禾拾景园等一手房项目已经在吉屋官网上有销售展示平台，双方的合作显然早已开始。

伴随着房地产市场存量时代的到来，房地产企业与新房销售代理商都在积极寻求新的销售渠道与模式，而植入互联网基因、减少中间交易环节是所有房企销售模式创新的主要出发点。与万科、碧桂园引入众筹、淘宝平台一起卖房不同，泰禾选择的路径是直接投资房地产交易电商平台，这与泰禾今年初确立的"以房地产为核心，以金融和投资为两翼"的"一核两翼"发展战略不无关系。

"在金融领域的投资，泰禾不只是为了获得投资回报，更主要的是发展房地产主业的需求，我们希望在金融领域的投资都能与地产主业形成协同效应。"泰禾集团董秘洪再春告诉记者，布局"互联网+"领域亦是相同的思路，入股深圳吉屋能够为泰禾带来合作互动的机会，促进主业发展。在广发证券分析师看来，此次投资深圳吉屋，一方面泰禾可以借助吉屋的地产电商平台促进项目的销售，另一方面，也可以结合泰禾在金融领域的前瞻布局，尤其是银行资源（福州农商银行、福建海峡银行）的积累，尝试切入房屋交易中基于互联网的金融服务业务，协同效应可期。布局金融平台能够给地产主业带来融资的便利性，进入"互联网+"领域则可能为泰禾带来变革房地产服务产业链的机会。虽然此次以股权投资的方式入股深圳吉屋投资规模并不大，泰禾也未直接参与被投资公司的经营管理，但后者带来的平台空间、增长潜力依然被市场所看好。

Chapter 6

第六章

房地产+社区O2O风口

中国房地产行业经历了爆发式增长之后，在全国已形成了400亿平方米的房地产存量物业，房地产市场已由增量市场转向存量市场，房地产开发商需转变生存之道，在房地产存量市场中找机会，寻找下一个新的盈利增长点。随着现在人们生活方式的转变、"懒人"经济的产生、人们生活移动互联网化、大数据、物联网化的普及运用，有了400亿存量房的基础，社区O2O万亿市场就成为房地产开发企业的一片蓝海，一个巨大的房地产+社区O2O风口。

早在两三年前，很多一线的房地产开发商已在积极谋求转型，房地产开发商的功能将从造房子到造生活的转变。在移动互联网时代，"住户"时代到"用户"时代的转化，综合服务的内容和外延都需要被重新解构。从早先的个别企业，例如万科、花样年等房企纷纷涉足服务领域，到如今越来越多的房地产开发商盯上了业主的生活模式，如万科的"睿服务"、花样年的"彩生活"、万榕的"未来生活家"等等。现如今，万科宣称要做"城市配套服务商"、合生创展发布"全配套生活系统"、世茂宣称要做"生活方式服务商"、正荣"健康生活综合服务商"、建业地产"新生活方式服务商"等等。

房地产开发商未来最赚钱的不是卖一次房子赚多少钱，是每一个用户终生的所有消费，家庭、孩子一生所有的消费，包括健康、资产、教育、文化、艺术、旅游、商务等。这需要房地产开发商具备许多素质。比如，需要在教育、医疗、足球、酒店、传媒、园林工程、建材、智能科技、保险经纪等领域拥有资源。新的商业模式首先要从思想观念改变做起，把自己转变成生活综合类服务商，并能融合跨界经营。

曾经被房地产开发商视为"赔钱赚吆喝"的物业管理，现在都成为房地产开发商多元融资的香饽饽。在传统物业服务范围里，接送孩子、寄送快递、订车订餐等业务并不在其中，但未来这些都会成为房地产开发商掌控物业公司，为用户提供增值服务的内容。在"互联网+"下，房地产开发商还要深度挖掘并满足家庭生活所有的细分市场，如：家政、社区金融、房屋租赁、社区商业、社区养老等服务，通过资源整合，改变物业公司原有的管理思维模式，向社区O2O运营服务职能转变，提供增值服务，掌握和控制流量入口，打通社区O2O全产业链，迅速规模做大，去争夺各大互联网巨头及"野蛮人"垂涎三尺的社区O2O新风口。

房地产开发商转变成综合服务商

在房地产存量市场中找机会，也是房地产新的盈利增长点。未来，房地产开发商要创造需求、消化存量、将存量和资产运营好、提升其价值才是最重要的，所以，房地产投资开始从供给端变成需求端。在中国经济转型，消费替代投资成主要增长亮点、服务业比重大幅提升的背景下，消费时代下的新机遇已经出现。理论上，房地产业是介于第二产业和第三产业之间，具有复合特征的产业。但在长期"买地—盖房—卖房—赚钱"的模式下，房地产业主要是以第二产业的面貌出现的。但是，当社会进化到"不买房一代"成为社会主流的时候，第二产业的模式还能奏效吗？即使是物业出租，如果不考虑生活的便捷性，作为第二产业的房地产的"黄金时代"的终结，是不可逆转的趋势。"上帝为我们关上了一扇门，必然会为你打开另一扇窗"。卖房赚钱的门越来越窄，但植入"房地产+"之后，依靠"运营+服务"的第三产业的"黄金时代"必将开启。房地产业从重到轻，彻底变为服务业，这就是生存之道、发展之道。由于庞大的房地产存量市场尚未被挖掘，对于房地产开发商而言，未来存量市场和并行的服务消费将是"第二个春天，是一个大风口"；转型较快的开发商如万科、绿地、万达、世茂、绿城、龙湖、花样年、万榕等房地产开发商现纷纷涉足生活服务领域，由房地产开发商转向生活综合服务商，进行风口前的转型布局。

早在2013年，很多一线开发商积极谋求转型，如万科、绿地、世茂、花样年等纷纷涉足物业服务，随后，各省做得较好的开发商也纷纷加入这一行列，争做生活综合服务商。如今，越来越多的大品牌开发商有这样的共识：他们不仅为业主提供遮风挡雨的房子，而且提供丰富的生活方式。事实上，房地产会对人们形成一种号召力。它不但服务业主的生活、还引

导、引领业主的生活，推动城市白领的生活品质、丰富程度和生活幸福指数。对于一个小区的业主来说，他们所获得的不仅是美妙的居住感受、不动产资产价值的增长，更是生活方式的提升，稳定的社交圈会让业主有一种自豪和认同感，人文理想的浸染更让业主趋之若鹜。房地产开发商的功能由造房子到引领生活方式的转变！世茂集团关于生活方式的梦想中，涵盖了教育、文化、艺术、居住、商业、社区，乃至新技术等多重领域，世茂希望能通过跨界资源的整合，为业主带来全新的生活体验。

相信未来更多的房地产开发商能从容地说，请不要叫我开发商，我是生活综合服务商！比如万科地产的"城市配套服务商"、世茂的"生活方式服务商、"绿城的"理想生活综合服务商"、正荣的"城市健康生活综合服务商"等等。

◆案例：建业地产转型之路——从开发商到生活方式服务商

今天的房地产开发商，几乎所有企业都在力求做大，特别是在地产下半场，当行业天花板开始显现，企业分化开始表现出典型的"零和规则"，即大型房企业绩的增长往往是中小房企退出和被收购所释放出来的"业绩"，最终结局表现为"大鱼吃小鱼、快鱼吃慢鱼"。建业地产董事局主席胡葆森也鲜明地指出："不出3年，未来中国房企将只剩1万家。"中小房企未来不容乐观，特别是本地化的中小房企，在地产百强争相进入的一、二线城市中，本地化房企开始从昔日区域市场的佼佼者，迅速被重新洗牌，业绩下滑，发展堪忧。无论是土地市场，还是销售市场，中国核心一、二线城市都已成为地产百强的主场，而本地化房企渐渐退出舞台或被收购。

河南王"被挑战"。应该说，建业深耕河南23年，进入河南18个地级市、22个县级市和4个乡镇，根已经扎得很深，也因为领先的产品和服务赢得了商誉与至上口碑，但即使这样，建业"河南王"的规模地位能否保持也屡屡受到质疑。首先是"单价之亏"，同样的销售面积和开发工期，北京一平方米卖到10万单价，郑州一平方米只能卖1万，而河南县级市则只有三、四千，所以建业

100亿、200亿规模来之不易；其次是"巨鳄之猛"，王石曾提前告诉老胡，说有可能万科会在4年之内也就是2017年在河南超过建业，对这一点，老胡很从容，也很冷静，万科短期内不可能大规模进入河南地级市。相对而言，老胡反而对于恒大的成长速度相对关注，恒大本身擅长三、四线城市开发，自身进入河南5年就实现销售破100亿的成绩，以恒大之速度，有一天在业绩数字上超过建业，不是没有可能。

诚然，如果按照传统开发逻辑和业绩排行榜，未来河南的房地产销售冠军不排除易主的可能性。作为建业掌舵人的胡葆森冷静地告诉笔者："我早已做好心理上的准备，即使有一天外来巨头的销售额在河南超过建业，也不会影响建业的可持续发展，全国化布局的恒大、万科、碧桂园也不可能把所有资源集中在河南，更重要的一点是建业提前找到了另外一条成长之道，这条路，既能与万科、恒大错位竞争，又能建立企业的'竞争壁垒'。"事实上，胡葆森对于一个企业成功的终极判断，核心并不是一定要规模做得越来越大，而是可持续成长，房地产转型成功的定义也具体表现为自身商业模式能否在未来白银时代可持续发展。胡葆森坦言，假设建业精选城市，适度走出河南，可能业绩规模早就超过现在2倍、3倍了，但这不是建业所追求的；另一方面，从业绩角度看，企业一时的大，不算英雄，大起大落并非企业之福，多少房企在百强榜单上昙花一现，从现象看本质，持续稳健增长才是企业发展之幸。对此胡葆森一方面早在2005年就做出省域化发展的战略布局；另一方面也强调即使短期成不了世界500强也并不妨碍企业成为伟大企业，这两种"发展观"也给部分摇摆的建业中高层吃了一颗"定心丸"。

不求做大，但求做深，这是胡葆森白银时代的企业观，形象地说叫"根据地"思维。相对而言，很多房企从区域走向全国，大本营的地位逐渐消退，而新区域又因为众多巨头激烈厮杀而很难一枝独秀，最终如果企业再丧失了"根据地"，那么未来风险就很大。与之对应的，老胡更强调自己的"根据地"深耕思维，一则横向层面，建业加速省域化的"省—市—县—镇"四级布局；二则纵向层面，建业力图从战略层面打好一手"服务"牌。就连"中国豪宅专家"绿城在河南盖的房子，其价格一直比同区域、同档次建业房子低15%，而万

科、恒大、万达的房价也大多比建业低……这种差异性既让笔者诧异，也反过来验证建业品牌在河南的绝对地位。

品牌只是差异的一个体现，整体层面老胡总结了建业与外来千亿房企的三大差别：其一，级别不同。河南对于全国化万科、恒大、绿地而言只是一个分舵，比如恒大就分布在全国120个城市，而河南之于建业，是百分之百，是集团军，是集团级的投入。其二，目标不同。千亿房企业绩增长一旦停滞是非常可怕的一件事，所以初期进入河南的恒大、万科、碧桂园等第一追求还是规模增长，是销售额增长，即使做很多服务，也更多是为了营销；而23年深耕河南、为河南人造好房子，做生活方式服务商的战略定位决定了建业的经营重心就是为河南人做好服务。其三，资源不同，服务最终靠的是人、服务菜单和服务网点。建业23年就做一个河南市场，目前在河南已有80个社区、12万业主，而对比万科等仅1万业主，且更多集中于有限的几个城市，未来建业"省—市—县—镇"开发的布局会更大、更广、更深。建业相信，即使有一天地产巨头销售额超过了建业，但老百姓对建业的认可度依旧会超过外来房企。

转型成为新造的建业。从开发商到"生活方式服务商"的转型。面向未来，我们不妨做个定性，如果进入河南不太久的恒大、万科、绿地等，还是典型的开发商；那么未来深耕河南23年的建业，则正在变成"生活方式服务商"。纵观国外发达国家的房地产发展趋势，开发只是起点，服务与运营才是主流趋势。另一方面，建业做生活方式服务商，一个巨大的好处就在于建业避开传统地产开发模式的白炽化竞争，迅速形成"错位竞争"。按照互联网思维的说法这叫"降维攻击"。怎么做好生活方式服务？这需要一个生态。财经作家吴晓波曾说过一句话，互联网时代，企业转型的一个重大纪律是，"互联网+"不是一次简单的营销革命，而是一次生态革命。建业要做的就是一次生态革命，一次房地产服务生态链的整合与丰富，与众多的"互联网+"不同的是，建业是"建业+"。建业+生态服务体系如何有效落地，胡葆森强调了三个要点。首先，建业+不是乱加，而是围绕客户需求去做加法和资源整合，客户需求一方面是横向延伸类需求，另一方面是纵向原有需求的升级和换代，一句话总结，就是业主需求的增加和升级的方向就是建业+创新的方向；其二，建业对

+的对象也有要求，一定是在河南处于NO.1地位和影响力的，以此保证服务的专业性和网络性；其三，建业+强调共赢。未来建业不仅会成为建业-生态系统的搭建者，也是与伙伴、员工、客户、商家等共同的分享者，以分享之心，获共赢之果，建业开放地让生态链中的每个角色都能共享收益和价值。

胡葆森坦言：建业的商业生态系统才开始，但并不怕曝光，不怕对手学习，因为建业有自己的三大优势。其一，建业23年积累的"商誉"，建业23年深耕河南，造就了无人能及的企业品牌影响力，这是一种"信任背书"，比如建业要打造一个河南老字号美食一条街，老胡振臂一呼，应者就无数；其二，在生态平台建立之前，建业的客户数量和自身服务资源本身就达到一定规模，这是其他开发商所不能比拟的，比如建业目前有80家社区、12万业主、5个酒店和几十个产品服务型公司；其三，建业服务的经验丰富。建业+服务也并非现在才开始，早在20年前建业服务就在做了，比如建业为业主建学校，形成了地产+教育的共生模式，哈佛幼儿园早就成为国家知名教育品牌。

建业希望未来5年之后企业整体利润在30亿左右，房地产最多占一半，而另外一半来自于非房地产的业务。一个更值得期许的是，未来5年之后，建业很有可能诞生3到5个新三板上市公司甚至是创业板上市公司。比如建业的教育公司很早就开始孵化，3年之内会在全国做到200家幼儿园，做成全国第一品牌，未来不排除登上创业板。比如物业的证券化目前正是一个台风口，当建业物业收入提高到2个亿时，建业物业证券化就顺理成章了。未来企业的竞争将是客户的竞争，核心是客户关系的竞争。相对竞争对手，建业目前具备的最大优势就是建业庞大的客户资源。胡葆森强调："这个庞大的客户群，除了12万业主外，还包括建业的商户、合作伙伴、上百万的球迷、1万多名学生家长以及建业的员工，如果把他们都当作客户，建业的未来成长空间将非常巨大。"

未来5年，胡葆森希望建业能够精准为200万人服务，如果1年1人在建业大生态体系下平均消费5万，整体就是1000亿。有客户，但不见得有很好的客户关系。现实中大部分开发商与客户还谈不上"客户关系"，更多是"一锤子买卖"，签约之后开发商与客户的沟通、互动就基本结束。而建业基于特有的商业生态系统和完善的业主服务菜单，就能够跟业主发生10次、20次以上的平

台沟通和交易，这样才能与客户建立更好的客户关系基础。建业这个服务菜单范围很广，但核心是基于传统衣、食、住、行4大基础需求，同时又融入新时代健康医疗和文化娱乐两大需求，加在一起，建业针对这6大支柱需求产业不断升级和扩充，将为建业带来无限成长空间。相对于全国化公司的资源分散，省域化的建业更容易打造商业生态系统。

首先，建业所有的客户集中在一个区域，比如分布在河南"省市县镇"的80个社区；比如为更好地服务省域化业主，建业计划买20架直升机，建造20个省内停机坪，为业主提供高端医疗救助等尊享服务……笔者清晰地感知到，在河南这块土地上，建业资源覆盖度，服务便捷度，服务方式等都将达到最大化效果。未来建业要把大服务体系扎根，全省的社区网点布局就很重要，某种程度上建业社区就是建业大服务体系的中心节点，所以建业深入三、四线甚至县级乡镇，是大服务战略的必需。建业未来计划在3年内从既有的30个县城扩张进入60个。

金字塔顶尖的专属服务是全世界会员模式一个通行做法。建业也会基于12万会员筛选出一批金字塔顶端的业主，进行定制、专享服务。胡葆森特别强调，与其他会员相比，建业精选会员的标准不是购买了多少套房子，不是以单纯消费额为取舍标准，而核心是基于是否认同建业价值观，是否具备与建业服务生态融入、交互的能力，是否具备意见领袖的能力，是否对现代生活方式服务理念认同等。目前建业首批会员大约控制在2000名以内。仅仅精选2000会员只是开始，建业将为这2000会员配置专享的"管家服务"，这只有世界顶级物业才有的服务。建业1个管家仅仅服务10个会员，不能太多，因为要保证服务品质。服务靠的是细心，胡葆森对这2000会员的200个"专属管家"都规划好了，一则是从现有的5000名物业公司中挑选出50个优秀管家；二则从建业销售顾问中精选服务意识强、客户意识强的50位精英；三则从应届大学生中精选100个优秀代表，集中培训培养成合适的"专属管家"。建业的服务很多，但如何把各个服务有效地协同、融合，这是胡葆森尤为关心的问题。胡葆森反问，如果客户买建业一套联排别墅，为什么不能送一个建业航海体育场几排几号的十年看球权？如果客户购买一套600平方

米大平层，为什么不可以赠送一个高尔夫球证呢？在有效满足业主需求时，更多企业会选择多元化的服务菜单，力求大而全、一站式去满足客户需求。但这一点在老胡看来，必须做减法，先少后多，量力而行。如果建业承诺太多，菜单过多，今后与业主实际交互、服务过程中又没做到，或者做得不够好，那么客户就会后悔甚至反感。服务协同，各服务模块打通，仅有口号、制度还不够。

建业创新的"建业通宝"，是打通建业各服务板块的一大"妙招"。都知道房地产20多年形成了"买房必打折"的消费习惯，比如建业2016年销售计划200亿，折扣如果按照5%算，就意味着建业给客户优惠了10个亿，这10个亿完全等同于现金。那么问题来了，建业能不能不给折扣，而是直接把"10亿现金"换成一种类积分建业内部使用的价值券，即"建业通宝"。业主拥有了赠送的建业通宝，他就好比获得了建业+大生态服务体系的一张消费"通行证"，这10亿建业币就可以主动转化为建业各公司和合作伙伴的营业额，你要是去住酒店，就变成了酒店营业额；去交学费，就变成建业教育公司的营业额；去交物业费，就变成了物业公司营业额；去买足球票比如非业主要交500元现金，而你只需支付500建业通宝就可以了。现在有了建业通宝，建业所有产业就被"二次激活"了。其一，建业通宝让客户最大化、最直观感受到建业20多个服务体系，激励或诱导客户在前期购买建业房子；其二，建业通宝其实最终转化为建业各个公司的营业额，促进了业务快速增长；其三，建业通宝就像一个"纽带"，它把建业所有的商业生态系统"连接"起来，促进了商业生态系统之间的交互关系的建立和建业生态系统的生命力。某种意义上，建业通宝发行和使用规模和交互频次，某种程度上就是建业生态系统生命力强弱的评价标准。

社区O2O

在移动互联网时代，房地产与互联网之间的区隔正快速消失，并衍生出一个比房地产开发更具前景的行业——社区O2O。社区O2O作为下一个万亿级市场的行业和互联网巨头们最重视的线下入口，一次又一次被无数房地产开发商、物业公司、BAT巨头投资的O2O以及互联网创业团队推向风口浪尖！以O2O目前在资本市场受到追捧的趋势来看，越来越多的行业巨头和淘金者都在见机涌入，进行"生死角逐"。房地产开发商、传统行业、电商巨头、物流行业等群雄纷纷抢占社区O2O入口，如以万科、恒大、世纪金源、碧桂园等为代表的房地产开发商；阿里巴巴、腾讯、百度等为代表的电商、顺丰为代表物流行业以及中国银行、民生银行、兴业银行、平安银行等金融机构。马云等其他大佬认为，生活服务类O2O如同早上五六点钟的太阳，做起来的希望绝不低于制造业和零售业。

O2O是什么？O2O即Online To Offline，是指将线下的商务机会与移动互联网结合，让移动互联网成为线下交易的前台，从广义上来讲，O2O的概念非常广泛，只要产业链中既可涉及线上，又可涉及线下，都可以称之为O2O。那么社区O2O是什么？社区O2O是指在移动互联网和电子商务普及时代，利用智能手机或智能设备通过线上和线上资源的互动整合，完成服务或产品在物业社区"最后一公里"的闭环。社区O2O的两大必要因素：一是移动互联网，二是社区。社区O2O的核心是以物业服务社区三维立体空间为中心，社区居民与相关联企业和服务者之间交互连接的平台。是能够产生巨大商业价值的交互连接平台。

社区O2O的服务商业模式，可以看作是电子商务运营模式的延伸，它将线上巨大的用户流量资源通过与线下社区实体商家的合作导入线下，用

线下所收集的用户数据信息更好地指导线上用户流量的引导,实现行业体制内部的良性循环,实现线上流量的变现。

社区O2O,一头是社区消费,一头是商家服务;关键是如何搭建好网络平台,也就是这个"2"。虽说线下企业拥有得天独厚的地理和资源优势,但是社区并不是完全封闭的,在移动互联网时代,任何一个社区的壁垒都可以通过社交工具打破。线下企业应该摒弃其优势,用互联网的思维来经营社区O2O,比如通过数据分析客户需求,整合商户,增加客户黏性,最终实现盈利模式的复制。因此,想要制胜当今的社区O2O市场,商家不能仅有移动策略的想法,而是必须付诸实际行动。消费者已经移动化了,商家也应紧跟步伐。

要实现社区O2O移动化,商家必须对消费者及他们的需求有全面的了解,制定出相应的营销策略并坚定地执行。在移动互联网科技的强势推动下,潜藏于人类天性中的"懒惰"因子被彻底激活,"懒人"们终于可以真正实现"衣来伸手、饭来张口"的梦想,帮助他们实现这一梦想的社区O2O模式是最重要的途径之一。当O2O服务越来越多地渗透到用户的生活,有着天然空间距离优势的社区则成为更好的入口。用户越来越"懒",社区O2O的机会则越大。社区O2O知易行难,是"苦活累活",需要盘活线下商家,聚拢线上流量。社区O2O:小生意,大前景。

在中国400亿平方米的房地产存量市场中找机会,寻找下一个十年新的盈利增长点。中国房地产行业经历了爆发式增长之后,现已进入高库存消化和存量房运营并存阶段,在房地产开发商把自己转变成"生活综合服务商"的前提下,例如,全球最大的专业住宅开发商万科将转型为"城市配套服务商"。在这个新定位下,万科可做的事情很多。比如,经营垃圾场、养老产业等,这些与万科正在推进的"五菜一汤"社区配套有着共同的宗旨,那就是更好地服务业主。又如,在花样年旗下的物业管理公司彩生活服务集团分拆上市。花样年控股集团主席兼首席执行官潘军在花样年新品牌战略发布会上宣布,公司未来将以社区服务运营为核心,全面布局8大业务的战略协同,打造中国最大的社区服务运营平台。

花样年的目标是，到2020年，彩生活服务的社区将超过10亿平方米，覆盖4000多万人口。潘军算了一笔账：到那时，假设每人每月的社区消费是2000元，一年就是2.4万元，4000万人一年将消费上万亿元。"如果能拿到1%的佣金，就是100亿元。若按天猫模式计算，收3%—5%的佣金，就是300亿元—500亿元，这是一个多么大的金矿。"潘军说。"我们不希望物业管理永远成为我们最挣钱的部分，彩生活非常看重中国住宅社区所拥有的业主规模和潜在的消费需求，看重社区经营的商机。"彩生活CEO唐学斌表示，彩生活依托互联网搭建的社区平台能够为业主提供多元化的增值服务，而这些消费则为公司带来充足的盈利空间，有人的地方就有生意，以"家"为起点的时空延伸，不仅孕育着社区精神，也逐渐被各种商业力量窥视和重构。

社区O2O将成为房地产售后市场主战场。在房地产领域，历史演进大致可以分为四步，第一，商品房是单纯为了满足人们"住有所居"需求，此时的房地产行业是一个"时势造英雄"的时代；第二，社区商业，以5分钟步行为范围，将人们的购物形态从大商场转换为邻里型购物，满足了人们"一站式"购物的需求，房地产行业进入了一个拼"配套的时代"；第三，O2O的出现，O2O概念源于美国，将线下的商务机会与互联网结合，让互联网成为线下交易的前台，除了解决人们"最后一公里"需求之处，丰富的服务项目和休闲娱乐项目成为标配，房地产行业进入了一个拼"以人为本"的时代；第四，伴随着移动互联网的发展，"社区O2O"以"互联网思维"的形式全新出现，房地产行业将进入一个拼"服务体验"的时代。社区是支付场景和体验场景最多的地方，可以说房地产开发商才是离用户最近的企业，在这个"用户为王"的互联网时代，房地产或许可以凭借这个天然的优势重塑自己的江湖地位。对于开发商来说，房子只能卖一次，而社区服务可以做70年。万科之所以将自己定位为"城市配套服务商"正是看到了这一点。目前，一线房地产企业都是自有物业，他们有大量的线下资源，这是互联网企业可望而可不即的。

要想在这场社区O2O大战中胜出，第一，房地产企业应该提升物业服

务在公司战略中的地位，甚至与地产开发主业并列。房地产企业可以把握住用户优势，打通自身集团产业，形成平台效应；第二，打通上下游产业，洽谈底商可以做团购平台，收集业主租售房屋信息又可以做房屋中介平台，还可以为自营商业做引流；第三，抓住金融支付核心，房地产可以通过收取物业费做突破口来抢占支付入口。在这场社区O2O大战中，房地产开发商的先发优势最明显，这是因为社区O2O的成功关键在于用户黏性，这取决于用户与社区内其他用户、配套、物业服务的沟通与互动，物业公司作为社区管理者，掌控着社区的最后一公里，很多外来的社区服务要进入住宅小区，都需经物业公司同意，这是房地产开发商区别于竞争对手的最大"护城河"。因此，社区O2O必将成为房地产开发商房地产售后市场的主要战场，成为的房地产风口，是房地产后服务时代新纪元的开始。

　　在社区O2O这场决战中，无论是满怀壮志的移动互联网创业者，还是社区的主战场众房地产开发商们，他们均积极在O2O集兵布营，展开角逐。正如创新工场CEO李开复所言，未来O2O将改变中国，一旦线上、线下连接起来，将产生巨大的爆发力。在移动互联网经济逐步成为主流的时代背景下，云计算、互联网金融、移动互联网、大健康产业、环保产业、生态农业、成了主导未来趋势的六大产业，而社区O2O将站在移动互联网的"风口"上，成为串接六大行业的趋势的重要项目。

◆案例：万榕·上江南：房地产风口下布局社区O2O

2015年12月，万榕集团旗下的万榕·上江南小区项目与中国银行合作，在江苏沭阳首家引入社区O2O——e社区生活通APP。作为社区O2O项目线上线下

的核心链接和实施平台，e社区生活通APP将通过线上和线下搭建生活服务平台，围绕"最后一公里"，提供生活解决方案。

从万榕·上江南e社区生活通APP产品来看，e社区生活通将业主最为关心的衣、食、住、行社区娱乐五大功能整合其中，服务内容涵盖物业服务、社区电商、直销车险、爱家分期、健康、理财、出行及邻里交流等几大模块，如图1、图2、图3所示，既满足社区业主生活服务需求，也为邻里搭建了一个互动亲睦的交流平台，同时e社区生活通也抓住了业主的生活消费入口，为未来继续提供增值服务盈利留下想象空间。

万榕·上江南营销总监黄道平表示：移动互联网时代不是要改变人们的生活，而是要让生活化繁为简，更加丰富、更轻松，更便利。而我们要做的是通过改变思维模式，从而去为业主创造更便捷更幸福的生活方式，正如黄道平所言，房地产行业已进入下半场，供求关系发生了翻天覆地的变化，从产品模式向服务模式转型将为后开发时代开创非常重要的增长点。而要完成这个转型，运用移动互联网是必不可少的，社区O2O项目被万榕集团视为战略转型的重要切口。黄道平表示："传统房地产开发商必须进行变革与转型，而移动互联网、互联网+充满无限想象。"万榕集团把社区O2O列为"种子型业务"之一，肩负着万榕地产的未来方向。

社区O2O下传统物业

随着彩生活物业的上市市值超过母公司花样年地产集团的市值，彩生活的成功无疑打开了传统物业的大门。房地产开发企业分拆物业是大势所趋，彩生活是先行军，各大物业公司开启了排队上市模式。去年已分拆上市的绿城物业、中海物业、中奥到家果不其然都受到了市场的追捧，享受着远高于房地产开发及代理行业的估值水平，中海物业即便采用了最低调的介绍上市，其上市后市值也超50亿。众多的大型房地产开发商也都坐不住了，纷纷开始对传统物业公司关心起来了，并开始大规模地进行收购与整合，原因是什么？因为社区O2O下的传统物业可成为房地产成功转型的方向，已是当下时代房地产风口。

中国房地产经过三十几年的发展，已经积累了海量的存量住户，随着移动互联网时代的来临，万亿社区O2O风口的到来，对社区O2O下的传统物业进行改造，也可以爆发一个千亿的新市场。随着各大中小房地产开发商转型涉足社区O2O，旗下的物业公司已率先成为进一步深入社区O2O的主力军，借助移动互联网、"互联网+"趋势，传统物业公司突破原先的管理和服务半径，实现规模化扩张，进一步转型为社区服务企业，演变成社区O2O主要服务商。目前各类社区O2O商业模式已经大量出现，不同的业务模式满足了社区用户不同的需求。如果说"地产的黄金时代是属于地产开发商的时代，开发商的土地规模、项目布局以及资金杠杆等成为重要的衡量标准；而地产的白银时代则属于房地产服务商，中国房地产市场已经积累了海量的存量住户，能够为现有的存量市场的住户提供增量服务未来将成为房地产公司的主要盈利模式之一。"可以说，房地产开发商物管分拆是后房地产时代的必然趋势。

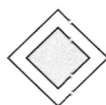

社区O2O其核心正是以社区生活场景为中心，构建业主与物业、用户与商家及上门服务提供者之间连接的平台，而非单纯的完成社区配送、社区社交或者社区上门服务，是一揽子的综合服务平台。包括社区日常消费如：便利店、生鲜水果、外卖以及线下家政、干洗、快递、甚至挂号、租车等便民服务，从而打造成为社区商业闭环。这并不是单纯线上渠道或一个APP就可以解决的，而是需要整合社区各种供应链资源来为社区提供各种服务需求。在传统社区服务，包括信任与安全软件服务以及物业硬件服务转型升级的大背景下，将以物业为切入口，从而构建完整的社区生态闭环。

传统物业原先只是社区物业的管理者，但现在的发展思路就是要转变经营理念，要把自己转变定位成社区O2O运营服务商。其实房地产开发商在开发阶段就开始积累了大量用户数据，进入物业服务阶段后，物业公司可以构建社区O2O平台或选择与大型社区O2O平台合作，以开展与社区周边的商家合作，作为离用户距离最近的服务企业，物业在社区O2O这个生态圈中有望成为具有绝对话语权的企业，通过APP将商家引到线上，构建社区一公里微商圈。物业公司可根据住户年龄、性别、家庭成员构成以及家庭基础财务状况等信息对用户进行精准分类，分析用户精准需求，并通过推送等形式将服务精准呈现给住户，物业公司在此基础上获得社区增值服务收入。从物业公司目前增值服务收益来源来讲，大体上可以分为三类。第一，社区增值服务收入分成，包括生活超市、社区商圈、便民服务、O2O服务等；第二，金融收入，主要是以社区金融为主的消费金融服务。包括提供买房首付贷、装修贷、结婚贷款等小额贷款服务，为社区服务产业链条上的商家提供小额贷款服务等，物业公司可以在小额贷款服务过程中获得息差收益。第三，资产收入，包括房屋买卖、房屋租赁、白领公寓、社区养老等运营性物业的租金收益和资产本身的增值收益等等。

对于众多房地产开发商开发商来讲，当前大规模布局物业，其实是资本市场"风口"来临的阶段，未来是为了获得更多的客户服务接口（社区业主），为了更好地把握好C端消费者需求的接口（社区O2O），从而可以在此基础上为这些客户提供增值服务尤其是以社区金融为主的消费金融服

务，最终获得增值服务收益。

从业主的需求来看，除了最基础的安保需求外，医疗、养老、教育、就业等因素也是不容忽视的方面。开发商们要加码生活服务领域，首先就要看房企的洞察力和整合资源的能力，开发商能否从中挖掘共性的、高价值的需求，并在服务载体上紧跟时代创新，形成自己的增值服务的特色，是决定这个模式能否成功的关键。

◆案例：乐生活从物业亏损到北方龙头

上篇：提供连接业主与物业、用户与商家的平台

许多房企的痛点之一就是下属物业亏损，每年都得拿出不少银子去补贴。乐生活（北京）智慧社区投资发展有限公司（以下简称乐生活）之前是京汉置业下属的物业公司，2010年时还亏损200多万，2011年仍亏损。2012年其从地产公司独立，走上完全市场化的道路，目前已将京汉置业的股份完全置换出去。到2014年，其在不断投资扩张的同时，仍实现收入近一个亿。其管理的面积，从数百万平方米扩大到4000万平方米，并计划在2017年达到9000万。据说地产百强物管的利润率普遍在8%，万科等在11%—12%，乐生活则超过万科等。乐生活的蜕变，是因为运用了互联网思维和技术，实现了"互联网+增值服务+物业"的全新模式。乐生活从地产公司独立出来，解决了组织问题、放开了手脚只是第一步。但这个时候，公司因为收支不清、人浮于事等诸多问题仍存在亏损。若要进一步发展，仍缺少可以利用的资源。如果没有移动互联网的手段和现代化的系统，就不能实现精细化的管理。乐生活咬牙借款三千万引入六个现代化乃至移动互联网化的管理系统，这六大系统分别是：成本支出管控体系、远程实时监控体系、远程实时沟通体系（会议）、远程实时监督体系、日常业务标准化体系、数据实时分析体系。六大系统引入后，效果立竿见影。公司扭亏为盈，客户满意度大幅度提高，还发掘出大量"碎片化"的人力资源。

第一，消灭收支不清、经常超支，收入、盈利持续增长。之前，各个小区的

收入"说不清"，一方面因管理落后，另一方面则可能有贪污存在。比如戴卫之前下去检查，让小区经理把小区欠停车费的统计出来，大多数小区都称第二天才能统计出来。一些小区的框架等广告收入，统一为"广告费"，再细致则无统计。账目越粗，项目经理贪污的可能性越高。

曾有一个面积30万平方米的小区，一个月停车费只收了一万多块钱，总部明知道有问题，却又不知如何查处。之前，物业公司的支出看不清楚。项目经理经常把一个10万的科目拆成若干次若干名目来批，半年或一年后总部发现这个科目超支的时候，已经晚了。

乐生活的项目分布在各地，要提高服务质量统一标准经常得开会，一开会就有出差费用住宿费用。新的系统运用后，"桌子下面的钱全部翻到桌子上。"比如一个小区的停车费如果数据陡升陡降，一定有问题；广告费细分到四级五级，就可以对比，相邻小区，甲小区一个框架广告费300一个月，乙小区框架是350一个月，问题自己就浮现出来了。收入因此大幅增加。

新系统的成本系统，科目从年拆分到季度再拆分到月，下面还有四级五级科目，五级科目都有目标成本。一个科目该月支出两万块，两万零一分系统都会锁死。戴卫告诉明源君，物业的支出相对固定，没有地产那么多变更。比如这个月保安是10个人，下个月还是一样。开"见面会"需要大量差旅费用的问题也解决了，乐生活管理层都有智能手机，又有远程会议技术，大家随时"见面"开会多方通话，成本大大降低。

关于固定资产等设备，乐生活已经推出小区所有设备的二维码台账管理，在二维码上扫一下，上一次维修的照片、维修时间等所有记录都可以调出来。最终，乐生活的收入、盈利都出现了连续增长。

第二，人浮于事成为历史，裁员10%后，仍有大量"时间碎片"可利用。之前许多保安公司有吃空额的情况，报30个人在岗实际只有20多人，项目的保安经理往往被买通无法履行监督职责。每到年底，许多项目经理都说工程师不够用。但调查发现，主要问题在于工程师在路上和业主家的时间是不可控的。一个维修工程师，上午只接一单，下午也只接一单，大量时间干吗去了都不知道，维修质量还不可控。同样的，公司的保安、保洁，每天也都有大量空余时间，但

一旦裁员又面临服务质量可能下降的局面。针对保安的问题，现在乐生活的保安的巡逻轨迹有GPRS定位，又有远程监控（戴卫等人的手机随时可以调出任何一个探头的即时画面），保安每天上班刷指纹总部也有记录，就避免了吃空额，还提高了保安服务质量。以前为了防止保安睡觉要查岗，现在则不需要了，系统每个小时推送一个幽默的小故事给保安的随身设备，故事最后设置一个问题，回答了问题就可以证明他没有睡觉。针对维修工程师，乐生活的管理处现在备有类似PDA的移动设备。客户报修后，工程师从管理处拿走设备开始计时；到业主家，拍张照片上传到云端开始维修；维修完拍第二张照片，又开始计时，直到把PDA设备还回管理处。两照片对比，维修质量可控；各时间节点对比，维修时间可控，路途时间可控。

移动设备投入使用后，大家惊奇地发现，工程师不是少了而是多了。之后，通过合并邻近小区的维修中心，工程维修人员进一步减少。戴卫告诉明源君"我原来管一个小区，我把一街之隔的两个小区也拿下来了，三个小区之前各有8个、9个、10个工程师，现在成立一个工程中心，8个人每个人配个电动车就都够了，这就是规模效应。生活给每个在岗的保安、保洁佩戴了GPRS定位装置，发现他们和客服人员也有大量可利用的碎片时间。"不过乐生活并没有裁减保安和保洁的人数。戴卫认为，每10万平方米配多少保安多少保洁是有规定的，如果硬减，用户体验会出问题，业主会不满意。客服也是一样，减少人就会减少和每个人的沟通时间，客户体验就会不好。戴卫还认为，这是乐生活与其他物业巨头在商业模式上的根本区别。这也是乐生活进新的小区，业主不反对甚至还主动涨物业费的原因。

2012年第三方调查乐生活客户，满意度是66分，2014年这个数字变成了79.3分。引入6大系统后，乐生活在提高服务质量的同时，解决了所有问题和痛点，员工人数比之前减少了10%，但还有大量剩余人力资源可用。虽然不裁人，但保安、保洁既然都有大量碎片化的时间，乐生活就把这些时间统计出来，为后期物业给业主配送、做O2O做好了铺垫。

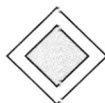

中篇：大数据筛选出商业模式、核心用户、产业、服务商

戴卫把自己的模式总结为：物业+增值服务+互联网平台。乐生活打造自己商业模式的原则是：互联网思维比互联网重要，做好增值服务比做好互联网平台更重要。"有了互联网思维才有增值服务"，但核心在于增值服务本身，而不在于互联网平台。

乐生活的增值服务，一律是找好的服务商合作而不是自己做。合作中，乐生活只取微利。乐生活告诉明源君，公司相信，整合资源是扩张的最佳模式，而要整合尽可能多的资源就得让利。乐生活从马斯洛的需求理论出发，通过在线上线下搞大量活动和调查问卷，随后进行大数据统计，找到了自己的核心的6类用户和5大产业。通过前期考察、后期试用，再评估，找到了一批优秀长期服务商。有了自己的商业模式、核心用户、产业、服务商，乐生活实现了连年翻番的增长。

开展大量线上线下活动，进行大数据统计，找到6类用户和5大产业。

乐生活经营的主要对象是对小区依赖最大对服务最敏感的"常住人口"。通过针对"常住人口"搞活动、进行大数据统计，乐生活找到6大类核心用户分别是：萌宝、爱宠、爱车、理财、健康、家政；乐生活找到的5大产业则是智慧商业、智慧健康、智慧教育、智慧金融、智慧物业。乐生活告诉明源君，他们认为，这5大产业中任何一个都足以做成一家上市公司。

1.取悦"常住人口"，用平台思维免费思维搞活动、拿数据、做筛选

乐生活提出一个观点，叫业主中的"常住人口"，这些人在园区里待的时间最长，是核心的服务对象。常住人口基本上是一老一小，另外就是全职妈妈和保姆，他们对小区依赖性是最大的，他们对服务是最敏感的，他们的需求量也是最大的，传统的物业公司恰恰在这一块上很疏忽。怎么取悦这些人？首先当然是实现四保：保洁、保安、绿化的保绿、设备的保新。之后是加强沟通，乐生活经常派工作人员和园区里的业委会、分区的区长、楼长进行交流。物业本周干了什么、这个月干了什么、这一年干了什么，都会进行"汇报"。乐生活还把小区设备间拿出来定期做开放，业主会明白物业费花到了什么地方，对物业也加深

了认识。

有了前期沟通的基础，乐生活就开始搞活动。按照马斯洛的需求理论，需求是从低到高的，"四保"、沟通，再往上就是社交需求，人们需要被认可。乐生活定期做植树节、六一活动、园区儿童欢乐营。欢乐营的目的"就是要让301的孩子打破单元门认识602的孩子"，让孩子可以互相交流有团队意识。怎么保证活动人数？互联网讲究平台思维、免费思维，乐生活就免费让大家来玩，还请了专业的机构，做简单的拓展训练，六一欢乐会等还有免费奖品。互联网思维里"羊毛出在驴身上狗买单"的思维在这里得到应用。所有活动都是小区附近的供应商买单的。

比如平时做桶装水的，六一提供一些铅笔和铅笔盒。附近的儿童摄影和室内的儿童游乐园提供优惠券。让养宠物的人去捡狗便的活动中，宠物的美容院提供给宠物洗澡美容等服务奖品。奖品不随便发，参与活动完成一定任务才有，这个门槛激发了大家的参与意识。桶装水是固定的供应商，有日常回报。而对于别的赞助方，则会有"平台回报"。比如物业会在某一个时刻让儿童摄影、宠物美容院进入园区，进行宣传、展示销售。线下的活动，要导入到线上社区里，线上也要做一些统计和调查问卷，也要搞活动。通过大量活动参与度统计、问卷调查、线上交流统计，最终发现，社区中最火的是萌宝宝、晒宠物等。经过比较长的时间，大数据统计出的乐生活社区内最有黏性的六大类用户分别是：萌宝、爱宠、爱车、理财、健康、家政。

2.做减法，确定5大产业，"CHEFS+O2O"

找到了核心客户群，下一步是确定相关的产业，园区能够承载的相关产业有50多个，乐生活最终认为"有5个产业是能和乐生活最紧密结合的"。分别是：智慧教育、健康、金融、商业、物业。乐生活将自己理想中的社区叫作"智慧社区"，将自己的模式总结为："CHEFS+O2O"。其含义是线上"智慧社区云平台"（O2O）+线下"智慧商业（C）：社区便利店+社区菜市场+社区物流中心；智慧健康（H）：药店+老人关爱；智慧教育（E）：早教中心/幼儿园+课后辅导；智慧金融（F）：社区银行+社区众筹；智慧物业（S）（基础物业+传统多种经营+家政）"的"1+5"模式。其中，社区金融将所有服务完全打通，其

实现方式是所有的积分和存入的现金，都可以以虚拟货币的形式在园区里流转，实现"一卡通"。二、三步挑选并留住长期服务商，一个原则两种模式形成长尾效应。乐生活确定长期服务商有固定的步骤，首先通过规模品牌等进行筛选；第二长期试用，然后根据业主、物业、大数据三方面的调查结果再次筛选；最后通过后续的优惠政策，留住服务商。乐生活告诉明源君，确定自己长期做的服务的几个原则是：大规模、低利润、长流水。

因此乐生活挑选服务商的原则是"追求长尾效应"，而要有长尾效应一定是围绕着"常住人口"的需求提供一些最常用的东西。目前乐生活合作最广的7家服务商分别提供：桶装水、大米、家政、快递、穿戴技术、四点半课堂、上门洗车等。乐生活合作模式则有两种，一种是按其收入，提取一定点位的提成，另一种是按单收取一块两块的服务费。目前预约相关服务，则都可以在乐生活的APP上实现。规模产生利润。一个小区的几十部电梯的维保招标，大致价格在3000—3800元一台，而乐生活上万部电梯同时招标的时候，价格就可以减少到2000—2500元一台。

因此，能与乐生活不断扩张的规模相适应的供应商，是最好的。比如乐生活跨区域的时候，许多小的服务商就跟不动了。有个小家政公司只做北京，乐生活去河南它就跟不动了。乐生活现在选服务商，第一还是要规模，目前乐生活比较重要的服务商都是准上市公司。如果某些区域实在"跟不动"，也要做到每个城市区域某一服务的合作方是统一的。许多领域，有规模的企业不止一家，就要通过试用，根据其反应速度和客户满意度来进行筛选。筛选之前，先在不同的小区试用不同的服务商，试用时间一般是3个月到半年；房屋中介等供应商的流程比较复杂，试用时间长达一年。试用结束后，从3方面来判断供应商到底怎么样：一是让居民业主填表调查客户满意度；二是调查物业本身项目上的人员；三是强大的客服中心也会有线上评估。

3.用后续优惠条件鼓励选定供应商提供优质服务

选定长期服务商之后，为了鼓励服务商提供更优质的服务，乐生活的政策是：长期合作的战略供应商和试用阶段的供应商，支持力度不同。对长期服务商收取的点位更少。合作越久，合作面积越大，参与的越多，乐生活收取

的点位越少。这种正向激励，让供应商"后面想赚更多钱，现在就把事情做更好。"目前，在乐生活各个区域几乎都存在的长期供应商有7家，提供7方面的货物或服务，选定这7家，一方面是因为历史原因，做得比较熟了；另一方面则是因为乐生活认为自己能做的事情是有限的，即使以后市场扩张，乐生活提供的服务也不会无限增加下去。乐生活追求长尾效应，而要有长尾效应一定是围绕着"常住人口"的需求提供一些最常用的东西。目前这7家分别提供：桶装水、大米、家政、快递、穿戴技术、四点半课堂、上门洗车等。合作模式则有两种，一种是按其收入，提取一定点位的提成，比如家政。另一种是按单收取一块两块的服务费，比如保安代快递或电商送货到住户家。保安有盈余时间、碎片时间，这种服务没有增加人力成本。包裹配送、代跑腿、"四点半课堂"、上门洗车、停车位预约，这些服务是业主最需要的。乐生活认为，物业能做的事情是有限的。比如商业，物业从业者里之前就没有商业人员，不可能"放下扫把就能干商业"，就如戴卫对明源君说的"高中都没上完呢，真的就能做O2O？"所以，乐生活一方面努力寻求合作，一方面高薪聘请人才，乐生活的副总裁，年薪都在100万以上。

下篇：黏住已有客户，两种模式迅速扩张

有了自己相对成熟的商业模式和客户群之后。乐生活实践了多种互联网思维，通过安全背书、免费团购等措施，增加客户黏性；用老人手环等强需求增加线上流量；通过乐智屋等O2O平台的快速迭代让用户体验持续变好。与此同时，乐生活通过收购物业公司、接开发商新盘两种模式，迅速扩大自己的规模，并在新接管的小区快速复制自己的模式。乐生活告诉明源君，相关物业公司、开发商之所以和乐生活合作，则是因为乐生活模式击中了他们的痛点，让他们摆脱了过往的模式。目前，乐生活APP装载量在乐生活管理的绝大部分小区已经达到整个业主数量的50%以上。

第一，持续增加客户黏性。

乐生活用提供安全背书、免费服务、大数据关联积分等诸多手段来黏住

客户，其中实践了免费思维、极致思维等多种互联网思维，而目的则只有一个："给客户一个选择乐生活平台的理由。"乐生活平台上的供应商，乐生活提供"背书"。也就是说，出了任何问题都可以找乐生活来解决问题，即使供应商出了问题走了，乐生活也负责赔付。乐生活的客服是处理客诉的第一人和最后一人，完全负责到底。戴卫说："我不会说你水出了问题你去找水，米出了问题你去找米，任何问题都是找我们，物业的信任度在这里，物业的品牌在这里。我们的客诉不但处理线下的客诉，连线上的客诉、供应商的客诉，都一起处理。"乐生活的平台上有团购项目，但是团购本身一分钱都不挣，卖大米是平进平出，卖水也是平进平出，水果也是平进平出。

乐生活认为如果自己单纯做团购，不一定能比其他团购网站做得好。但是这种免费策略可以增加流量增加黏性。乐生活目前正在与一可穿戴设备提供商合作，在一些小区试点发放老人手环，要求手环能监控心跳、瞬间位移（防止老人跌倒）、定位技术（防止老人走丢），数据能上传到云端，这些小区已经有20%的家庭使用了这种手环。乐生活的云端和供应商的云端是开放的，老人的孩子登陆乐生活的平台，就能看到老人现在是什么状态。戴卫认为，这个是"强需求"。他本人每天都会给父母打电话问好，所以老人的孩子每天可能登陆平台几次看父母的情况。虽然服务本身不收钱，但却增加了平台的流量，100万用户每天可能上来看300万次。而流量对将来上市也有帮助。乐生活所有的服务，除了线上线下配送，其在小区里的实体就是"乐智屋"。这个设施设置在所有乐生活管理的小区里。

戴卫说，"乐智屋"讲白了就是一个线下体验店加一个物业的前台.面积一般在40—50平方米大小。乐智屋为所有商家提供标准接口：物流接口（代跑腿、包裹代收）；客户接口（社区团购、产品展示、线下导购、社区活动导流）；仓储接口（常温、冷藏、冷冻、低温）；金融接口（社区"一卡通"）。乐生活大量的服务是在网上，比如包裹，快递送到乐智屋，但客户不用到乐智屋来取，物业直接给客户送到家了。现在，乐生活的货物都存在位于人防工程等地的仓库里，降低成本。牛奶、团购货物、果汁等，直接进入仓储，然后从仓储直接到业主家里。而乐智屋作为O2O的体验店，主要是完成各种体验。比如本

期团购是卖芒果和蜂蜜，客户不知道芒果的口感怎么样，就可以到乐智屋来体验。可以试吃样品。

客户还可以在乐智屋找客服咨询，比如找家政要选一个阿姨，乐智屋里有一个小柜台有一个家政的人员给他做讲解。再比如做线下烘焙体验，客户自己来做蛋糕，乐智屋里摆一两张小台子就够了。大的乐智屋，还会有一个4点半课堂，学生放学了，家长没下班，会在大的乐智屋里辟出30平方米左右，组织人给孩子们讲英语等等课程。乐智屋经历了从1.0到了2.0的迭代，第一代乐智屋是一个小超市，但很快发现乐智屋本身的赢利成本无法支撑本身的租金。比如引进第三方超市，其赢利有限，乐生活只有不收场租，乐生活出了租金又不收场租，就成了亏本生意。而很多物业前台的工作无法在乐智屋完成，需要两套人马。因此乐智屋升级的时候，主要是想尽一切办法把乐智屋和物业的前台合并，并把小超市变成体验店。现在的乐智屋是IPAD加产品展示的模式，节省了大量的空间。

戴卫说，到第三代可能实物展示都没有了，进了屋子就是很舒服的沙发，很大的IPAD。现在，乐生活的一切东西都是要通过APP来买，即使到乐智屋现场，也是工作人员指导客户用大的IPAD下单。某些老人不会用智能平板和手机，打电话订货，客服也是登陆APP去下单。戴卫认为，加大互联网下单的比例和频率，就会逐渐成为系统性的习惯。目前，乐生活APP装载量在乐生活管理的绝大部分小区已经达到整个业主数量的50%以上，乐生活在各种活动之间推行互相关联的积分赠券政策，买水积累到一定数量，送一个擦油烟机的服务，家政消费积累到一定数量，就送一箱奶。小区最终类似于一个包括各种"服务类商品"的超市，在这里消费任何东西任何服务，都可以积分，都可以获得后续的优惠和好处。而且通过大数据统计，乐生活发现许多东西之间会有关联，用这种服务用得多的，也一定会有对另一种服务的需求。比如家政用得多的，会需要擦油烟机，需要擦油烟机的，就需要超强的除油喷雾。

大数据的关联性、因果性，在各种推销优惠中都可以得到体现。各种服务都在一个平台上，各种返券也都在一个平台上，各种会员资格也在一个平台上，社区金融就被打通了。有的物业通过限制快递员出入等形式来推销自己的服务，乐生活认为，不能拒绝业主预约的快递等服务人员进入小区，那样会

让业主反感。乐生活要做的是让业主感觉到用乐生活的服务更方便。比如，只做大米、只做水、只做家政的某些区域单项冠军，可能会有比乐生活的服务商有更有优势的地方，而当客户选择了这些服务以后，其服务人员就需要进入小区。这个时候，小区保安会要求，出于安全考虑，业主下来接一下没有门禁卡的送货人，这个理由会得到大多数人的支持，当事业主也不好激烈反对。

长期下去，业主会觉得还是找和物业合作的服务商更方便。再比如，某两家餐饮企业在小区里特别受欢迎，但是因为登记出入等，外卖员浪费大量时间，通过大数据统计出来后，物业就会主动找到那两家企业谈判：你就送到小区门口，物业帮你送进去，你给物业一块或两块钱，这样，外卖员也节省时间可以送更多外卖。目前，乐生活还在某些小区试点访客二维码，有朋友来的业主可以发二维码给朋友，一扫就能进去，但只能用一次。这种方法一般能区分访客和上门服务人员。

第二，定好标准、找准痛点，购买物业公司或接新盘，迅速扩张。

乐生活认为，迅速扩大规模，建立自己的优势在现阶段是非常必要的。乐生活扩张的模式，一是收购物业公司从而管理其之前管理的园区；二是找地产商合作，接下其正在或即将出售的新楼盘。乐生活收购的物业公司都是市场化、并且赢利的物业公司，其管理小区也都在较大城市，相对较大、较新、物业费较高。而这些物业公司之所以愿意和乐生活合作，是因为其物业费难以提高，人工成本持续上涨，在"往下走"，再不用互联网科技去降低成本用互联网的思维去挣多种经营的钱，就会走向亏损乃至倒闭。而地产公司之所以愿意把新楼盘交给乐生活，是因为其新楼盘出售前可以借乐生活的互联网智慧社区概念宣传，之后又可以摆脱"自己成立物业公司却不盈利而只能不断补贴"的尴尬局面。

乐生活收购物业公司有自己独特的标准和逻辑，对区域、城市、小区大小、公司性质都有要求：首先，区域以北方为主，避开强势竞争者。乐生活重点开拓的区域，集中在北京、天津、河南、河北、山东、山西、内蒙古，江浙也有所涉及。之所以做出这样的区域选择：一是为了节约培训成本。乐生活在

不断进步，需要不断培训。乐生活管理学院，是2014年和河南许昌北方做职业教育最大的一个学院——许昌职业技术学院合办的。一个园区有三个最重要的经理：客服经理、工程经理、园区经理。乐生活已经有近100个园区，每次经理加骨干有近千人的培训。而要保证质量，70%得是线下当面上课。一个月要集中上三天课，每次都要到河南，如果园区太远培训成本很高。

二是考虑管理边界和习惯的问题。物管标准动作操作指引是必需的，互联网的IT系统可以无限的去铺，但上海和河南，南方和北方还是有区别，长江以南和长江以北，生活和物业习惯不同，许多标准不能推广。

三是太远一些熟悉的骨干员工和高管不愿意去。四是很重要的，就是乐生活要避开在华东华南华中势力较强大的竞争对手。而在上述区域内，乐生活又重点关注人口在两三百万以上的城市，且每进一个城市，在管面积要在250万平方米以上。之所以做出这样的选择，也是考虑规模效应。两个城市太远，有的服务可以联合上规模，有的则不行，比如牛奶和水就不可能从北京送到外省去，那样成本太高。而在当地寻找新的服务商，要上规模才有谈判权。按照这样的标准，乐生活在郑州买了一个有一级资质的物管公司，在安徽阜阳买了一个二级资质的物管公司。而在许昌买的物管公司在管面积只有150万平方米，就要求它再扩大100万平方米到250万平方米。

什么样的小区是有潜质的呢？乐生活选择的是物业费单价在1.5元到2元，单个园区面积大于10万平方米、历史的收费率大于60%的小区。这样的小区，通过提高服务质量就可以提高收费率，而收费率太低，要培养居民交费习惯则很难。符合上述条件后，还必须是高层小高层，人数才能符合乐生活模式需要流量的要求。而类似条件的别墅则属于另外的商业模式。楼龄在15年以上的小区，乐生活也尽量不接，因为小区的锅炉管道等面临大修。新开发的房子，维修基金的产权很清楚，而老房子维修基金产权不清楚，许多甚至不知道基金在谁手里。

乐生活基本不收购开发商下面的物业公司，因为开发商下面的物业公司基本都是亏损的，靠开发商来补贴的。乐生活收购的全部是市场化，并且赢利的物业公司。只是这些物业公司在"往下走"，再不用互联网科技去降低成本用互联网的思维去挣多种经营的钱，就会走向亏损乃至倒闭。目前，乐生活收购

下一个物业公司，两个月就可以完成所有部署，甚至什么现代化设备都没有的小区也可以。戴卫说："现在的技术下，不管什么样的探头灯硬件和软件，我们的平台上都可以做接口。"乐生活的扩张过程中，除了收购物业公司之外，和开发商合作，直接接下新楼盘也是一种模式。

开发商之所以和乐生活合作，有以下原因：乐生活通常在销售宣传阶段就与该开发商联系寻求合作，乐生活智慧社区的品牌、互联网概念、很好的服务口碑，有助于楼盘的销售。大部分开发商如果自己成立物业，都需要补贴，而和乐生活合作是纯粹市场化的甲乙方的关系，开发商和乐生活合作自己没有压力。第三，开发商在乐生活子公司占股，看好日后上市回报。许多开发商会提出在乐生活的项目公司等占一定的小股份，比如30%。他们总体看好乐生活，希望能用这种模式在乐生活上市以后置换一些总公司的股票。

第三，未来：根据规模发展改变扩张模式。

乐生活还在不断发展中，未来的发展会遵循怎样的原则呢？达到怎样的规模和条件就算成功了呢？乐生活认为，服务是有价的，保安大哥保洁大姐那么辛苦，免费、零物业费，对他们不尊重。从商业伦理和逻辑上都是不对的。乐生活之后的变化，可能是收完物业费，把其部分变成积分或券，可以用来购买乐生活平台上的产品。戴卫估计，这个比例达到30%是有可能的。乐生活认为，自己直接管理的面积必须控制在1亿平方米以下。乐生活现在有4000万平方米管理面积，计划到2017年达到9000万平方米，之后就谨慎扩张了。为什么这样，乐生活认为，服务业更需要控制，所以从总部到项目，层级不能超过3—4个，董事长下面有副总裁，副总裁下面有城市公司，城市公司下面有项目经理，这种架构到一亿平方已经接近极限。而如果层次太多，管理体系复杂，在今天中国的条件下，操作指引就会不到位，品牌就会受影响。不过，在规模接近一亿后，乐生活会逐渐引入加盟模式。在扩张、加盟都完成后，乐生活会怎样？戴卫说，他将来的梦想，是做一个平台，免费让大家用。而当该平台确实能够降本增效，引来大量数据沉淀在乐生活平台上的时候，乐生活的互联网梦想就真的实现了。可以据此做更多的事情。

社区O2O下社区养老

　　未来十几年后养老产业将会替代房地产产业成为中国第一大行业，成为超过10万亿级的超级大产业。2016年全国60岁以上老人将达2.36亿，占总人口比重达15.8%，80岁以上高龄老人达2900万，随着人均寿命的增长，高龄老人的比重越来越大；预计2030年全国60岁以上人口达3.6亿，80岁以上达4000万。面对这个数据可以看出养老地产有着非常大的需求，特别是对于养老机构需求较为旺盛的失能失智老人。就目前来看，世界上主要的养老模式分为三种，即居家养老、社区养老和机构养老。在我国，这三种养老模式的占比分别为96%、1%和3%，也就是说，居家养老占绝对主流。对此，专家表示，未来的居家养老将会大幅带动社区养老的发展，这部分市场将有较大的上升空间。根据多地发布的2015年"9073"养老规划（90%家庭自我照顾、7%社区居家养老服务、3%机构养老）来看，机构养老的3%保持不变，而社区养老的比例已从原来的1%上升到了7%，再加上增量的老年人口，这为社区养老带来了大量的市场空间。

　　同时，根据2015年的政策来看，社区养老将会加速发展。随着移动互联网时代的到来，智能设备的普及，社区O2O下的社区养老将是一片蓝海，老人生活有三难："吃饭难""看病难""活动难"。而对于社区O2O下的社区养老来说，运用"互联网+"，通过大数据以及用智能化的管理手段，启用配套的智能化服务和线上线下的多样丰富的生活场景，解决老年人三难"最后一公里"的等问题，恰恰是其潜力所在，优势也很明显，吻合未来趋势发展。作为房地产开发商通过整合社区O2O下的社区养老有着天然优势条件，利用房地产开发商庞大的存量房产和可改造房产资源，打造出社区O2O下的社区养老商业新模式。

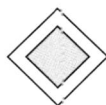

对于老人而言，社区养老就是一种社交养老，而在所有的养老模式中，老年人在小区里就可以实现理疗、打牌、唱歌跳舞的模式最受欢迎，这种模式跟老人现在的居住和生活场所能够保持一种常态化的状况，老人最害怕到陌生的地方去，那样就像一棵树被连根拔起来搬到另外的地方去，他们不愿意离开自己的家，不愿意离开自己的老朋友，这是中国人沿袭了几百年、上千年的根深蒂固的一种生活方式。在国外，社区养老并不鲜见。在一些社会老龄化比较严重的国家，社区养老已经成为一种重要的社会福利措施。在我国，社区养老虽然刚起步，但发展迅猛。尤其是国家和各省市相继出台了鼓励支持民间资本进入养老领域的相关政策后，从而以"养老"为概念的社区项目也获得了难得的机遇。未来十几年养老产业将成为中国最大的一个产业的过程中，养老产业延伸出来的市场很大，未来十年的社区养老一定会比其他的养老模式发展得更快，同时将会有无数多的资金、无数多的聪明人、无数多的商业模式进入到这个领域。有前瞻性眼光的房地产开发商提前布局社区O2O下的社区养老这样一个大风口，将为企业未来可持续发展及转型升级提供的一个实操方向。

◆案例：社区O2O下的社区养老实例

全联房地产商会创会会长聂梅生对社区O2O下的社区养老实践剖析：社区O2O下的社区养老实践三部曲：

第一，社区服务场所和平台的建立。比如说全联房地产商会有5000个会员，当中80%都是开发商，大型的房地产开发商从开发小区开始到现在起码是20年、10年以上了，自己的小区就有一百、二百，甚至有一千个小区。把一百多个小区连在一起不就是有了平台吗？为什么一定要别人那儿做呢？房地产开发商做社区养老有很大的优势，是因为自己有小区，自己有物业管理公司，有睡眠资产。所谓睡眠资产就是政府配套的社区中心、售楼处等等商业配套设施，现在很多会所闲置很多，50%的会所有一半都在闲置。管理权也在开发商手里，所以这个就很好利用起来了。而且能和国家重点支持的社区养老、居家

养老是密切结合的，社区养老和居家养老出台了很多支持性的政策，而且力度很大，我们这些的会所，不过是要去申请一下养老服务中心，去享受国家的政策，我们不需要盖社区养老中心，把它植入就可以了。同时和社区O2O、互联网金融结合起来，打通与延伸社区养老这部分的服务，如果这样的服务真正进入服务业，而且盘活房地产开发商手里多年的睡眠资产，这是一个利国利民的事，符合中国的方向。

第二，"互联网+"思维做社区养老。我们在三年以前开始策划，做了一个清朋华友，是一个学院式养老，它的指导思想和顶层设计是这样的：以服务作为项目的核心价值，以轻资产运营打造项目的软实力，寻求一个全球性的学院式养老，引入了一个"双零"要素。做养老产业千万要注意双零，一是土地成本趋近于零，二是融资成本趋近于零。大家进入这个平台，差不多达到双零。同时在这个双零的基础之上，引入渠道的资源整合进来之后降低成本，提高性价比，土地成本趋近于零、融资成本趋近于零，建造成本和运营成本达到最低，性价比达到最高。操作模式就是"互联网+"思维的模式，用平台操作，我们做学院式养老需要一个校友平台，各个学校毕业的校友留校的，65岁到85岁区间的人在中国大量存在，他们需要养老平台。我们利用互联网组织了一个双重的众筹平台，我们有很多渠道支持这个平台。比如海外资金等等。

第三，打造社区O2O，开发最适合老年人的APP。随着移动互联网的发展，社区O2O产品也越来越多。聂梅生说："社区O2O的APP最适合老年人。"她认为将社区O2O的APP产品还可以与医疗结合起来，打造云医疗，通过APP就能够实时了解病情，简单而方便。同时，她也表示现在的老年人对互联网还是了解得比较少，对电脑和智能手机的运用不够熟练，所以需要在老年人中加大普及互联网知识，开发最适合老年人的APP，可以开发一些让老人"粘"在终端APP上的办法，如老年养生、老年游戏、健康知识的项目绑定在终端上，顺便捆绑售卖业务，这样老人在终端上买东西的积极性就高了。我们还可以在自己的平台上拓展社区O2O的增值服务，同时还可以与互联网O2O的一些企业紧密地握手合作，丰富社区O2O。随着移动互联网的普及，同时老年人对移动互联网的认识与认同以及广泛应用，社区O2O下社区养老有着很好的发展前景。

Chapter 7

第七章

房地产+智能家居风口

　　未来没有配置智能家居系统的房子，就是毛坯房，如同精装修房是当下房地产标配一样，当然，智能家居能成为一个万亿风口，其功能价值远不止这些。现在房地产开发商纷纷进军智能家居领域，如：正荣和小米、华运地产牵手360、金茂地产联姻腾讯等等，更多是为未来占领家庭消费领域的入口流量进行提前布局。未来90后、00后逐步成为住宅消费的主体，90后、00后生下来就是玩电脑、手机、QQ等长大的，而且年轻人会越来越"懒"，越来越希望家用设备能够更聪明地帮助自己，智能家居的配备，给他们提供更多元的服务。聪明的房地产开发商提前布局智能家居，因为，在智能科技不断发展下，房地产+智能家居必会成为未来的房地产风口。

　　在房地产市场不断饱和的未来，房地产开发商可以借助智能家居的势头，在传统行业中开辟新的市场，为产品增加新的卖点、为产品寻找新的价值增长点。同时，在移动互联网时代下，智能家居理念要融进房地产开发商里头去，因为智能时代已来临。房子作为入口平台，当然智能家居产业也离不开房地产，因此房地产要主动跨界，与智能科技界融合在一起配置智能家居，通过智慧社区，享受智能生活是房地产开发商在后开发时代，需为业主提供必备的生活平台。同样，房地产开发商与智能家居企业合作的条件正在不断形成。2014年起，恒大、万达、绿地、正荣等地产商就分别同一些智能家居企业达成合作，完成和互联网产品、平台的对接，开始将智能家居理念融进他们的地产项目，未来智能家居将成为房地产开发商下一个竞争的新战场。

　　未来家装市场随着智能科技不断地发展及智能家居设备的普及与使用，城市更新下的二次改装市场将会迎来巨头的机会，已成为了一个风口，同时也成为众多房地产行业相互争夺的香饽饽市场，但要玩转好移动互联网时代的家装行业，需要有新时代的思维，因而，互联网家装行业的兴起也成为必然，转型中的房地产开发商对上下游互联网家装行业进行渗透也是一种选择，关键如何去把握。

　　中国经济发展到一定阶段，消费等级不断地提升，产品的分化将越来越明显，同质化的产品将不能满足个性化的需求，互联网+时代的到来，为

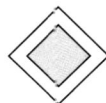

个性化产品定制提供了全部的可能。房地产在产能过剩时代，房地产开发商如再用原先批量生产房子这种方式，已经风险很大了。随着国家供给侧改革落地实施，房地产后开发时代升级和转型的需要，谁能提前把握，提前进行布局，谁就将拥有领先的话语权。因为房地产界的C2B定制时代风口已来临。

智能家居成为房地产智造的必备品

中国房地产进入存量市场时代，也进入了后开发时代，市场重新回归理性。"物业经营"模式将会改变房地产整个的结构和战略。依靠智能社区与智能家居系统来实现物业价值提升，也是房地产开发企业重点发展的方向之一。随着智能手机的普及和"互联网+房地产"模式不断升级，智能家居是让房企与互联网相结合的对接产品。智能家居以住宅为平台，将家居生活有关的设施集成，旨在构建高效的住宅设施与家庭日程事务的管理系统。大大提升了住宅环境的安全性、便利性、舒适性、艺术性，并实现环保节能的居住环境，并能以酷炫科技感吸引年轻人群。智能家居系统也可为开发商提供家庭服务入口和大量客户数据。而利用智能家居这个入口，向业主提供精准的物业增值服务。未来90后、00后逐步成为住宅消费的主体，智能家居的配备，给他们生活提供更多元的服务。在房地产市场不断饱和的未来，房地产开发企业可以借助智能家居的势头，在传统行业中开辟新的市场，为产品增加新的卖点、为产品寻找新的价值增长点。为此，显然满足市场需要的智能家居，已成为"房地产+"的下一个风口。

智能家居就是利用物联网等先进技术，在家庭物理场景下，家庭人文环境中，实现物物相连，构建智能化服务的系统解决方案，最终让家庭生活更方便、低碳、智能、舒适、安全、时尚、便捷等等。显然，未来万物互联将变成世界的常态，房地产开发企业如何跟上这新常态的步伐？住宅是智能家居实现的平台，从产业趋势来看，未来十年，智能家居将成为房地产的标配，智能家居就是通过对家居产品的联网和集中智能控制，来提升人们生活舒适度，降低能源消耗的智能化系统。有研究报告显示，2018年将有2.24亿个家庭，即全球12%的家庭，会安装至少一种智能家居系统。业内

专家预计,它迟早会像电视、冰箱、空调、手机、电脑一样进入千家万户。

智能家居产业的发展离不开房地产,房企不应该被动接受,而是要主动跨界,与科技界合作,参与到系统和标准的制定当中。随着越来越多房企加入探索,未来除了注重传统建筑质量外,智能家居系统的配备也将成为楼市发展的新方向。如同精装是当下房地产标配一样,未来没有配置智能家居系统的房子,就是毛坯房。房地产行业从来都对新经济增长点有敏锐的嗅觉。2015年,堪称智能家居发展元年。目前,各地产大鳄纷纷大规模进军智能家居领域。仁恒宣布牵手小米,在其仁恒·滨河湾项目二期将全线引入小米智能家居套装。方兴地产联姻腾讯、华远地产牵手360,万科的三好住宅也是智能家居的探索。智能家居正成为房地产开发商追捧的新热点。

至2020年,仅以智能家电来讲,其生态产值就能破万亿,智能家居的产值规模更是不可估量。从各方面来看,地产商与智能家居企业合作的条件正在不断形成。2014年起,恒大、万达、绿地、正荣、万榕等房地产开发商就分别同一些智能家居企业达成合作,完成和互联网产品、平台的对接,开始将智能家居理念融进他们的地产项目。这也将成为房地产开发企业下一个竞争的新战场。大风起兮,房地产开发企业是站在风口当中,还是风口之下,并不是个艰难的选择!

◆案例一:未来智能家居的蛋糕究竟有多大

智能家居不是什么新概念,20世纪末,以比尔·盖茨的智能化豪宅为样板,智能家居概念泛起。这一轮智能家居热潮,亦是由科技公司推动的。就在仁恒与小米牵手的同一天,谷歌I/O大会发布"Project Brillo"系统,进军物联网(IoT)和智能家居领域;而苹果在WWDC 2015大会上推出ios9新系统中,HomeKit首次引入iCloud连接功能,未来将允许用户通过iCloud实现对HomeKit相关智能家居设备进行远程控制,目前,已有数家家具公司对HomeKit 平台进行适配,宣称系列HomeKit硬件产品将发布。更为重要的是,进入2015年,智能家居已经不再空谈概念,不再是空中楼阁,而是开始落地,理想开始照进现实。

比如硅谷公司Marvell的MCU + WiFi智能物联模块，已经被用在小米插座、小米空气净化器等智能家居产品上，以及格力、志高、TCL等中国公司的空调、智能厨电等产品中。更快一步的海尔，更是提供了完整的智能家居的解决方案。

而且，智能家居的入口争夺战已经打响。那么，未来智能家居的蛋糕究竟有多大？数据说话。根据华为的报告，2025年全球将有80亿手机用户并将有1000亿终端的连接，其中90%以上将来自各种智能的传感器；而研究公司IDC更乐观，其预计到2020年，将有超过2000亿台设备连入互联网；奥维咨询相关数据更加可怕，2014年智能家电生态产值为1600亿元，到2020年综合硬件、软件、平台应用、内容服务等产值将突破万亿元。

2015年一季度房地产精装修工程市场主要涉及的家电家居产品有十余项，根据配套情况分为三个等级：一级配套产品为工程项目配置率高达90%以上的产品，其中橱柜、坐便器、吸油烟机和灶具已成为精装修产品中的必备产品，成为一级配套产品，在不同类型的精装修产品中均有配套；智能家居、消毒柜和热水器为二级配套产品，其配置率在40%—60%，智能家居作为市场新宠，在一季度被精装修开发商重点关注，在二级配套产品中排列首位，配置率高达57.5%，接近60%，也就是说一季度监测的191个楼盘20多万套的精装修楼房中，有100多个楼盘11万套的楼盘配置了智能家居产品。

去年房地产精装修楼盘出现智能家居配套的情况还较为罕见，2015年一季度通过对25个重点城市的监测，发现具有智能家居功能的楼盘已经不再鲜有，监测城市中70%多的城市已经开始推广智能家居楼盘项目，其中，东北地区大连、沈阳、长春一季度精装修项目全部为智能家居配套楼盘，其次，广州、福州、武汉等城市也超过80%的项目配套智能家居产品，可见，智能家居项目不仅仅是在一线城市应用，二线城市需求反而更强，总体来看，50%以上的城市智能家居配套率均超过了平均水平53.4%。

2015年一季度奥维云网（AVC）研究数据显示：精装修房领军企业万科，在智能家居项目的合作上又领先了一把，一季度50强房地产企业精装修项目中，万科智能家居配套项目占比高达36.2%，其次为保利置业、方圆、保利地产、碧桂园等企业，但配套占比均在10%以内；非50强房地产企业中，广州兆

霖、海南海陵、富力地产智能家居项目占比较高，另外，地方性地产公司针对高端项目也均朝着智能化方向打造楼盘吸引消费者，未来需求潜力巨大。

目前房地产市场仅是精装修已无法满足人们对于家居舒适化的需求，通过配套智能化产品来提升房屋自身的附加值来吸引购房者，智能家居将成为房地产企业提升楼盘品质与销售卖点的新砝码。而过去的智能家居产品消费一直停留在高端别墅区，通过装修工程和智能家居项目配套进行销售的模式，未来，智能家居消费群体则明显向普通消费者转移，智能家居市场应用将出现从高端个人用户到大批量多用户群体转移。因此，智能家居成房产销售新卖点，为房地产的软性价值开发注入了活力，精装修房将成智能家居普及最有利的推动者。从家居用品智能化到智能家居，移动互联网技术的快速进步，正在为房地产开发商提供更多的想象空间。

◆案例二：智能家居享受智能生活

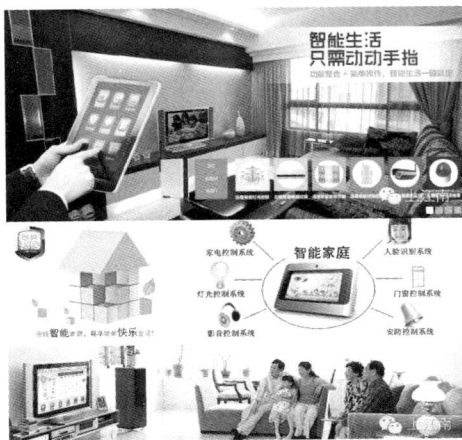

"还没到家，空调已经调到最舒适的温度；起夜时不用摸黑找开关，床边感应器会自动为你打开夜灯；出境十日游，家中安全通过手机随时查看；小孩一人在家，不担心水电燃气存隐患……"

万榕地产旗下的万榕·上江南项目智能家居样板间为业主配套的智能设

备远不仅仅这些。智能家居享受智能生活。首先，我们认为智能家居的配备是能够让业主真正享受智能的生活，这当然也是随着移动互联网的时代的到来，移动智能生活才得以能实现。

第一道是安防控制系统：门禁与物业安防系统24小时相连接，可自设报警，最大保障业主居家安全。入户门锁选择指纹与密码锁，家人省去带钥匙的烦扰；猫眼安置智能自动拍照功能，只要有人在门口停留五秒钟，就能抓拍下来；在客厅里安装红外线的摄像探头，只要有人进入，就会自动跟踪开启，远程提醒智能手机APP，这些智能家居的设备能让你的居家住得放心与舒心。

第二道是家电控制系统：可通过远程控制家里的所有家电，配置的小米空气净化器将在设置时间自动开启，电视和影音将按你设置的时间自动开启并能控制你要看的资讯与音乐，通过智能预约，早饭也能让你按时吃上。智能家电的用途还不止这些。

第三道是灯光控制系统：可通过你随身带的智能手机或IPAD终端控制家里的所有灯光系统并能设置场景模式，未到家之前，客厅走道路光已开启，出门不用操心关灯，可以进行设置10秒后自动关闭，晚上不用你从床上起来，灯光系统将为你设置夜间睡眠模式。这些智能家居的配备真让你享受到物质带来的幸福生活。

第四道是门窗控制系统：不管你在国外，还是在外出差十天八天，都可通过移动智能手机远程控制家里的门窗系统，让它自动打开，使家里能吸吸新鲜的空气，而后再设置自动关闭，同样，当清晨时，已自动设置好时间的窗帘与门窗将为你徐徐打开，让你心旷神怡地感受到新一天的到来。

当然，万榕·上江南项目配置的智能家居样板间还有智能互联网可视电话全世界免费任你打、智能扫地机、智能垃圾筒等等智能家居设备，当我们配备这些智能家居设备时，开启使用之时，真是难以想象我们已经进入了曾经只有在科幻片才能见到的场景，如今它已实现在我们生活当中，从以上的智能家居设备场景中我们正享受智能的生活，这只是我们的3.0版，相信随着智能家居的普及化及共享化，智能家居会我们居家生活不可缺少的必备品，因此众多有战略眼光的房地产开发商提前布局智能家居是有现实意义的。

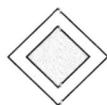

万物互联开启智慧社区

在互联网+时代，解决老问题用的不是钢筋、水泥和电线，而是云、软件和数据。目前我国5G低频技术外场试验网速峰值已超3.5Gbps，是4G网速的12倍以上。5G多址技术可达到每平方公里连接100万个以上的物体，相当于4G的几十倍，5G时延已达到毫秒量级，通信敏捷度是4G的10倍……在以云计算、大数据为主要特征的万物互联网，可以装备到各种物体之上，包括机器、电器、人体、动物、植物等等，它们收集这些目标的状态数据，再通过无线网络和其他的物体相互交换数据，形成一个"万物皆联网、无处不计算"的世界。

目前几乎所有科技产品，小到可穿戴设备、智能家居，大到智慧城市智能系统等都已经成为万物互联体系下的一个个分支。同时硬件的发展正呈现微小化、移动化和消费化三大趋势。当万物互联实现以后，所收集的数据将产生新的价值，可将其称为"数据的外部性"。在不侵害个人隐私的前提下挖掘这种外部性，将给全世界的经济发展带来巨大的机遇，极大地拉动人类社会的经济发展。

开启智慧社区是信息化社会、智能化社会的发展趋势和必然结果，也是国家转型升级、开展智慧城市的前提条件。智慧城市是一项国计民生的持续发展良策，也是符合国际化和未来化发展背景的一个朝阳产业，智慧城市要从智慧社区做起。"社区"是"城市"的基本细胞，智慧社区的实施是实现智慧城市的重要环节，是智慧城市建设的重要内容，实现信息和通讯技术令城市生活智慧化的目的，高效利用资源，减少对环境的影响，实现智慧技术高度集成、智慧产业高端发展、智慧服务高效便民、完成从数字城市向智慧城市的跃升。智慧社区除了对人们生活方式的改变，其中还

139

隐藏着巨大商机，已成为房地产开发商、物业公司等布局转型的方向。

随着互联网经济的崛起，社区服务体系迅速成为新经济动力，如何构建智慧社区模式，打造一个可持续经营的智慧社区商业模式至关重要。

1.智慧社区系统建设。智慧社区的建设包括硬件和软件两个方面：硬件方面包括智能建筑、微电子技术和网络技术，指各类智能化设备和信息化系统的应用，如绿色建筑、门禁系统、监控系统、视频通话系统、视频对讲系统、跟踪系统等，如：为了满足社区监管和安防的需要，应以GIS平台为载体，借助先进的物联网技术，对物业安装在居住小区内的众多静态摄像头和社区网格管理员收集的动态信息进行有效整合，实现社区管理无死角、公共设施数字可控、居住环境整洁优美；软件方面包括家庭内部的数字化平台、社区的智能化平台、城市公众信息平台的建立，主要指利用信息技术对医疗服务、电子商务、公共设施使用、健身、远程教育等各类资源进行整合，从衣食住行等诸多方面满足业主的需求。同时，社区需要通过一套多层次、可交互的电子政务系统，向上与地方政府相关部门进行无缝衔接，向下为居民提供网上预约和网上业务办理服务。

2.搭建O2O社区平台。利用互联网+，搭建以社区为中心开展的生活服务平台，整合周边的餐饮、购物、医疗和休闲娱乐信息，将服务深入到住户中去，为居民提供一站式的民生服务。社区O2O平台搭建可从三个方面进行切入：电商、服务、社交。第一，电商方面，包括在线购物超市、定向团购等，如在小区商圈整合传统商家，将传统商家进行电子化，把其商品植入到社区O2O购物平台；提供PC端、电话、微信、APP等多种购物通道和线上支付方式；自建物流配送团队等。第二，服务方面，包括社区咨询服务、家政服务、教育服务、快递服务、虚拟服务及一卡通整合周围商家等方式。第三，社交方面，包括社区社交互动、社区微信群沟通等。根据居住群体的实际年龄和职业特点，社区应该在内部构建一个灵活、多样的信息交流平台，为居民提供实时的信息播报服务，并促进邻里有效沟通。通过O2O社区平台的打造，聚集人气。

3.打造服务生态圈。打造良好的智慧社区服务生态圈，在信息化、数

字化的基础上,为居民提供更加贴心的全方位、个性化服务,提高居民的生活质量和社区认同感是智慧社区建设的最终目标,也是智慧社区建设的核心。真正意义上的社区O2O应是充分体现以人为本和可持续发展的内涵、具备智慧社区硬件与软件功能、整合各类O2O平台信息、将社区、家庭作为服务背景的生态圈。将移动互联网作为渠道提供物业服务,提供精细化服务和高端定制服务,使得业主对社区产生归属感和认同感,形成业主、物业、商家全面参与互动、共生共荣、相互促进的关系,提高舒适度和幸福度。从应用方向来看,智慧社区实现了"以智慧政务提高办事效率,以智慧民生改善人民生活,以智慧家庭打造智能生活,以智慧小区提升社区品质的目标"。同时促进了智慧城市的发展。

显然,智慧社区成为房地产行业当下的风口,房地产开发企业如能进行布局建设,将为后开发时代转型升级与存量房时代服务运营、提供增值服务创造可持续发展奠定基础。对于智慧社区这样一块"大饼",尽管各路投资人对其的理解不尽相同,但肯定的是他们已把智慧社区当成发展的新方向。

◆案例:和信天阶开创智慧社区

2016年6月5日和信天阶项目与万科物业,中国联通达成合作意向,将打造吉林省内首个智慧社区。和信天阶智慧社区科技范十足,涵盖13个大系统,108个设备子系统,包括硬件集成、综合布线、云技术、软件开发等专业技术,主要由智慧家居、智慧园区、智慧物业、智慧健康、智慧商城五大模块构成。在功能上实现了模块集成,突破单体模块壁垒,由传统的智能社区升级为真正意义上的智慧社区。

和信天阶智慧社区将打造以下五大智慧功能模块:

1.智慧家居:在互联网下,就可以通过手机APP远程操控。登陆手机APP远程操控家电、灯光、窗帘、电梯等,还可以根据自己的生活方式定制不同的情景模式,例如:选择睡眠模式+叫醒模式:晚上九点,当您慵懒地窝在被子里

时，窗帘为你自动拉上，灯光自动调暗，空调调到适合睡眠的温度，并设定好关闭时间；清晨窗帘轻轻开启，放任自己享受阳光叫醒服务，热水已经烧好，随时可以沐浴更衣，一切井然有序。

2.智慧园区：和信天阶除了入户门需要业主用钥匙开启，其他所有的门禁都可以通过手机刷卡，自动放行。除此之外可以通过手机操控远程开锁，忘记带钥匙也不烦恼；也可以远程查看宝宝在园区里玩耍的状态。

3.智慧物业：有事需要帮助，点开手机APP直接对物业下单。物业何时接单、谁来负责具体工作、预计何时完工都可以时时回馈，工作派发一目了然，工作进度全在你掌握。智慧物业直接、高效、流程可见。

4.智慧健康：在园区就可以实现体重、血压、心脏、脉搏等健康检查，检查结果自动发送到手机，可以时刻了解家人、自己的身体变化。

5.智慧商城：业主可以随时随地浏览商家信息，在线下单，送货上门，时尚购物足不出户。

和信天阶五大智慧功能模块全部围绕客户生活轨迹打造，力求在改变市民生活模式、居住模式、消费模式、出行模式的同时，分享万物互联给我们带来的便利与美好生活。

和信天阶智慧社区还与万科合作，将系统的全面从社区到数字家庭的建设，包括访客门禁管理系统、智慧云停车管理系统、数字智能家居控制系统及自由自在的社区O2O生活。总之和信天阶智慧社区与万科、中国联通之间的合作是迎合万物互联的未来发展趋势而进行的前期布局。作为吉林省首个智慧社区项目，为公司未来发展注入了新活力，同时也为省内智慧社区树立了新的标杆。

城市更新下的二次改装、互联网家装的兴起

一、城市更新下的二次改装兴起

2016年3月末，中国商品房待售面积达7.2亿平方米，增长15.7%，达历史峰值，住宅占据63%。有人甚至说："有些库存只能炸掉。"另一方面，我国总人口数1/6的流动人口中，超过一半是80后，高额的房价导致其中超过1.3亿的年轻人选择租房居住。然而如今，年轻一代已经不只是想满足"住"这个基本需要，在朋友圈疯转的一句"房子可以是租来的，但生活不是"便是印证。还有一些暴红的影视剧如《欢乐颂》讲述合租房里的精彩故事，推波助澜下租房市场也变得更加火爆起来。

中国房地产市场发展进入深水期，一二线城市市中心可供新建开发的土地进入枯竭期，增量房开发逐步进入瓶颈期，存量房慢慢已成为住房的主流。市中心存量房因建造年代久远，房型结构不合理，装修过时等等原因，其内在价值被严重低估，亟待改造升级，开始逐步进入需集中改造升级的窗口期。国际大都市如纽约、伦敦、巴黎、东京等城市所经历的旧房改造历程，中国的一、二线城市也将开始经历了。随着互联网+时代的到来，物联网、智能家居、智慧社区越来越普及，青年人的喜好和生活习惯使得旧房和整体出租的公寓及公办等场地需进行翻新才能满足他们居住、工作的需求。在这种环境下，自家旧房和青年公寓短、长租模式兴起的出租房等城市更新下的二次改装或改造成为必然，如此一来，旧房的二次改装或改造市场将迎来巨大的发展空间，成为风口。

但这些老旧物业的房东或持有方因其视野局限、改造能力有限、不具备运营能力等原因，无法充分释放旧物业内在的价值。而越来越多的中

小型房地产开发商在房地产现有格局走投无路时，目标投向城市中心的存量房、历史悠久的旧房或旧空间，通过二次改装把它从现有的这种方式中拯救出来，做一个价值提升，让它变成更符合现代青年人的生活方式的"新房"，相信会有很大的发展机会，不管如何，二次改造旧房和更新城市的时代已来临，总体来讲算得上是一个大趋势，也响应了政府更新城市面貌，转型智慧城市的战略要求，同时开发商也成了"特种"城市服务运营商，如此一来，转型或布局旧房二次改装也是顺势而为，抓住了当下的风口。

二、互联网家装模式的兴起

随着互联网+时代的到来，各种传统行业的商业模式都受到不同程度的挑战。在家装领域，作为年轻一代的80后、90后的用户成长到安家置业的年纪，他们可选择的家装服务是什么样的呢？用户从选择装修公司到选材购买，到装修施工的监管，再到售后维权，整个过程耗费大量时间与精力，效率低体验差。毫无疑问，这种传统的家装分散型服务及效率已然无法满足如今的用户需求。对80后、90后来说，他们是互联网的一代，同时也是经历了工业社会走向信息化社会的一代。对他们来说，"麻烦"与"耗时"是他们最讨厌的体验感受，这一代用户的消费习惯已经从最初的信息服务走向一站式服务模式。而互联网家装是在"互联网+"的背景下，借助互联网思维和互联网工具，改造装修中存在的问题，通过去中介化（装修公司）、去渠道化（实现F2C集采）及标准化（部分个性化），优化并整合装修产业链，提高运营及管控效率，降低产品及服务成本，改善传统装修的用户体验，让装修变得简单、透明、精致以及科技化、智能化且性价比更高。可以说互联网家装是回归用户的需求，也是互联网+时代下的产物，也是物联网发展、智能家居普及倒逼传统家装，不断改进创新思路、不断提升服务，最终满足新一代年轻用户生活方式上的不同而改变的结果。

互联网家装模式及平台的兴起，背后的魔力是国内家装市场万亿级的

"大蛋糕"。互联网家装堪称一片蓝海。近两年来,互联网家装风起云涌,国内各地纷纷崛起。互联网大佬、房地产开发商、品牌建材商城、家装领军人物等,纷纷投入巨资整合家装,扛起互联网家装大旗,甚至有知名的网站自己成立家装公司,也开始线上线下互联网家装。

家装行业将近四万亿产值的归属,不容置疑是一个大产业。互联网与家装,用互联网搭建成一个平台,在这个平台上,还应该有更多的与家装有关的品类,延伸互联网家装产业链,同时发挥平台协同效应,构建生态系统。互联网家装在资本驱动的同时,还要把握商业模式的创新,将一切都聚集在用户价值之上才是根本。只有用户价值的释放才是真实的,这才是互联网家装真正需要努力的方向,也是互联网家装真正的核心竞争力。从互联网发展趋势来看,重服的泛家装市场将成为电商第四阶段的主角,家居家装O2O也会成为本地大宗生活类电商的最后一块耕地。还有家装流量入口的争夺、VR及3D云设计技术的应用、家居商品的F2C模式、移动互联网技术在装修过程中标准化服务施工和监管的应用创新,都将成为未来互联网家装市场激烈竞争的环节。另外,随着移动互联网的迅猛发展,家装的入口价值日益凸显,谁能在巨头进入、行业洗牌时提前完成布局,站稳脚跟,谁就有了后发优势。

目前布局互联网家装及平台的各种大咖呈现出全产业链切家装入口的态势,电商巨头(京东、淘宝)、家电巨头(国美、苏宁)、家居渠道(居然之家、红美)、家具厂家、媒体、工装巨头(洪涛旗下优装美家)及以齐家网为代表的垂直互联网家装电商平台如:齐家网,前身为上海团购网,是专注于装修、建材、家居垂直领域的电子商务平台,通过O2O模式和互联网技术为网络家装用户提供更低的价格、更高品质的产品和更好的家装服务,帮助业主实现轻松、放心的家装体验。已经完成了5轮融资,投资方包括:鼎晖创投、百度、兰馨亚洲、元禾创投、广发证券等等投资机构。目前已在全国115个城市建立分支机构,服务用户近1000万户。创始人邓华金曾公开表示,2016年扩张300个城市,2017年业务将覆盖1000个城市。还有以美家帮、爱空间(小米旗下顺为资本6000万注资)、蘑菇装修为代

表的极致互联网家装平台等等。面对各路大咖纷纷进军互联网家装O2O领域，以万科、恒大、碧桂园等为代表的地产巨头也终于忍不住了，万科牵手天猫进军互联网家装，而恒大则通过与海尔合作进军互联网家装、碧桂园投资橙家互联网家装品牌等等。真正刺激到这些房地产巨头进军互联网家装的是小米（当然与房地产行业密切关联的4万亿家装市场空间才是动力），小米欲通过家装进军智能家居，甚至是智慧小区，这对于地产巨头们来说既是一种噩耗也是一种机会，他们自然不能放过。首先，从实力上来说，万科、恒大、碧桂园等地产巨头自然非一般公司所能比，尤其是他们多年来在房地产方面的开发经验，足以让他们在家装领域得心应手。其次，万科、恒大、碧桂园这样的地产巨头具有强大的品牌影响力。

当然这对于中小型房地产开发转型或投资布局互联网家装也是机会所在。

◆案例：房地产开发商遇上互联网家装

房地产市场风云变幻，有一点可以肯定的是房地产市场已经进入了存量市场，甚至有业内人士称，2015年是房地产存量市场的元年，存量不再是趋势，已经成为事实，房地产开发商也难逃产品创新与升级的转型困境，在房地产转型的时间节点上，家装行业也在悄悄地被互联网所改变，房产经过多年发展已经进入3.0时代，互联网家装发展一年多以来也开始进入了家装2.0时代。两个行业都处在转型的关键时期，房产遇上家装，又会绽放什么样的光芒？

房产3.0时代遇上家装2.0时代，在房地产处于转型的关键时期，很多房地产开发市场都在存量市场中间玩新花样；在房产1.0时代，房产开发商只为业主提供毛坯房，通过销售房子来赚钱，没有其他服务；房产2.0时代，房产开发商逐渐进入了硬装领域，开始销售精品房，这样利润空间也会更大一些；房产3.0时代，房地产开发商提供的硬装服务已经无法满足消费者的需求，跟不上时代的步伐，所以开始朝着为用户提供"毛坯房+硬装+软装"综合一体化方向发展。布局家装行业的房地产开发商应该不止这些，未来肯定还会有更

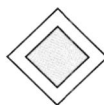

多房产开发商进入家装领域，这也是2016年互联网家装发展的一个大趋势，房地产开发商业务延伸抱团取暖是一个发展方向，存量市场下的发展现状，房产跟家装都处于一个非常关键的转型节点，新消费场景下，产品创新与升级势不可挡，在互联网+环境下肯定会创造更多的可能。第一，自身原有主业务延伸，在开发楼盘的时候会有一部分精装房来服务不同的客群，基本上都是标准化的配置，这样的服务会引发一个问题，就是业主的个性化需求被抹杀，在越来越讲究个性化的同时，这种业务模式显然无法适应时代的发展需求；第二，就是前面刚刚提到的那些房地产企业，这是互联网家装加速发展时期下产生的一种模式，而这种模式的特点多是以战略合作，共同投资的形式切入，很少有房产开发商自己出资成立一个家装平台，这样重资产的模式已经越来越不受欢迎，轻资产平台模式越来越受青睐，这样也有利于打造资源共享，多方共赢的局面。

房地产转型做互联网家装虽然与原来的主业务相关，对于开发商而言，具有一定的品牌效应和平台效应，产业链资源和供应商稍微有些优势，但不可否认的是转型之路其实并不轻松，做家装会牵涉更多的细节性的问题，面对C端用户，多样化的需求可能会使得无法实现规模化的盈利，而且现在互联网家装的出现，房产试水做互联网家装更加考验系统化的服务能力，站在家装层面，其实房地产开发商与互联网家装创新平台都是站在同一个起跑线上，关键是看谁跑得快，跑得越快，吞噬的市场就会越多，对方的压力就会越大。房地产开发商转型之路不是趋势，已成事实。

通过前面的总结可以发现，房地产开发商转型已成为不可否认的事实，对于行业的众多参与者而言，势必会产生一种压力，财大气粗的房地产开发商对行业也有一定的冲击，主要分为两方面，其一，对于传统中小型家装企业的生存问题，越来越多的参与者进来，其实大都是打着颠覆的名义而来，传统中小型家装公司更应该感受到压力的存在，更多的需要思考，在互联网家装的风口下，如何进行自我革命，如何进行自我升级，甚至可以考虑拥抱互联网，与房地产开发商联合打造属于自己的英雄联盟，为其提供一些配套服务，当然，前提是打铁还需自身硬；其二，对于互联网家装创业型平台而言，压力也在所难免，

不过这个市场的确够大，也无须过多焦虑，更多的需要思考如何完善用户体验，如何让用户更具黏性，通过系统化的服务让平台自身更具系统竞争力，切实考虑用户的真正价值，一步一步深耕一定会有成为大平台的那一天，即便是真的有与房产开发商合作的机会，前期实力的构建也会有更多的筹码。

在房地产处于快速转型的重要阶段，家装也在快速转型，面对新一波的互联网浪潮以及4万亿人民币的大市场，无论传统中小型家装企业还是新兴互联网家装平台，都要学会如何在转型过程中创业创新，这也是转型最核心的驱动力，而且房产行业跟家装有很大的关联性，在创新的推动下必然会产生核聚变式的化学反应，在互联网+的渗透下，整个房产行业与互联网家装行业必将拥有更持久的生命力与更大的想象空间。

房地产C2B个性化定制时代的到来

以往的房地产开发，从地到人，在房子这个商品生产过程的整个链条中，消费者都没有知情权或参与权，当中国经济发展到一定阶段，随着消费者等级不断地提升，购房者对房地产产品的需求分化将越来越明显，同质化的产品将不能满足个性化的需求，以消费者需求为导向的"C2B"个性化模式将取代现有的"B2C"同质化生产模式，个性化的定制需求将成为必然。

房地产产品个性化定制化阶段，众多购房者的地位将骤然提升，迎合消费者主权时代的到来，他们可以花更少的钱，获得更符合自己生活方式的房子。对于房地产开发商来说，这种方法可以节省营销费用，降低库存风险，当房地产开发商面对一个需求精准的客户订单，身份会马上转换成"服务商"，这也符合当下整个房地产发展转型的方向。

随着"互联网+"时代的到来，智能家居的发展和万物互联时代大数据的到来，为这种颠覆性个性化定制的模式提供解决问题的技术手段，提供了完全落地执行房地产个性化产品定制全部的可能。房地产在产能过剩时代，房地产开发商用批量生产房子这种方式，风险已经很大了。

2015年11月，中央财经小组会议上，习主席提出"供给侧改革"五个字，暗含出中国改革的方向将转变为C端（消费端/需求端）进行经济拉动，而非之前更多依靠政府行为的推动。现在随着国家供给侧改革落地的深入与柔性化生产模式的开启，适应C端，意味着B端一贯的思维方式要进行转变。C2B是未来必然存在的模式之一，是去中心化的必然。同时也是房地产后开发时代升级和转型的需要，谁能提前把握，提前进行布局，谁将拥有领先的话语权。因为房地产的C2B个性化定制时代风口已来临了。

◆案例：Ｃ２Ｂ个性化定制时代平台ＥＬＡＢ的开启

一、房地产市场正从开发商黄金时代过渡到客户（消费者）的黄金时代开启

房地产市场内忧外患呼唤变局，产品同质化呼唤变局，客户（消费者）为获得更好的居住环境也在呼唤变局，而"互联网＋"下的新技术、新思维、新模式也在催生变局。房地产在这风口当下，当"以客户为中心"去展开所有关于房地产的思考时，就会发现大量的客户（消费者）需求没有被满足，大量的蓝海没有被开辟……

之前中国房地产的开发始终以土地价值最大化为核心，所谓房地产黄金Ｎ年是针对开发商而言的。未来，房地产市场将迎来客户（消费者）的黄金时代，也就是消费者的赋权时代，消费者将对房地产整个生态链的进化具有巨大的牵引能力、议价能力甚至是主导能力。

二、营销的本质是对人性的洞察和极致满足

营销或所有商业的本质都是对人性的洞察。一流的营销，一定是在创造需求，引发人性向上和追求美好。未来，客户的需求越来越个性化，移动互联网促成现实和虚拟的无缝对接，每个人的需求都可以基于数字化而被捕捉和分析，然后再用更精准、更匹配、更智能的方法推送产品与服务，快速地满足客户的需求。在数字化营销中，营销到核心层之时，营销即产品，产品即营销，并在满足人的需求的同时激发新的需求。例如，现在技术上已经能够实现"无人驾驶"，但消费者会喜欢吗？如果在一望无际的原野、非常漂亮的峡谷、海派公路，驾驶者会尽享驾驶的乐趣。但是，如果让驾驶者挤在四环路上，烈日下一动不动，到了一个商场一个小时都找不到停车的地方，驾驶者只会感到痛苦。所以任何事情都有两面性，有利有弊。技术与商业就是为了最大限度地解放人性，让人去做更多美好的事情，而把那些让人不舒服的东西都替代掉。

三、代言人：做客户价值和客户利益的创造者

房地产行业未来的新模式，无论哪一种，一定基于客户的痛点。痛点是所

有商业模式的起点。房地产市场进入客户时代，一定会有真正意义上的客户价值与客户利益的代言人，而蔡雪梅及她的团队就是第一个吃螃蟹的，这是蔡雪梅对自己的定位。她表示："这是我做了20年的房地产营销之后的选择，天时、地利、人和给了我一个时代去代言客户，为客户创造价值，让客户真正作为甲方，让客户真正拥有作为掏钱的一方该享有的权利。"

四、C端思维：新兴"购房模式"诞生

所谓的C2B，核心是C倒逼B，比如有两个房地产开发商——甲和乙，甲不公开楼盘信息，乙则进行公开，购房者会选择谁呢？开发商都不公开信息，购房者唯有不买的权利。但是如果某个开发商第一个把数据向消费者公开，就会获得非常大的公信力。这一点在汽车行业早就实现了，由于这么多年的激烈竞争，汽车行业已经普遍具有"互联网思维"。50%的顾客都是先在线上做了调研后，带着两三个备选方案去4S店里看车，C2B这个过程其实已经完成了。线上选型，线下签合同，这与现在房地产销售是完全不一样的流程。事实上，第一，汽车和房地产都属于大宗商品，价格都比较高，对二消费者说都属于谨慎度非常高的级别；第二，汽车和房地产都属于制造业并且需要进行研发、成本、生产管理，但是两者差别最大的汽车的工艺比房地产要精细得多。

因此可以汽车为例来说明未来房地产的"购买模式"，汽车比房地产要复杂很多，消费者可以根据车的价位、类型等，挑出两三个车型，因为汽车零件都是标准化生产的。首先看价格，其次看车型与品牌，最后看动力等。消费者即使不专业，也可以拉出匹配清单，可以看试乘、试驾的体验报告，去相关汽车论坛看使用者对它的口碑评价。在这样一个复杂的信息收集过程之后，他基本就有判断了，然后决定是要奥迪A6还是宝马5，就靠去4S店试驾了。这时店里的销售员对他进行促销已经没用了。房地产行业也需要这样的模式，当然不必像汽车那么复杂，但至少要公布一些关键要素：和人性最匹配的几个、和质量最匹配的几个等。

五、谁来定价：不是生产者，而是消费者

蔡雪梅的ＥＬＡＢ新平台会创造出无数个惊喜，也将解决无数个痛点。大数据时代，C2B平台上的营销会出现很多新的模式，比如数字化营销、营销自动化。未来营销到底会走向哪里？蔡雪梅的回答令人惊讶，未来价格不是由生产者定，而是由消费者定。传统营销不管根据什么策略进行定价，比如成本定价法、利润定价法，其本质还是生产者定价，但现在出现了按需定价法，如根据实际蓄客量与推盘量进行价格的微调，其依据是数据分析，这是大数据营销时代的1.0版本。到了2.0版本时代，不同消费者看到的价格将会是不一样的，其原理是通过大数据可以了解客户的消费能力。客户在商场里买东西，不同时段的顾客买到的价格可能是不一样的，因为可以依据支付需求程度来匹配不同的售价和折扣优惠度。如果消费者必须买尿布，商家定的价格可能就比较低以便大量销售；如果消费者不买尿布，商家可能诱导消费者给同事、朋友买，就采取"偶得"策略，把价格定得很高，这些都源于对需求和人性的揣摩。

六、一种新玩法：蔡雪梅的C2B模式

由于客户价值的重新再造，蔡雪梅并不认为房地产行业会走向末路，她将一直坚守在房地产行业。

（一）"房地产+"：寻找8个太空舱

在基本客户视角的房地产白金时代，价值逻辑会重塑，过去所有的定论，包括商业地产、办公地产的划分，未来将会趋同，不再以单纯的产业、行业、土地逻辑来进行人为的界定，而会以真正的客户需求和价值体验来进行土地价值的重新定义。蔡雪梅相信那一天一定会到来。同时，未来一定会出现整合全部专业工种的力量，会有创造全新生活场景的人。未来"房地产+"会有很多条路，C2B模式会让各种"房地产+"尽快地融合，催生新的商业模式和运营逻辑。在这个过程中，最重要的是找到现实和线上虚拟世界的那个接口，蔡雪梅把它称为"空间对接站"。

电脑插上接口就可以实现人机交互，未来人机会是一体的。基于此，"我们把房地产比喻为地球，移动互联和未来的数字帝国就相当于宇宙，现在我

们不知道真正的连接点在哪里，但在房地产虚拟和现实世界之间一定有一个接口，数字化带来的是虚拟的世界，而人生活在现实中的肉眼可见的世界，我要找到两者的接口，就像地球和宇宙之间要有一个空间站作为接口一样"。蔡雪梅的C2B平台ＥＬＡＢ，就是这个空间对接站。

某种意义上，这个平台要做的是一次星际穿越。虚拟世界不只是移动互联网，还包括数字化的生态、人工智能、大数据、云计算。在电影《星际穿越》里，由于外部生态环境的改变，人类无法在地球上生存了，所以才要去探索新的适合人类生存的环境，因此，蔡雪梅经常和她的团队讲："我们就是那个出发的空间对接站，我们在里面设立了8个舱，有8个引航员，每个舱都有连接未来虚拟和现实之间的最新技术，'房地产的8个+'也就变成了'8个太空舱'。"

（二）蔡雪梅模式：中国人生活方式的智能设计运营服务商

在平台通过各种措施积累了1000个客户以后，其于开发商的"博弈关系"，便成了供需关系，因为这时开发商的身份其实已经改变了，在1000个客户需求面前，瞬间变成"服务商"。蔡雪梅正在做的就是这样一个C2B的平台，它真正以消费者为核心，会给消费者更大的自主权，更多的选择权与知情权，同时，它也有一个响亮的名字——"中国人生活方式的智能设计运营服务商"。

这个C2B平台以定制开发为主，帮助开发商完成整个需求的开发。于发的是客户需求和与之匹配的全新生活场景，并且最终和开发商一起直接开发和生产。这个平台不拿地，因为开发商不缺地。蔡雪梅补充说："我们与开发商之间不存在竞争，我们是在帮助开发商，也不妨碍他们自己也这样做。从某种角度来看，可以说我们是一个专业的乙方。"

所以蔡雪梅给自己的定位是"未来中国人生活方式的智能设计运营服务商"，在真正意义上为客户代言。通俗地说，蔡雪梅与开发商合作的模式很简单：平台上有500个订单，描述了要做怎样的房子，如果开发商来做，其营销费用就全省下来了，其客户定位也非常清晰，这个有点像万达的订单模式，商家确定好之后，开发商按订单生产就可以了。C2B平台的本质是把房地产开发链

条中最核心、最有价值的部分和难题解决了，即客户从哪里来，需要什么。

（三）新玩法：众生理念下的C2B平台

事实上，国外的客户在设计建造房地产的过程中，参与的程度比中国客户要深很多。设计师会充分考虑客户的需求，在国外的社区，外观一样的房子非常少，但中国往往是几十万平方米一起建，全是一个模样。

中国的开发商以前不太需要C2B，但现在是产品过剩时代，他们开始迫切需要C2B，因为其购买的客户调查数据基本是没用的。而蔡雪梅要做的C2B平台，满足了这个时代的需求。

"我们先去开发客户需求，匹配客户需求完成产品定制，然后和开发商共同完成后续建造，这就是C2B的玩法。"在蔡雪梅看来，"这种模式下的客户，不是开发商，而是真正的购买者，我们和开发商共同满足购房者的需求，我们是C2B的'2'，即平台，我们是从C端到B端的，我们的客户是购房者，我们的合作伙伴是开发商，我们一起完成对购房者的精准服务。"

这个需求开发的产品究竟是什么样的？肯定会有很多种，比如基于各种功能的多变空间、基于不同场景的体验空间……但无论哪种，都是基于客户需求和客户期望去做的需求开发。客户想把家变成什么样都可以，有不同模式和版本可以瞬间切换，选好以后，5分钟后就变成客户想要的样子了，就像时装发布会上的春、夏、秋、冬季一样。对于家及办公空间，无论客户想要什么场景，都可以马上进入这样的空间里。当心情特别不好，特别想要一个托斯卡纳艳阳的模式时，可以瞬间实现。现在的户型，不管是几室几厅，它对人居住的空间进行了过度限定，这是客厅，那是卧室，购房者只能在事先被界定的空间里面过完一辈子。但是如果有一天，房子和户型都可以换了，比如说，一个120平方米的房子，购房者希望它是一室一厅，它就可以是；想变成5室，就可以变成5室，朋友亲戚来了，都可以居住，他们走了，还可以恢复成大空间，小孩子可以在里面开玩具跑车。这正是蔡雪梅正在研究和实践的方向——真正的多变空间。不再追求江景、山景，而是追求体验，未来的购房者都不会喜欢一成不变，而想让生命去体验全然不同的东西。

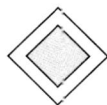

（四）切入点：从商业地产开始

未来，先建立一个类似京东商城的平台，然后慢慢搭建各条产品线，这是ＥＬＡＢ的终极目标。ＥＬＡＢ现在做的是商业地产，商业地产肯定比住宅更难，但ＥＬＡＢ是从20年后的生活场景出发来做的，用这个逻辑看来思考未来00后会如何生活，它就已经不再局限于单纯的商业地产，而是覆盖了所有地产。蔡雪梅认为，未来不会再有什么商业地产、写字楼，未来都是生活场景的构建，"从客户需求出发，这是我说的道，术方面我可以不断改变和精进，但是道就是我为什么而做"。

蔡雪梅强调："在我眼里不会再有什么固定的商业模式了，千万不要再用原来的商业模式禁锢自己，套住自己，非要区分出产业地产、旅游地产等。未来不去融合的，不去开放的，只会把自己越做越小。因为那样就违背了根本的发展逻辑，未来是一个开放、扁平、共生的世界。"

（五）加速器：研究未来最领先的生活方式和美好体验

对于C2B平台后期如何运营，蔡雪梅谈到以下四点策略。

1.代表客户

这个平台需要培育的过程，短期内很难迅速崛起，就如同淘宝网一样。这个平台最终代表的是客户的声音，是C端的力量，就是要把过去的"土地价值最大化"转化为"人的价值最大化"。在此过程中，蔡雪梅最看重专业的穿透力、客户需求的洞察力。以分步骤完成对客户需求和潜在需求，乃至客户自己都可能不知道的需求。所有开发和创新的源头都是客户的需求。

2.可复制的产品服务线

未来的开发会形成可复制的产品服务线，聚焦客户需求的开发，包括硬件、软件、场景、生命体验的开发。在实现过程中，最底层的是客户需求的N个细节模块，中间层是工业4.0，模式的模块化组合，而最高层也是客户感知和需求的，即组合搭配后的个性化生活方式。最高层是直接面向客户的，它是对客户需求进行感知的个性化、定制化产品线。

3.双向选择模式

这个C2B平台就像京东商城将冰箱品类分为双门与单门一样，未来会将

产品品类都梳理出来，并建立相应的产品标准，最终会站在购房者立场形成一定的开发商进入壁垒。例如，平台上的某个开发商偷工减料，需要投入1.6万元的房子，只投入1.2万元成本，平台也会打假，"惩罚"这样的开发商，或者直接将这样的开发商打入黑名单。所以这个平台不是所有开发商都能进来的，而会建立相应的标准，如开发商的专业水平必须能够达到行业70~85分，开发商的运营管理、集采管理、产品工艺与工程品质都是经得起考验的，如果开发商连这些都没有，还经营什么？未来这个C2B平台的信息采集，本身就是为了帮助客户做出更加理性的判断。

4.众筹众生的开发模式

现在最紧迫的是研究未来最好的客户生活场景、生活体验、生活方式，形成阶段性成果。需要强调的是，这个过程不是由ELAB单独完成的，而是由ELAB设计者和客户一起完成，然后进行开发。

七、为什么是蔡雪梅

对于C2B模式，为什么蔡雪梅是第一个吃螃蟹者？换句话说，蔡雪梅凭什么提出并实践C2B模式？

（一）凭借20年激情燃烧的营销岁月

在房地产界做过20年营销的人，在中国恐怕寥寥无几，而蔡雪梅就是其中之一。回首过去20年，蔡雪梅感慨几乎是每天扑在一线、忙到半夜、只睡4~5个小时的奋斗。20年的营销路，是蔡雪梅激情燃烧的岁月。房地产界很少有人比她更懂客户，蔡雪梅永远相信，所有的答案都在客户那里。蔡雪梅创造过许多营销奇迹，但她认为不在于自己的操盘术，而在于她始终和客户在一起，她能够清晰、快速地捕捉客户的需求。

（二）不同城市与业态的统筹驾驭能力

蔡雪梅曾经就职于华润置地、龙湖地产、世茂地产，这些都是全国性的企业。她操盘过的项目也涉及一、二、三、四线，整个房地产产业链，全业态，不同市场、不同客户、不同营销方法。因此蔡雪梅具有房地产全业态、多城市的客户需求开发与定制的丰富经验与驾驭能力。

八、蔡雪梅的小伙伴们

蔡雪梅的"星空战队"团队到底是如何组建的呢？

（一）C2B两大团队：移动互联网团队+开发团队

蔡雪梅表示："团队分工明确，核心是移动互联网团队+房地产团队，他们分别具备两类不同的基因，前者负责线上平台，后者承担专业的运营。我们做产品设计，这是核心工作。客户订单是什么，什么样的房子就出来了，在什么位置，里面格局如何……这些都不是纯粹营销公司能做的事情。"

在蔡雪梅团队中，很多人都是蔡雪梅的老部下，团队中最年轻的也已经跟随蔡雪梅5年了。他们在传统房地产界都已经年收入过百万元了，很多人放弃高薪出来，一则是对蔡雪梅的信任，二则是对C2B商业逻辑的认同，都想尝试做以前没做过的事情。

（二）成就跨界精英组合团队

房地产行业的颠覆者一定是跨界的组合团队，而不是像小米那样的互联网公司。未来，房地产行业真正的领导者一定具备极强的创新能力、对人性的洞察力、强大的从0到1的创造力。因为，这样的领导者首先要懂得人性。其次要有创新，还要有创造力，包括能落地的能力，领导者的思维系统一定不能只懂一个行业的某一类专业，所以蔡雪梅认为未来颠覆房地产行业的不会是某个人，而是一种精英组合。

（三）破解招人难的"降维打法"

人才是C2B平台的关键，这个平台需要更多的"蔡雪梅"，但行业里却很难找到更多的"蔡雪梅"。蔡雪梅并不认同这一点，如果再找几个和她一样的，确实很难找，但是如果把"蔡雪梅"的素质模型分解成10个，然后找对应的10个人。那就好找了，这就是人才的"降维打法"。关键在于能不能把相应的业务清晰地降维到个体，从而招到合适的人才。

蔡雪梅强调："未来是众生众筹众享时代，一起玩，才好玩。移动互联时代不再是一个人的时代，没有一个人可以搞定天下。移动互联网是草根的结晶，未来房地产的变革者一定不是某一个英雄，而是一批精英的组合，一个

新的生态链组合。"未来已来！蔡雪梅及其团队期待房地产价值链的另一种可能，更期待消费者赋权的时代尽快到来！"我坚信在产业互联网时代，定制模式将成为主流，整个房地产行业将迎来产业链的重构，属于地产行业的'白金时代'正在到来。"这是蔡雪梅对房地产未来的信念！

Chapter 8

第八章

房地产+共享经济风口

当下全球经济正呈现出一种前所未有的趋势：消费者之间的分享、交换、借贷、租赁等共享经济行为正在迅速增长，从eBay、Craigslist的交易平台，到Airbnb的房屋短租平台，再到Uber的拼车平台，共享经济——因互联网技术发展而崛起的协同式消费——正逐渐取代过时、落伍的传统商业模式，现已成为全球经济的大风口。目前世界各国高度重视发展共享经济，许多国家已确立共享经济的战略性地位，出台鼓励政策促进共享经济发展。

中国房地产产能过剩时代已来临，去库存已成了地方政府今后的头等大事之一，解决存量房、营运存量房将是房地产行业未来方向之一。靠土地增值的营运模式已经过去，靠存量资产运营、租金收入的提升来实现资产增值的模式将成为主流。以后房地产投资的核心能力是对物业真正的理解和定位，即如何通过高效、低成本、精准定位，真正把资产改造和运营好，从而产生稳定的租金（现金流）。共享经济通过盘活闲置的存量资产，提高闲置资源的利用率、降低整个社会的交易成本，这就会让社会资源配置更加优化、社会协同合作更有效率，从而降低大众创业门槛，让更多的人参与到创业创新活动中来，为"大众创业，万众创新"注入新活力。共享经济既能解决房地产存量库存问题，又能迎合政府的"双创"政策等现实问题，因而房地产+共享经济就成了当下的风口。

"共享经济"的兴起，YOU+、青年公寓等长租公寓商业模式及平台的出现，为这类房地产及住宅去库存提供了另一种路径。同时在国家层面，国务院发布《关于加快发展生活性服务业促进消费结构升级的指导意见》，其中提到，积极发展包括客栈民宿、短租公寓、长租公寓等在内的满足群众消费需求的细分业态。因此，以YOU+、魔方、优客逸家、蘑菇、自如寓、万科驿等长租青年公寓和以Airbnb、小猪短租、途家等短租共享经济商业模式迎来的发展的风口。过去的2015年，可称为中国众创空间发展的元年。依托于需求链的变化，创客和众创空间正在成为全世界范围内共享经济发展的新增长点，尤其是在去年全国两会提出"大众创业、万众创新"的背景下，"双创"成为国家顶层战略，为创业者提供服务成为传统房地产巨头转型的新方向和盈利点。因此以Wework、优客工场、SOHO3Q、窝酷等房地产+众创空间发展模式已经形成了新的房地产风口之一、形成了房地产行业新的商业运营模式。

全球"共享经济"时代来临

"共享经济"能在这两年迅速火遍全球，与"共享经济"的两个明星企业UBER和AIRBNB膨胀式的发展有着极大的关系。人们在追逐这两家企业的过程中，不自觉地把"共享经济"这个概念带入到生活中。UBER没有一辆汽车而成为世界上最大的出租车公司，AIRBNB没有一处房产而成为世界上最大的旅行房屋租赁酒店。短短的几年间，共享经济企业UBER和AIRBNB分别成为全球估值第一和第三的创业公司。2016年3月，UBER已完成最新一轮10亿美元融资，估值约达625亿美元。对于接受风险投资资本支持的公司来说，这是有史以来的最高估值。2015年12月投资者对AIRBNB估值为255亿美元。面对如此快速的市值增长，很多企业和个体都开始思考如何加入这一历史性的共享浪潮。"共享经济"利用已有的存量基础，从而萌生出新的商业形式。"共享经济"模式被美国《时代周刊》称为改变世界的十大想法之一。

事实上，共享概念早已有之。传统社会，朋友之间借书或共享一条信息、包括邻里之间互借东西，都是一种形式的共享。但这种共享受制于空间、关系两大要素，一方面，信息或实物的共享要受制于空间的限制，仅限于个人所能触达的空间之内；另一方面，共享需要有双方的信任关系才能达成。2010年前后，随着Uber、Airbnb等一系列实物共享平台的出现，共享开始从纯粹的无偿分享、信息分享，走向以获得一定报酬为主要目的，基于陌生人且存在物品使用权暂时转移的"共享经济"。

"共享经济"的本质是通过整合线下的闲散物品或服务者，让它们以较低的价格提供产品或服务。对于供给方来说，通过在特定时间内让渡物品的使用权或提供服务，来获得一定的金钱回报；对需求方而言，不直接

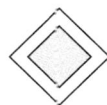

拥有物品的所有权，而是通过租、借等共享的方式使用物品。由于供给方提供的商品或服务是闲散或空余的，而非专门为需求方提供的。供给方从商业组织演变为线下的个体劳动者。因此，需要有一个平台对数量庞大的需求方和供给方进行撮合。因此就产生了共享经济的平台公司。与传统的酒店业、汽车租赁业不同，"共享经济"平台公司并不直接拥有固定资产，而是通过撮合交易，获得佣金。世界最大的出租车提供者（Uber）没有车，最大的零售者（Alibaba）没有库存，最大的住宿提供者（Airbnb）没有房产。"共享经济"的另一个核心特质是，所说的"共享"是指对个人闲置资源的共享。这一点在相当长的时间内，并不成为一个重要的问题。对个人所有的资源进行共享，并获得一定的收益，才是"共享经济"的核心实质。共享经济的优势。在"共享经济"的平台下，供给端的创造力被激发，他们更倾向于提供非标准化的产品和服务，以形成个人产品独特的品牌。

"共享经济"平台的极大优势在于。（1）整合线下资源：以Uber为例，它将线下闲置车辆资源聚合到平台上，通过LBS定位技术、算法，将平台上需要用车的乘客和距离最近的司机进行匹配。从而达到对线下车辆资源整合的目的。（2）降低成本，提升配置效率："共享经济"的出现，降低了供给和需求两方的成本，大大提升了资源对接和配置的效率。这不仅体现在金钱成本上，还体现在时间成本上。（3）提供非标产品：Airbnb以独特的民宿体验成为共享经济的重要平台之一。Airbnb并不致力于提供标准而廉价的酒店，而是通过bed&breakfast为顾客提供具有本地化、人情味丰富，或者独特的体验。Airbnb在瑞士雪山的缆车上提供豪华套房，在旧金山提供搭建于树上的树屋。由于Airbnb是一个开放的共享经济平台，随着平台的壮大，Airbnb的房屋出租者为了在众多供给方中脱颖而出，他们也在房屋的布置、装潢上更花费心思。他们为用户提供配备智能家居设备的房间、榻榻米屋、卡通主题屋等，或向用户介绍本地的独特娱乐、游玩体验。

共享经济核心机制。（1）动态定价：共享经济平台替代商业组织的出现，为服务/产品提供者可以进行相对自由灵活的定价的可能性。根植于互联网的共享经济平台,可方便供给方随时根据当前的供需调整价格策略,灵活定价。对供给者来说,只要共享的产品或服务闲置或未被充分利用,同时共享价格高于共享需要付出的成本(例如资产的折旧),就会有动力参与到共享经济中,并从中获得利润。(2)自由时间:服务/产品提供者可以自行决定对服务提供时间,而不需要受商业组织的制度限制。与传统的出租车司机进行白班、晚班的倒班制度不同,Uber/滴滴打车司机可以对自己的出车时间进行动态调节,甚至利用碎片化时间进行载客服务。而帮助司机从"上班"状态到"下班"状态,只需要触动APP上一个按钮即可。服务时间的灵活自由,带来了一批有服务意愿但时间不固定的劳动者进入市场。进一步拓宽了供给端的劳动者数量。(3)双向约束:无论是Uber还是Airbnb都打破了传统的用户(顾客)对服务提供者的评价机制,建立用户和服务提供者双方相互评价的体系。通过这种双向的评价体系,平台不断沉淀供给方和需求方的评价信息,成为平台最重要的一部分资产。帮助交易双方解决信息不对称,更好地完成交易。因此,劳动者不再仅仅是"低三下四"的雇员,而是和消费者平等的商品/服务提供者。这反过来又促进了劳动者有动力提供更丰富、独特的服务。

共享经济的出现条件。(1)移动终端设备的普及。2010年前后,移动智能设备在全球开始推广和普及,全球智能手机用户快速增长。1995年,全球手机用户数为8,000万,占总人口的1%。而到2015年末,智能手机用户达到20亿人。(2)支付的实现。以paypal、支付宝、微信为代表的第三方支付工具逐渐成熟,为共享经济平台的各类应用提供了极大的支付便利。对需求方和供应方而言,双方可以实现实时付款与收款。同时,在一些预付费的场景下,网络平台作为第三方也保证了预付费一方的利益。打车应用作为一种高频、小额支付场景,用户为获得两家公司的高额补贴,开始逐渐养成在APP上叫车的习惯,并开通微信或支付宝支付,由此带来的是移动支付通道被迅速打开。补贴大战看似耗资巨大,却帮助微信和支付宝用户形成移动支付的习惯,并为其他场景进行了铺垫。

在打车大战后,微信和支付宝先后向餐饮、零售、P2P转账收款等其

他小额支付场景进行渗透。（3）经济危机中的机会。2008—2009年，美国最早开始出现共享经济平台Uber、Airbnb。背后另一个原因在于2008年经济危机的出现。经济危机导致美国失业率在2009年达到9.3%。人均GDP增速达到-3%。因此，共享经济所提供的更廉价的服务受到用户的欢迎。（4）信息共享习惯养成。由于web2.0时代，带来的UGC、wiki等概念的火热，帮助互联网用户在共享经济的早期建立起共享的概念与习惯。目前，85后、90后被称为"互联网的原住民"。他们在成长过程中，最早接触互联网，使用互联网的应用。因此，他们很早便建立起在虚拟世界中共享、分享信息的概念和习惯。可以说，不仅是85后等互联网的原住民，随着互联网的普及，所有网民已经养成了在互联网上与全球共同分享信息的习惯。共享经济与住宿。在Uber改造了人们的出行方式之后，以Airbnb和WeWork为代表的房屋分享模式，则改造了人们对居住空间、办公空间的使用。在针对单个消费者的酒店行业，共享经济将原本标准化的酒店服务改造为极富个性化、创意感的房屋共享。而在针对企业的办公租赁业务上，共享经济则将筛选标准多样的、流程复杂的办公空间租赁碎片化为单个的工位进行出租。将原本非标准化的办公空间变为了标准化的工位。

可能很多人对这个词还有一点陌生，但实际上分享经济（共享经济）早已进入了我们生活，分享经济（共享经济）更是被视作下一个十年的商业模式。在政策层面的支持下，未来国内分享经济（共享经济）将迎来新的发展机遇。2016年，3月1日，由国家发改委等10个部委制定的《关于促进绿色消费的指导意见》全文对外发布。意见提出，支持发展共享经济，鼓励个人闲置资源有效利用，有序发展网络预约拼车、自有车辆租赁、民宿出租、旧物交换利用等，创新监管方式，完善信息体系。这些政策表明，共享经济已经成为国家刺激经济发展的强力手段，如同2013年国家倡导"互联网+"一样，"房屋+共享"的发展将会引起社会中一系列的量变与质变。

"共享经济"是全球生意。ＵＢＥＲ、ＡＩＲＢＮＢ已经成为视国界如无物的国际级颠覆力量。滴滴虽然发端于本土，也把"全球最大的出行"当作目标。共享经济渴求规模效应，以便更进一步降低交易成本、提升资源利用效率。随着共享经济的兴起，个别的、细微的消费行为变化经过集聚整合最终将会带来巨大的商业变革和社会变革。不管问题如何存在，共享经济已经成为横扫全球的经济现象。它会产生极其深刻且久远的影响，从整个社会到商业领域，乃至到我们个人。预计到2020年，全球预估"共享经济"效益可达6500亿美元。受UBER、AIRBNB等企业的影响，越来越多的企业加入到共享经济的大潮中。共享经济作为全球未来十年最重要的商业模式，将深度改变我们每个人的生活。除了Uber和Airbnb已经成为500和200亿美元市值的"超级独角兽"，还出现像滴滴打车、小猪短租、住百家这样的本土化共享经济代表。共享经济的核心是新社交的商业模式，利用闲置资产，并且通过UGC来不断生产好的内容。无论是打车、长租或短租、办公还是出游，共享经济所带来的变革才刚刚开始。传统企业可能不愿接受这样的现实，但事实是，如果我们不能顺应潮流，就势必会被淘汰，因为如此大的风口就在那儿！在共享经济全球化的今天，作为房地产开发企业的你和你的企业做好准备了吗？

◆案例：房地产开发企业如何搭上共享经济的快车

2015年中国迎来了自改革开放以来的第四次创业潮，在这个大众创业、万众创新的新时代，每天有1万多家企业被注册，平均每分钟就会诞生7家新公司。推动这股创业创新大潮的一个主要因素就是共享经济。

房地产开发的黄金时代或许告一段落，但是以房地产为基础的资产运营、增值服务、资产证券化、共享经济等新兴领域正在迎来黄金发展期，中国房地产行业与互联网"结缘"的时代才刚刚开始，中国房地产从单一开发销售向不动产多元化经营管理以及和资本市场真实对接的时代刚刚起步。

共享经济的迅速崛起和发展并非偶然，首先，产能和供给过剩等社会经济背景是推动共享经济发展的前提。回顾Uber和Airbnb的成长路径可以发现，这两种模式在全球跨区域实现快速扩张，至少需要具备以下四个条件：

一是一个可预期的全球化市场，文化差异和地域障碍并不会对跨区域扩张产生影响；二是有广泛的、有共同特征的需求；三是有可供整合和激活的产能或供应，且不需要做大量投资和建设；四是"轻资产公司"有快速扩张的商业模式。可见共享经济重新书写了价值创造的法则：分享资源会带来更高的效率，分享知识会带来最伟大的创新。"共享经济"的商业模式也为房地产企业的转型升级打开了新的空间。

共享经济的商业模式可以将房地产开发上下游的要素进行聚集，进而对产业链进行重构，形成新的生态系统。比如房地产开发环节中的每个参与者只需要借助互联网和移动设备，就可以进行人与空间、人与项目、人与人的连接，将原本封闭的资源寻找过程完全开放，竞争更为公平，这能为参与者最大限度降低成本。共享经济让社会上的任何机构或个人都可获得公平竞争的机会，谁最有能力、最合适，就会成为最终的"接单"者。未来房企工程、采购、物业管理都将是信息开放的、平台化的。将闲置的资源整合起来，重新激发出经济效益并形成新的经济模式的共享经济理念，对房地产企业的生产销售都会形成冲击与颠覆。

房地产企业的转型实际上是投资方向的转变，但在转型中有一点并没有变：就是哪里容易赚钱，哪里利润高，哪里就更有发展前景，资本就流到那里。以SOHO 3Q为代表的共享办公之所以很快被市场所接受和认可，说明了共享办公不仅是提供一张办公桌，后续配套的政策、融资、税务支持才是关键；致力于家庭旅馆的长租公寓提供的不仅是一个家庭住所，其附带的文化、家庭私厨、当地生活经验、社会角色阶层心得、向导、社交等才是重头戏。基于此，共享经济的下一步竞争是资源优化配置的再升级，以及通过企业商业模式本身，打破原有时间、空间、信息三维建立的生活习惯、消费习惯，帮消费者培养一种创新性需求生活消费模式，要做到这一点，房地产企业主们要具备一种热衷于技术与发明创造的"工匠精神"。在共享经济飞速发展的背景下，也需要积极探求向房地产的关联领域延展经营范围，提供更丰富的服务产品，从中找到新的盈利点。通过对共享经济商业模式的梳理，结合自身业务特点，我们可以得到这样一些启示：

第一，由售转租，缓解现金流压力。随着存量房的迅速增加，新建房交易量占比近年来不断下降。目前四个一线城市二手房交易量已超过新房，40个重点城市二手房占总交易量的比例已达40%，而三四线城市已明显出现住房过剩，未来各地楼市交易都将走向以二手房交易为主。伴随着楼市供求关系和交易结构的变化，国内房企由单一注重开发转向包括租赁在内的多元业务发展，已成为一种必然选择。以万科为例：目前租赁公寓项目将成为万科未来几年业务转型和发展的一个重点。万科于2015年12月初宣布尝试先租后买的营销模式，客户可以先租用万科开发的房屋，在未来购买该物业时，还可以将租金抵补部分购房款。这种长租公寓模式一经推出，在市场上引起了很大反响。长租公寓与住宅开发业务之间存在协同效应：长租公寓的租客是潜在的购房客户，可以为住宅开发业务提前锁定客户，进而节省开发项目的营销费用，而对长租客户"先租后买"，实行购房优惠，也可以推动长租公寓业务的发展。共享办公和长租公寓都是值得尝试的路径。这可以在短期内集聚未来房产的交换者入场，通过相关服务的提供带来良好体验，将这部分交换者转化为房屋的购买者。同时通过共享办公和长租公寓的实施，也可以提高房企资产运营能力，为房企未来的资产证券化业务的开展做铺垫。

第二，借助互联网创新，优化物业管理的用户体验，创造新的价值点。2015年12月万科物业与优步（Uber）宣布启动深度合作，在睿服务营运社区布点优步上下车站点（UberSTATION），改善用户出行时与司机的沟通问题，为业主提供更高效便捷的出行服务；并共同力推 "人民优步+"拼车服务，引导路线相近的社区居民启用拼车服务。此次跨界合作，通过互联网将汽车与房产进行有效连接，从用户场景出发连接关系，优化用户出行的最后一公里的沟通问题。在万科物业覆盖的住宅、商圈和办公楼，乘客只需要来到上下车站点，优步车主就能根据地图导航更迅速、更容易地"找"到乘客，提升用户体验。这样不仅方便了业主，更是为物业企业带来启示——作为一个城市服务商，如何激活、激发城市存量，来使城市升级换代，这是物业企业面临的课题。共享经济的商业模式帮助物业企业在关注业主住房和生活的同时，还可以向业主的多样化需求的满足上延展，如：教育、旅游、健康、养生等。帮助物业

企业在未来提升用户体验的同时，积极向关联领域拓展新的经营业务打开空间，也能很好地帮助物业企业找到新的盈利点。

目前房企的共享经济商业模式的想象力正在迅速被打开，房企要从拿房子赚钱转变为房子仅仅是入口、多维度盈利、共享才可以带来新价值。在未来的三年到四年之内，或许我们会看见大数据和共享经济在房地产领域迸发出来的巨大魅力。目前市场上除了潘石屹推出的SOHO 3Q产品外，创业人毛大庆、王胜江干脆做起了创业办公租赁的生意，毛大庆的优客工厂和王胜江的洪泰创新空间，都是针对创业者推出的办公产品。虽然推出的办公产品模式不尽相同，但核心都是解决盈利问题。对于共享式办公空间的现状与前景，戴德梁行华北区董事总经理王盛表示，共享式办公产业在国内具有很大的发展潜力，也将成为办公租赁市场上最具成长性的一匹黑马，业主们如何应对此类需求的增长，将会决定他们在未来市场中的地位。

共享办公已经让互联网+房地产有了更多的想象空间，除共享办公之外，长租公寓也获得了市场的青睐，继小米YOU+公寓之后，以链家集团旗下自如网为代表的分散式品牌公寓也获得了资本关注，如世联地产的红璞公寓、蘑菇公寓、优客逸家、青客公寓、魔方公寓、米果公寓等。在今天的房地产二手房市场占比领先，去库存压力很大，开发投资递增速度锐减的大背景下，2015年已然是楼市、金融、互联网最串烧的一年。房地产与电商结合、房地产向金融转型已经成了普遍现象。房地产过去那种固守拿地、盖房、卖房的传统思想已经没有市场出路，房企必须转换思路，调整战略，触角要不断延展。向关联领域延展，提供更丰富的服务产品是房企发展的新路径。

总之，你物我用，这是由"共享经济"衍生出的新一代共享式玩法，不仅仅只有房子和车子，在今天几乎所有东西都可以共享，从宠物寄养到船只租用、会议室租用，甚至是专业级宜家家居组装师……这种分享型产业正在不断崛起。共享经济已经成为一股不可忽视的力量，它让更多的住房、汽车、劳动力发挥了效用，未来它将更深刻地改变社会。

长租公寓新模式的开启

当政府提起房地产去库存的时候，我们首先会想到的是住宅市场。但实际上，商业、工业、集体用地等其他性质的房地产库存问题更严重。"共享经济"的兴起，YOU+、青年公寓等长租公寓商业模式及平台的出现，为这类房地产及住宅去库存提供了另一种路径。而这一切背后的逻辑，其实就是房地产行业的产能过剩，结余大量的存量房。房地产开发企业面对如此大量的存量房，需要找出路，对症下药。"共享经济"下的商业模式能更好地激活和盘活各类房地产存量房，通过利用、改造更多的闲置资源，满足多元化需求，达到去库存和盘活存量房的目的，从而使房地产开发企业在改造升级和转型及解决存量房方面找到一种有效的途径。

在国家层面，国务院发布《关于加快发展生活性服务业促进消费结构升级的指导意见》，其中提到，积极发展包括客栈民宿、短租公寓、长租公寓等在内的满足群众消费需求的细分业态。这是出租公寓首次被写进国务院的政策文件。至此，已经是国家第三次发布指导意见鼓励共享经济发展，其中，民宿、短租公寓、长租公寓等"房屋+共享"成为国家点名支持的行业。同时在"供给侧改革"屡屡被提及之际，面向青年群体租赁需求的长租公寓，成为资本和房地产开发商争相进入的新领域。资本的趋之若鹜，让众多房企更加看重这块存量房蛋糕。包括万科在内的许多房企纷纷涉足，而存量房的运营经营是众多房企转型的重要方向。千亿元大蛋糕、前景可期的长租公寓被资本市场青睐最主要的原因还是其背后的市场潜力巨大。在以YOU+、魔方、优客逸家、蘑菇、自如寓、万科驿为代表的青年长租公寓迎来的发展的风口。蘑菇继不久前"新派公寓"获得华住集团战略投资后，连锁集中式运营商魔方公寓宣布完成3亿美元的C轮融

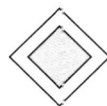

资，融资后估值高达10亿美元。在去库存的大背景下，频繁而出的政策利好，有望使长租公寓业站上政策支持的风口。长租公寓融资热的背后，凸显出政策红利给行业带来的巨大想象力。

去年年底以来，一系列利好政策的公布，使得长租公寓这一业态赢得了发展壮大的空间。今年的总理政府工作报告，不仅首次提出"建立租购并举的住房制度"等，还明确了营改增的时间表，并扩展到生活服务业。随着营改增的落实，公寓企业的税赋有望从以前5.65%的营业税，调整到2.97%的增值税率。18项行政性收费的取消等，对"省出来的就是利润"的空间运营行业来说，都影响巨大。因此"共享经济"下的YOUR+、青年公寓等长租公寓商业模式已成为房地产重要的风口（我们这里只探讨"共享经济"的长租公寓商业模式）。

与Airbnb、小猪短租等短租业态相仿，长租公寓一部分商业模式同样是互联网时代共享经济的代表之一。相对于常见的租房，长租公寓提供带装修和品牌管理的公寓，更强调租客的友邻社交。而庞大的市场需求也催热了长租公寓的发展。长租公寓行业正处于指数级发展的初期，国内青年租房的市场规模近8000亿元，每年仅新增的应届生租房规模就达600亿元。发达国家品牌长租公寓产业超过50%的市场占有率，而我国目前还不到10%，未来将保持高速发展。事实上，嗅觉灵敏的各路资本早已闻风而动。从参与者来看，除了在早期的风险资本投资的长租公寓品牌外，开始有越来越多的地产中介商、酒店商甚至房地产开发商来试水。比如，链家、我爱我家都分别发布了自己的公寓产品，华住集团在投资新派公寓前，就有自己的"城家"品牌，如家也推出了逗号公寓。近段时间以来，长租公寓领域开始密集出现房企的身影，如万科驿、橡树公寓等。预计今年内，保利、金地等地产大佬的集中式公寓也将推出。

目前，长租公寓行业获得利润的基本方式主要为通过规模的扩大，实现成本投入降低，进而实现规模盈利。通过金融产品获得利润收入，实现金融红利，以及提升品牌溢价能力，实现品牌红利。而不同的公寓品牌也有各自的精准定位和盈利模式。另外存量房去化，有益于资产盘活，对房

企来说，长租公寓能产生稳定的租金收入，也可以带来可观的现金流，较易实现资产证券化，便于企业进行资本运作，还可以为住宅开发业务储备客户、提前锁定客户。未来最理想的资产持有人应该是REITs。

◆案例一：共享经济下长租公寓：You+国际青年公寓

YOU+国际青年公寓，雷军只花5分钟斥资一亿入股You+国际青年公寓。便敲定了对You+国际青年公寓领投A轮融资的决定，并决定担任顾问。在他看来，极有可能是一项比小米手机更伟大的事业。You+国际青年公寓号称三不租，45岁以上的不租，因为公寓关注的是年轻群体、结婚带小孩的不租，因为房间和楼梯为单身成年人设计、不爱交朋友的不租。幸运的，这个有态度的公寓，在广州已有两个现成项目，房源共200来套，这个号称"让年轻人住在一起"的公寓究竟什么来头，邦地产独家探访，一起来瞧瞧。从广州海珠区的凤凰新城地铁站A口出来，绕过几个烦琐的路口，映入眼帘的是一栋在楼顶上挂着"You+国际青年公寓"牌子的八层大楼。"You+"的黄底灰字设计比较醒目，但整幢楼的深灰色外立面，又令它显得很低调，但不失时尚。

熟悉广州的人都知道，这个地段这里没有海珠区传统的热闹喧哗。站在这里观察了一下，道路两旁都是楼龄较大的小楼，除了来往的汽车，街道上没有太多行人，旁边是一个尘土飞扬的露天停车场。这就是我要探访的YOU+国际青年公寓。与其说是公寓，其实用"宿舍"来称呼更合适。这里一度是个小仓库改建而成的办公楼，然后又被改建成一个年轻人群居的公寓。让我意外的是，要进入公寓相当不容易。大门是一栋1.5米宽的玻璃大门，大门上没有钥匙孔，也没有刷卡器，我喊破嗓子，大门那边好半天没有动静。过了一会儿，一个身高目测有1.8米，留着胡须的壮汉出来迎接我。真让我意外，我以为他是门卫，结果他自我介绍说，他就是You+国际青年公寓的创始人刘洋。他打开大门旁边的红色旧垃圾桶，揭开桶盖，把一张黄色的门卡放到盖子背面一扫，"嘟"的一声，大门自动打开了。

我还在纠结这重机关，没过5分钟，我就发现，在这座You+国际青年公

寓里,不只是大门,通往小花园、健身房、公寓电梯等多处的大门,都暗藏着这样"狗血"的机关:有隐藏在消防栓里的刷卡器、有需要拉动弹珠机拉杆才能开门的机关。你一定猜不到,最有趣的是什么。那是一个由三色按钮组成的脚踏密码器,你必须按照预先设定的顺序,用脚依次踩下按钮,大门才能打开。没错,要拉动弹珠机的拉杆,旁边的大门才能打开。要按照预先设置好的颜色顺序踏下,否则就只能吃闭门羹了。我问刘洋,干吗搞这些设计?"这个设计,一方面是要防止陌生人轻易进入我们的公寓里,另一方面是通过新奇有趣的设计,为年轻人的生活注入更多的乐趣。"刘洋说,陌生人第一次来根本不明所以,这会给居住者带来最好的安全感和归属感,放松时才更容易交流。

You+国际青年公寓的定位是给刚刚毕业、漂泊在外地寻求发展的年轻人提供性价比高的住处,让他们能在这里认识更多的朋友,从而有家的感觉。走过重重机关,我看到了一个完全与众不同的公寓:一楼是一个宽敞无比的大厅,摆着桌球台,有健身房、小酒吧,还有个80寸投影电视的影视厅。与其说是大厅,不如说是年轻人的会所。刘洋说,You+国际青年公寓在设计上最大的特点,是从每一个房间里省出一点空间,从而做出这样一间达300平方米的大厅。做这么间大客厅是有目的的。住在这儿的,全是刚出大学的年轻人,有了这么个活动场所,他们每天下班后不用锁在各自房间里,而是在这里跟"家友"(You+赋予租客的名称)聚在一起,不管是喝酒聊天还是打桌球,或者看一部电影,要么就玩玩Xbox360,甚至举行生日派对和各种节日派对。

一句话,要的就是人和人在一起交流的机会。大厅配备的小酒吧"每天晚上九点后,这里可热闹了,什么玩法都有。"刘洋掏出手机,给我看里面的照片。最近的照片是前不久的万圣节,这里刚刚举办的一场派对,"家友"装扮成各式各样的妖怪:木乃伊、日本女鬼、生化危机里的丧尸,这群逗逼的"妖魔"开始还在客厅里互相玩,后来玩high了,竟然跑到大街上吓人,让You+经历了一个不眠之夜。从电梯上去,楼上的七层一共有100多套公寓,每个房间20来平方米,没有规定主色调,房间里配备了悬空架床、柜子与独立卫浴。房间的设计虽然简单,但每个房间都一定有一扇明亮的大窗户,完全不会让人有拥挤压抑的感觉。更重要的是,You+允许家友在房间里随意创作,增添各种设

计，甚至可以在墙上涂鸦，完全展现自己的个性。退房后这些设计还不要求还原，也不会扣押金！我发现，房间里都没有配备厨房。

刘洋说，多数年轻人没有自己做饭的习惯，所以You+有一个食堂，提供午餐和晚餐，一顿饭十多块钱，管饱。一楼也有一个公用厨房，让那些想炫厨艺又缺乏毅力的人可以偶尔下厨。是不是看着眼馋，也想来住住体验一下？刘洋说，You+国际青年公寓在广州只开了两家，分别在海珠区的凤凰新村和白云区的机场大道附近。多少钱啊？2000—3000元/月。这样的租金水平比周边同等面积的房子低一点点。价格并不是吸引年轻租客的决定因素。刘洋说，住在这儿的人，喜欢的不仅是时髦有趣的环境，更重要的是它能给年轻人特有的生活氛围。陈敏（化名）今年6月份搬进了You+国际青年公寓。他说，之前两年，他都住在周边的出租屋里，直到自己搬走，他都不知道隔壁邻居姓甚名谁，人与人之间的关系犹如隔了一堵厚墙。自从搬进You+，他一下子认识了一大拨来自五湖四海、年龄相近的朋友，每天下班后回到You+都是热热闹闹的，找到了大学时代住集体宿舍的感觉。"前天晚上，凌晨一点，我肚子饿了，在家友自建的微信群里喊了一声，一大堆夜猫子回复我：赶紧来我房间拿吃的吧，各式各样的食品都有，这简直把我乐坏了！"陈敏笑了。上个月有一次发烧在家休息，很多热心的家友给他送药，甚至煮粥送上。自从离开大学校门，他与邻居的关系就没有这么亲近过。

这种热情的生活气氛，其实不是自然形成的，背后需要很高的管理难度。刘洋说，You+国际青年公寓有一个"三不租"的规矩：一是45岁以上不租，第二是带孩子的不租，第三是不爱交朋友的不租。我问他为什么要设置门槛，岂不把自己的市场范围缩小了，这不是做生意的方法啊！他回答：前两条的设定是为了让年龄相近、生活习惯类似、刚在社会起步的年轻人生活在一起，这也是You+希望针对的细分市场；第三条规则其实是一个"考核"指标，"家友"在入住前会有一次面谈，喜欢交朋友的年轻人会更快获得安排入住，入住后You+也会给你一个KPI考核。什么？对房客进行考核？我感觉我是听错了。对，刘洋说，内容包括你要在一个月内认识多少"家友"，参加过多少次社区活动等等，目的是让居住在You+的年轻人敞开自己的心扉。此外，You+国际

青年公寓每个月都会举行很多社区活动，包括"五同"聚会（同星座、同乡、同专业、同楼层、同爱好）、家友的生日派对、节日派对（圣诞节、万圣节、光棍节）、户外活动（足球、漂流等运动），公寓的天台还特意建了两座烧烤炉，让年轻人充分感受到生活的乐趣。公寓大厅的墙上，挂满了"家友"各种吃喝玩乐的照片。但是，吃喝玩乐是为了什么呢？我在公寓里溜达时注意到，有不少家友拿着电脑在大厅里，似乎在讨论着什么东西。

刘洋告诉我，在公寓里有20%—30%的家友是创业者，每天晚上大家都会在大厅里一起讨论自己的项目进展和技术难题，很容易迸发出思想的火花。更重要的是，"家友"里有法律、营销、互联网、编程等领域的人才，一旦资源整合起来，能产生1+1＞2的效应。所以，这才是真相。通过租下一些位置不佳的楼宇，改造成公寓对外出租，这不算是什么新鲜的生意，但You+国际青年公寓最成功的地方在于，把冷冰冰的公寓改造成热烘烘的社区，把人与人之间的隔膜融化掉。刘洋告诉我，他年轻的时候也曾经历过在外漂泊的日子，一个人为了追寻梦想在异地生活，很清楚那种没有亲人、没有朋友的孤独感，在高房价、高房租的压力下，年轻人很容易失去生活的激情，或者陷于每天的无聊。You+的创立，就是为了解决这个问题，让这些年轻人即使在异地也有一个温暖的家。谁敢说，这不是一个拥有庞大空间的刚需市场呢？

"很多开发商都在宣称自己的社区服务是多么的好，但是等到房子一卖出去，剩下的只有冷冰冰的水泥墙。"刘洋跟我说，前段时间他跟雷军见面，雷军一再叮嘱他：You+国际青年公寓现在最需要的不是急着赚钱，而是用心地把这个年轻人的社区搭建好，要在明年落地更多的项目，让更多刚在社会起步的年轻人能加入到You+的大家庭。所以，You+正在筹备一个新的产品线——You+国际创业社区，是在You+国际青年公寓的基础上，给年轻创业者提供租金低廉的办公空间，让这群创意无限的人聚集在一起，实现资源整合，You+可以请来成功的创业者或者风投来交流，未来甚至可以嫁接资本帮助创业项目发展，形成一个创业孵化基地。

"这个项目我们已经做了五年，投资人看这个行业的角度都不一样，我作为局中人有几个感受。第一，YOU+这种行业有史以来就存在，因为没有人睡大街；第二，为什么YOU+出来之后会受到年轻人的热捧？是因为我们做了一个共享经济的动作，就是重新定义了他们的生活，尊重他们的生活，把他们生活中不经常用的面积拿出来，重新格式化他的生活，让他房间里面多余的面积拿出来跟所有人共享，而这种共享在一个城市里会提高他们在生活上的品质，同时他支付的费用又没有超出他原有的预算。另外，来这个城市的这群人，他们真正的目标当然不是为了住好的房子，他们来这个城市最终的目标只有一个，要发展，要追逐自己的梦想。那么，第一重要的就是人脉，要跟别人交流。所以说，目标一理清。如果你真正能把人和人之间的链接做起来，把他们希望的那种更多的附加值给到他，你做的事情才有价值，你才可以跟他置换其他的利益，这个时候才有可能是真的好的生意，未来可以有好的回报。"这是刘洋对YOU+国际青年公寓的总结。

◆案例二：550间公寓，3个员工管理，Co-Living青年公寓

"Co-Living"是介于学生宿舍和酒店之间共享式公寓，立足于伦敦的共享式公寓开发商The Collective已经在伦敦阿克顿区、卡姆登区、国王十字区、海德公园和诺丁山附近推行了这种模式，而今年5月新开放的The Collective Old Oak将成为全球最大的共享式居住空间。The Collective Old Oak位于伦敦西北方向威尔士登接驳站附近，建筑本身是由建筑事务所PLP Architecture从办公室转型改建而来的，有11层楼和550个房间。除此之外，它还有10,000平方英尺（约1000平方米）的公用区，包括健身房、spa馆、迷你影厅、图书室、餐厅、酒吧、便利店、洗衣房、工作室等多个空间，覆盖了当下年轻人的社交需求。有三位全职管理者帮助运营，可以预定私人活动或派对。公共房间的设计都符合年轻人的审美，很活泼。比如图书室采用全木质的浅棕色家具，书架和靠墙的座位相互穿插，营造温馨而安静的气氛。墙上还贴有黑白色版画风格的卡通墙纸，将空间调和得很轻松。而游戏室的墙面则换成了像素图案，黑白色的家具让空间显得更酷一些，这里适合棋牌类的桌面游戏。

　　这些地方都营造出一种出门即可社交的环境，他们想要达到即便是在投币式洗衣房里都不会让人感受孤独。SPA馆有桑拿室和按摩床，将由一家提供按摩预订服务的英国创业公司Urban Massage管理。在住宿区部分，采用了"twodios"两个为一组的形式，比如两个卧室分享一个小型厨房，但依然保留了独立的浴室和私人空间。房间内还包括一张双人床、桌子、平板电视、储物柜，是较为简约的北欧风格，更为居家。每一层都有大的厨房和餐桌，可供30到70位房客使用。与"Co-Living"的模式一样，这个公寓的年龄针对21到35岁的人群，按照每周￡250起的费用计算（人民币每周约2300元），它包括了租房费、纳税、WIFI、清洁费、服务费和窗帘等纺织品更换的费用。The Collective 创始人Merchant称不出意外的话人们都可以一直住下去。两个房间的分享式小厨房、楼层共享厨房和餐桌。The Collective Old Oak在主页上写出了"A NEW WAY TO LIVE IN LONDON"和"LESS TIME WASTED, MORE TIME FOR WHAT YOU LOVE"两个标语，着力于新的生活方式和节约时间两个方向。创始人Merchant认为年轻人已经习惯了方便，他们更在乎寻找到志同道合的人。The Collective联手PLP Architecture还将在伦敦东区Stratford修建30层高的共享式公寓The Stratford Collective，预计2018年完成。

众创空间崛起

　　随着移动互联网时代的到来，房地产行业产能过剩，盘活和激活存量房、化解库存，并能在移动互联网时代转型或改造升级，都是房地产开发商目前亟需面对的企业生死存亡的头等大事，移动互联网共享经济下的众创空间崛起，Wework估值已高达160亿美元、优客工场第三轮融资估值达到近40亿等共享经济商业模式众创空间成功运营，以及受到资本市场高度青睐且估值越来越高，已成为当下的一个风口。此时不少房地产开发企业纷纷踏足，通过尝试不同类型的房地产商业模式运营，找出路，因而当下的众创空间成为房地产转型方向，成为房地产又一个风口。

　　过去的2015年，可称为中国众创空间发展的元年。依托于需求链的变化，创客和众创空间正在成为全世界范围内共享经济发展的新增长点，我国众创空间也如雨后春笋般产生发展了起来。众创空间是为创业者提供低成本、便利化、全要素的创业服务，并开展社会化、专业化、市场化、网络化的特色创新创业孵化服务的平台。2015年，国务院总理李克强在国务院常务会议中首次提出"众创空间"的概念：众创空间是顺应移动互联网时代创新、创业特点和需求，通过市场化机制、专业化服务和资本化途径构建的低成本、便利化、全要素、开放式的新型创业服务平台的统称。它涵盖各类创客空间、科技企业孵化器、大学科技园、创业咖啡、国家高新科技产业园区以及新型的网络虚拟孵化器等。

　　一方面，众创空间包括那些比传统意义上的孵化器门槛更低、更方便的服务平台，为草根创业者提供服务；另一方面，众创空间不但是创业者理想的工作空间、网络空间、社交空间和资源共享空间，还是一个能够为他们提供创业培训、投融资对接、商业模式构建、团队融合、政策申请、

工商注册、法律财务、媒体资讯等全方位创业服务的生态体系。从而形成了创业者对众创空间的巨大需求。在去年全国两会提出"大众创业、万众创新"的背景下，过去一年"双创"成为国家顶层战略，为创业者提供服务成为传统房地产巨头转型的新方向和盈利点。房地产开发商介入产业孵化大潮的例子在近些年不断出现。除了招商地产外，华夏幸福产业园、世纪金源、SOHO 3Q、万科云城等都希望在"众创空间"上有所作为，同时借助股权投资形式寻求更大的价值回报。通过学习和借鉴以专注于联合办公租赁市场而闻名全球的美国wework模式，国内房地产+众创空间已经形成了新的房地产风口之一、形成了房地产行业新的商业运营模式。

现在，创业者和创新公司不再将众创空间简单地视为降低办公硬件成本的联合办公场所，而是愈发看中众创空间所构建的商业生态及其附属链条，以及自身在这一链条当中所处的地位。他们希望进入一种完整的商业生态，并在这一生态系统中，确定自身的位置，进而碰撞商业思想，创造新的商业合作机会甚至模式。在这种形势下，以优客工场、无界空间、36氪、洪泰创新空间、SOHO3Q等为代表的一批众创空间涌现，为梦想创业的人们提供了交流的空间，也为资本和创意的结合提供了平台。随着我国持续推进经济结构调整，创业环境不断优化，资本驱动不断强化，众创空间的市场需求也呈现出不断变化的态势，这给中国众创空间的发展提出了新的要求。共享办公的终极目标是做一个生态系统，更有效地服务于"众创、众包、众筹、众扶"的创业创新领域。由此可以看出，众创空间除了为企业提供办公场所外，最为重要的是能否为创业企业聚合资源，比如找到投资人、提供政策咨询服务等。因此，众创空间应该保持自身的特色，寻求差异化的发展。要在服务创业者全方位需求上下足功夫，即考虑到创业者的学习、创业、工作、产业、社交、健康、居住、生活等方面，以及基于这些方面的品质提升。服务于创业者，帮他们实现梦想，成就梦想。总体来看，众创空间单一"数桌子"的收租模式必将被淘汰。专家一致看好的是孵化器模式和创业加速器模式，它们都需要构造一种对内自足、对外开放的生态体系，这体现了我国众创空间的发展趋势。

在目前的7亿平方米库存里，有2亿多平方米是写字楼和商场，这部分库存和每年的消化量之比大概是1:1，另外每年还有3亿多平方米写字楼和商场竣工，以这个速度很难消化。众创的需求和存量的商业，正在寻找连接的方式。WeWork（联合办公租赁空间运营商）便是万科前副总裁毛大庆的创业方向。在毛大庆看来，做个"二房东"，就是瞄准如何释放空间资产价值，盘活存量商业。毛大庆的"优客工场"，通过与拥有存量物业的业主方合作，选择基础设施良好、配套服务健全的区域内的存量物业资产，通过合理改造，针对处于技术创新、创业初级或中级阶段的创业者，提供高品质、价格适宜的联合办公空间，为创业者提供从物业办公到管理咨询的硬、软件全方位服务。前万科执行副总裁刘爱明在今年创办的中城新产业（深圳）控股公司，则致力于成为一家为中小制造业企业转型服务的产业地产商。刘爱明介绍，深圳的中小型制造企业多如牛毛，都面临着转型升级的问题，中城新产业的核心能力就是进行产业研究，整合技术和资源，帮助其转型。

刘爱明今年6月创立中城新产业公司，提供的是为制造业转型、工改工、城市更新、未来空间设计提供产业地产服务。在毛大庆看来，创客空间的成长性，将会带来比甲级写字楼更高的潜在收益。"按照商业地产的平效（指每平的面积可以产出多少营业额）思路，创客空间更看重的是流动性。"他说，自己只会跟一批有存量资产的战略伙伴合作，只运营，不持有。毛大庆认为，政府应鼓励多种商业业态创新，有效利用社会闲置房产，"政府可以提供场地作为创业者的孵化器，如把提供场地、甚至提供财政补贴作为一种股权投资形式，然后用这个企业未来的增长来获取回报。"

由创客空间扩大而成的产业地产、产业园区，则为多个房地产开发商所重视。招商地产有关人士透露，招商在蛇口的南海意库便是改造旧厂房而来，目前不仅作为招商地产总部的办公用地，还用于出租各种办公、消费类商业。招商的这一"意库"模式，被诸多地方政府所看中，意库模式会被复制到其他一些城市，盘活当地荒废的产业园区。而房地产开发商主导或参与的创客空间在显著增加，包括万科、星河、SOHO 3Q、瑞安创智天

地以及众多小型房企在内，均瞄准了这一市场。

◆案例一：众创空间：WEWORK

联合办公空间WeWork前段时间宣布，公司刚完成一轮由联想控股和弘毅资本领投的4.3亿美元的融资，WeWork在本轮融资后的估值已高达160亿美元。到目前为止，WeWork的融资总额已高达14.3亿美元。国内类似的公司如氪空间、优客工场等也在如火如荼地发展，相继在最近获得了融资。

首先说下WeWork到底是干什么的。WeWork的运营模式是：从房东或物业经理那里租赁空置的办公楼层空间，将其装修改造后，转租给个人和创业公司，提供配有豪华办公桌椅、沙发、会议室、WIFI、会客室、打印室、零食和休闲设备的时髦公共办公环境，所有租赁入驻WeWork的会员都能享受到上面所有这些服务。这基本上就是WeWork在做的事情。注意，WeWork并不是购买这些闲置的楼层空间再装修转租，它只是租赁过来。

几种不同的会员服务分别针对创业公司、自由职业者和经常到其他城市办公的人群而打造。在会员收费方面，WeWork提供了三种不同的会员服务，分别是月收费45美元/月的"初级版"会员，95美元/月的"进阶版"会员和350美元/月的"无限量版"会员。三种会员不同之处在于可以使用办公区域的时间，并在会议室租赁以及工作信件签收等方面有所差别。人们都可以按照自己的实际需求选择购买不同的WeWork的会员服务。

WeWork不仅适合个人、自由职业者和小型创业公司，很多大公司其实也在使用WeWork的服务，包括美国运通、Business Insider和Merck等都又在WeWork里办公。这些大公司通常会在WeWork联合办公空间租用一个私密性比较强的办公空间用于办公，有的公司租的办公桌位多达100个。对于那些没有专门办公室的自由职业者以及不想自己单独在一个写字楼租房办公的公司，付费在WeWork办公空间里办公将是一个非常不错的选择，而且你还有机会在里面遇到和认识各种牛人和有趣的人。然而出乎意料的是，WeWork的估值其实是按照科技公司的标准去估值的，而不是按照一家房地产公司的标准去估

值。Boston Properties是美国最大的办公地产上市公司，目前拥有4700万平方英尺的办公空间，公司目前的市值为180亿美元。Boston Properties 拥有的办公空间面积约为WeWork今年年初所租赁的办公区的10倍，而且Boston Properties旗下的办公空间都是自己拥有的地产，而WeWork都是租赁的，但它180亿美元的市值仅比WeWork160亿美元的估值高一点点。在WeWork在2015年以100亿美元的估值融资4亿美元时，WeWork的营收市盈率倍数是66.7倍，而当时Airbnb和Dropbox的市盈率倍数则为25倍左右。

先抛开估值不说，WeWork成功发现和开辟了一个新的联合办公空间的巨大市场，而这个市场是恰恰是Boston Properties这样的传统大公司所忽视的。WeWork开创的会员模式和增值服务模式能够帮自己从客户那里获取很多价值，然而如果它所租用的办公场所的房东打算他们自己创办联合办公空间，这时WeWork该怎么办？WeWork可能就需要寻找一个新的商业模式了。

这正是WeLive出现的原因。WeLive是WeWork尝试为初创公司推出的结合办公空间和生活住宿的打包式合租服务，目前这项服务还在试点中。WeLive预计在2018年达到3.4万会员，覆盖69个地点，每名成员可带来2088美元的月营收，总营收则达到6.36亿美元，将占到WeWrok总营收的22%。这是一个很大的赌注。如果WeWork真的能变革年轻人联合居住的方式的话，它将能从中获得巨大的成功。值得注意的是，WeWor最新一轮融资的投资方联想控股和弘毅资本是两家中国的投资机构。据悉，WeWork将利用这轮融资快速扩张亚洲市场。

目前，WeWork在以色列、英国、加拿大、荷兰、德国和墨西哥都设有办事处，不久后也会将服务扩至印度、韩国、中国等国家和地区。据预测，到2020年，有40%的劳动力都将是自由职业者，同时加上在上面几个新市场的扩张，WeWork在未来几年可能还会处于比较有利的位置的。

中国的WeWork学徒也在创业潮中抢抓办公短租的机会，36氪空间、科技寺、梦想加、无界空间等等，一众联合办公空间在北上广一线城市落地开花。这一阵列也不乏国内的地产大佬，2014年SOHO中国推出SOHO 3Q；2015年从万科离职的毛大庆打造了优客工场，另外还有DayDayUp的职场社交式打法。去年2015年，在"双创""四众"的口号下，加入众创空间行业的玩家越来

多。在本土学徒们纷纷摩拳擦掌的时候，作为外来者的WeWork进入中国无疑会对整个办公短租市场起到不小的影响。

◆案例二：众创空间SOHO 3Q

2015年2月1日，潘石屹的SOHO中国在北京和上海同时发布办公O2O平台——SOHO 3Q。SOHO 3Q是移动互联网时代的一个共享办公空间。租期灵活，可短至一周乃至数小时；租赁单位则以"工位"计，准入门槛较低。平台接受租户线上选座、预订、下单、付款等。租户只需带着手机和电脑就可以来工作。租户除得到工位外，还可享用免费网络、复印打印、会议室、咖啡茶水等服务。较低的租金成本和灵活的租赁模式，让SOHO 3Q吸引了不少新兴企业和创业者。目前房地产市场存量巨大，未来房地产业的发展趋势将从"并命盖房"转向"盘活存量"。"互联网可以让房子每平方米的面积和客户在最短时间内结合，从而为创业者提供时尚、灵活、便捷的共享办公空间。"SOHO中国从"开发—销售"转向"开发—自持"，而试水O2O，则是SOHO继"售转租"之后的又一重大转变。潘石屹说，现在的租户可能并不需要租用很大的面积，也不需要像原来一样，房子一租就要租三年到五年。他们可能只需要租一个房间，甚至只租一张办公桌，可能租一周也可能租三个月。

潘石屹认为，在经济新常态下，特别是政府大力倡导"大众创业、万众创新"、发展"互联网+"等相关产业后，一些新兴业态层出不穷，如打车软件，手机预约上门洗脚、上门洗车、网上代办营业执照等等，这些新兴业态或新兴的职业拓宽了就业和创业的空间，非常具有想象力。在旧的经济秩序中，有许多中间环节，组织结构是金字塔状的，这种结构会导致经济运行效率低、成本高；而在新的经济秩序中，很多中间环节被取消了，组织结构是网状的，这样效率提高了，成本降低了。

而对于许多互联网公司来说，SOHO 3Q正呈现出一股强大的吸引力。这些公司纷纷把办公室搬到以望京SOHO为中心的望京地区，也带动了周边写字楼的热租。潘石屹在第6次例行拜访望京SOHO租户时说，他也没想到会有这么

高比例的互联网公司入驻，望京SOHO T3的互联网公司比例甚至达到了90%。在望京SOHO的3栋大厦里，挤满了几百家大大小小的与互联网相关的创业公司。这里有美团、陌陌这样的大中型公司，但更多的还是6人旅游、圣耀互动这样的小型公司。他们在向全北京乃至全国推广自己的社交、到家、游戏等服务的同时，也享受着创业同行提供的免费的按摩、美甲、饮料、午饭等服务。

他们之所以选择在这里落户，看重的是望京SOHO的集聚效应，在SOHO 3Q你看不到传统的"格子间"，白领们可以共享一张长桌，人们可以随意走动、交流，并进行平等的思想碰撞。SOHO 3Q这一"办公室在线短租"服务仿佛让2014年萎靡的商业地产找到了春天。互联网思维加上潘石屹的"呆萌"笑容让SOHO 3Q占尽各大互联网科技、创业、地产板块的头条，3Q成功变为"办公室在线短租"的代名词。潘石屹透露："目前北京和上海的SOHO 3Q几乎已经满租，想进来要排队，这足以见移动办公新需求非常旺盛、市场规模很大。在2015年，SOHO中国要在全国建立11个SOHO 3Q，大概1万个工位。"当3Q空间的出租率达到65%，即可达到盈亏平衡；而如出租率达到95%，收益率就将超过传统的整租办公。

SOHO 3Q被热捧，也让房企看到了新的机会，2015年12月2日绿地集团与SOHO中国旗下SOHO 3Q达成合作协议，未来，双方将在北京、上海等全国主要城市，建设和运营一批共享办公空间，探索商业、办公地产的互联网运营新模式。首批项目确定在上海和北京的核心区域，两个位于上海的项目已处于洽谈之中。SOHO中国预计，通过自有物业的改建及与绿地、腾讯等企业的合作，2016年，SOHO 3Q工位将达到4万个，今后将达到10万个。

此外，绿地集团也宣布与国内最大的办公室租赁服务交易平台"优办"合作，可为用户提供从办公租赁、入驻到生活服务的一站式解决方案。SOHO 3Q产品本身具备"创新属性"，又是针对创业者的产品。因此，自潘石屹推出SOHO 3Q产品以来，SOHO中国已连续举办多场沙龙论坛活动，不仅李开复等极具影响力的人物都在帮他站台，人气不俗的创业者们也不时出现在SOHO 3Q。对于SOHO 3Q，潘石屹阐述其是在互联网冲击下的产品，"我们看到商业的空间，受到网上的购物的影响，冲击会更大。

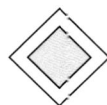

所以能把社会上的资源，这些空间，无论是办公的空间也好，商业的空间，通过互联网充分地利用起来，为创造新世界的这些力量提供一个平台，这就是我们今天每一个房地产开发商应该做的事情。"地产商冯仑也表示，在互联网时代人们的行为发生了变化，地产商就要迅速把握住这个脉动和变化提供服务。"我们做不动产提供空间服务的，对空间的功能的界定也要发生变化。目前混合功能空间在增加，人们交往的空间总量在增加，空间功能要混合化，空间功能的混合化，体现出了众创空间的特征。"

短租共享经济时代的到来

　　共享经济在全球范围内迅速崛起，成为推动各国经济发展的重要新兴力量。作为世界上具有庞大市场需求体量且移动互联网较为成熟的国家之一，中国成为各行业共享经济发展的热土。受益于中产阶级崛起大背景下快速增长的国内游，整个中国在线短租行业将引来巨大的成长空间。在线短租市场规模不断扩大，短租共享经济前景广阔，国内外企业和传统房地产开发企业已开始对其进行战略布局。

　　2015年末美国短租巨头Airbnb的最新融资动态显示，公司估值已经达到255亿美元，成为继Uber、小米之后全世界估值排名第三位的非上市科技公司。因此，在资本市场的青睐与"去库存"基调的双重作用下，国内短租平台如雨后春笋般出现。国内的短租市场开启于2011年4月份，随后在经历爆发期、分化洗牌之后，国内短租三巨头开始显现。小猪短租、途家、住百家在2014年纷纷获得新一轮的融资，2015年途家获得3亿美元D及D+轮融资，成为国内短租行业第一家独角兽级别公司；小猪短租已完成C轮融资共计8500万元、住百家已完成C轮融资共计7亿元，木鸟短租完成A轮融资6000万元。与此同时，房地产开发企业花样年旗下"美易家"切入文旅住宿短租市场，房地产服务商新聚仁发布Weshare我享度假平台。

　　随着Airbnb宣布正式入华，国内短租行业进入新的格局。利用宏观调控手段有效地去库存、利用市场的力量盘活空置房源，是目前的当务之急。一方面，各种海边旅游大盘等"鬼城"现象是众所周知的，那么连续几年房地产过度开发后的今天，全国库存高企，消化周期居高不下。如何解决"空城"问题、解决"去库存"问题，发展新兴业态，短租平台显然是一个不错的方式。另一方面，根据调查，目前我国住房空置率远超20%，这其中除了

存量房问题之外，还有一部分是由于大量房屋投资客的存在，而导致房屋没有入住或没有出租而空置，那么把这一部分空置房盘活，短租平台也是较优的方式，尤其针对各种海边旅游大盘。因此，在宏观经济增速放缓的今天，房地产的问题就是影响国民经济的大问题。在去库存的大基调之下，国家提出"积极发展客栈民宿、短租公寓等满足广大人民群众消费需求的细分业态"，于是短租行业发展愈加火热，房地产开发商在此"互联网+"时代下、全球共享经济盛行的当下，不免也摩拳擦掌准备入场短租分得一杯羹。

短租共享经济模式是搭建在信任和保障之上，目前从我们接触的情况来看，在线短租市场运营模式分为三种：1.C2C分类信息平台模式；2.C2C重运营模式；3.B2C全托管模式。不论现在介入哪种模式，企业都要通过构建在线交易平台和信任保障机制，将租房用户和房东高效对接，以移动在线即时发布、社区等形式加强平台供给双方黏性，一方面提供包括普通公寓、特色民宿、度假别墅以及其他个性化的短期住宿产品在内的住宿信息；另一方面改变人们的居住意识和习惯，衍生出景区、餐饮、票务等更多增值服务，从而催生出经济价值与社会价值彼此融合的新兴经济体。

1. C2C分类信息平台模式

共享住宅巨头Airbnb就是这种模式。它的几乎全部运营都集中在线上，如搭建运营评价体系、培育社交元素和生产优质的互联网内容等。因此，可以说是纯线上公司，并不接触线下的房源运营和监管。它最大问题在于无法对房源质量和房东的线下服务进行品控。然而，由于国外的短租市场比较成熟，房源数量多且质量普遍比国内好，供给端和市场的成熟度仍可以保证Airbnb在业务和营收上的持续增长。提升稀缺世界的社会价值。基于互联网的房屋共享模式不仅能为企业带来经济效益，还增加了经济形势严峻时期工薪阶层的就业和收入水平。对Airbnb研究发现，工薪阶层通过向旅行者出租自家房屋，每年可为家庭带来平均约7350美元的额外收入，提高家庭年收入的14%。同时，房屋共享经济盘活了富余资源，令闲置资源产生价值，更有利于凝聚跨地域社会资源，面对灾难时释放强

大的社会公益正能量。如Airbnb通过平台和社区帮助政府进行灾难救援，飓风"桑迪"袭击美国东海岸后，纽约1400多位Airbnb房主为无家可归者提供免费住宿，众多受到飓风影响的家庭从中受益。2013年，Airbnb专门推出了平台灾难预警方案，在灾难来临时通过小数额投资和补贴激励大量房屋供给，所有交易通过Airbnb常规运营得到保证和支持。此后，来自全世界的Airbnb房主们在灾难来临时主动打开房门，多次支援了受到自然灾害侵袭的人们。与传统经济形式相比，人人分享将整个社会变成公益组织，也是第一次将经济活动与社会公益事业结合如此紧密，令经济活动释放出更大的社会价值。

C2C分类信息平台在线短租模式确实为经济和社会发展带来福祉，但也确实存在一些不容忽视的问题，征信体系、劳动保障等的不完善都可能成为制约短租共享发展的瓶颈。在征信方面，国家已出台《社会信用体系建设规划纲要（2014—2020年）》《征信业管理条例》《征信机构信息安全规范》等一系列政策法规，但法律效力相对较低，也不足以应对互联网征信下的新形势和满足行业发展的需要。随着基于互联网的新兴经济业态规模不断壮大，必将倒逼相关政策法规进一步完善，保障体系不断健全也将为短租分享等新兴行业扫除发展障碍。安全问题也是在线短租行业的发展短板，也因为此使得更多人不敢尝试。为了维护行业健康发展，企业纷纷积极完善平台规则，构建内部信任机制，通过线下房源控制、购买保险以及身份验证等方式保障房东与房客权益。在房客端推出《房客保障计划》和《房客人身安全保险》，当有意外发生或房屋描述与实际情况不符时，确保房客权益得到保障、确保房东个人财产安全，并获得应有的收益。当前，国外企业和传统酒店纷纷跃跃欲试进入短租共享市场，竞争将更加激烈，而"自我净化"必然成为企业竞争制胜的法宝，在维护市场份额的同时，也为行业发展注入强心针。

2. C2C重运营模式

国内短租平台小猪短租便是C2C重运营模式。最初小猪短租起家于

58同城，初期从58获得了大量的房源。在2014年经历行业"寒冬"与行业洗牌后，从信息平台模式转型成为C2C重运营模式。该模式首先主要表现为平台有大量线下团队，房源主要由线下BD团队发掘。其中，个人房东自主提交房源，也需平台线下人员进行审核。然后，线下运营团队会帮助房东做房屋改善。一方面是打消房东关于安全性的顾虑，另一方面则是让房子变得更适合分享居住，如安装智能门锁实现PMS管理、为双方购买保险、提供软装方案优化房屋等。接着平台会对房东做基本的服务培训，将可标准化的服务环节进行规范，并鼓励房东在此基础上提供更多个性化和多样化的体验给用户。最后，平台安排专门的线上客服提供全程对接服务。纯信息撮合平台的客服服务在交易完成后就结束了，但这类客服服务会贯穿用户从预订到入住结束的整个周期。

3. B2C全托管模式

途家为B2C全托管模式典型代表。它的模式与逻辑跟Airbnb完全不同，就像京东与淘宝。如上所述，房源全部由房地产开发商批量托管而来，标准化高便于产品品控；集中的房源便于集约化管理，还可降低人力成本。总结来说就是强调对房源、设施、服务标准的管控，并且依靠一套流程自动化工具将各个业务环节打通。根据罗军（途家网CEO）的公开介绍，途家网现在和百强房企中的80%均有合作，如中海、保利、碧桂园、世茂、龙湖、富力等多家房企。截止到2015年8月份房源总数超过30万套。目前，途家是中国第一个也是唯一的达到"独角兽"量级的短租平台，这与它的运营模式不无关系。它的主要房源既不是一般短租行业中的职业二房东，也不一定是共享经济所提倡的个人闲置房源，而是更多房地产开发商手中尚未去化的房子。

在合作的过程中，房地产开发商将房源批量提供给途家"托管"，尤其是在一些旅游胜地的旅游地产经历了一轮过度开发，目前正面临着销售困境的时候，这对于大多数房地产开发商来讲，简直是求之不得的事情。这样，途家便从开发商那里获得了批量的、标准化的新房房源，同时

解决了供给端数量不足和质量参差不齐的问题。而开发商与途家合作后，一方面能捆绑酒店公寓概念提升楼盘价值，另一方面则可以盘活空房价值，直接获取短租的高收益。由于房源获取的模式，途家的运营管理也更接近"分散式酒店"的概念。具体来说，就是通过批量式承租物业、标准化服务、和庞大的线下团队提供类酒店式的短租体验。在整个过程中，途家会对房源实行全托管。因此，在中国这样一个不成熟的短租市场当中，途家能够如此高速发展至现在的规模，或许也是得益于其特有的更符合本土化的运营模式。

　　房地产开发企业涉足共享经济短租时，可依靠自身丰富的物业管理经验与资源，以及大量便于集约化管理的房源资源，在进入短租行业的初期获得相当的"起跑优势"。当下房地产开发企业无论是去库存化、转型或改造升级，还是受资本市场追捧等原因，在共享经济概念下，涉足短租行业已成为房地产又一个风口。

◆案例一：全球共享经济鼻祖——Airbnb

　　这家全球第三大估值的初创公司在中国并不那么有名，只是在"世界那么大"横扫屏幕之下，我们才偶尔会在朋友圈看到这个奇怪的英文单词，空气旅馆？——真有媒体人这么叫它。现在，我们需要对它的创始人多一点点的了解，毕竟他们有趣的创业故事在硅谷流传至今。Airbed and breakfast，这是Airbnd最早的名称，翻译成中文就是：气垫床和早餐——你没看错，Airbnb最早就是一个房东提供气垫床和早餐，用户在线预订房间的网站，现在这个看起来很朴实的创业项目已经发展成为全球最大的民宿预定平台，为190个国家，34000个城市的居民提供服务，超过100万的房源——这意味着他们的用户遍布全球，每天都有大量的游客住在他们素未谋面的房东家里，在网站个人信用页面上也可以看到，大量的中国人在海外游时也会选择入住Airbnb，中国的年轻人也开始在这个平台上出租他们位于上海、北京、香港等地的房屋。

2008年，居于旧金山的两个年轻人Brian和Joe刚刚毕业，工作一段时间又辞职，交房租的问题很快迫在眉睫。这时他们发现一个商机：近期前来旧金山参加工业设计大会的人非常多，而本城的旅馆开始不够用，就这样，他们想到出租自己的房子给游客住，当时他们的想法是：三个气垫床加一顿免费的早餐。居然真的有人来住。Joe Gebbia后来在一则回忆往事的视频上放上他们的照片，并认真读出他们的名字：Kat, Amol, Michael。这三个人付了每人每晚80美元的钱给两位创始人，赚到钱的Brian和Joe开始动起了脑筋。他们决定把这个当作创业项目，好好干一把。他们叫来毕业于哈佛，读高中就把自己开发的软件卖到世界各地的高个前室友Nathan Blecharczyk，他是个聪明的IT工程师，这个三人创始团队一直持续至今。前不久，某视频网站发布他们亲自做的图说简史，幻灯片上写着他们认为自己"发现了传统旅馆的不足之处"。大量商业评论指向一个共识：Airbnb是高价旅馆和低价沙发客（couch surfing）之间的一个选择。而当这种旅馆还能提供一种听起来"又熟悉又温馨"的居住体验时，人们的确愿意尝试一种全新的居住方式。但Airbnb发展初期可没得到什么认可，他们一度靠卖麦片硬撑着公司的发展。但这一点都不顶用，而接下来的日子里，三个人每天都吃麦片——他们卖剩下的。这个麦片的典故后来发扬光大，它们进了Airbnb最新的办公区，也进了投资人Fred Wilson的办公室——他曾大骂这个项目，说绝对干不成。现在Fred用这个来提醒自己，也告诫同行"我是怎么错过投资Airbnb"的，有点"心中永远的痛"的意思。终于，一次和投资人Paul Graham的晚餐改变了Airbnb穷苦的命运，这是一段被Brian称为低潮的日子，如果他们接受中国媒体采访，杂志上或许会有这么一句话"聊完他们早期艰辛的创业史后，Brian的眼角湿润了"。他们获得的第一笔投资是2万美元，来自Y Combinatior，一家创业孵化器。他们也终于把"气垫床和早餐"改成了"Airbnb"这个六字母的自创单词。

2009年春天，好事终于开始发生。其实他们还没什么用户，也没什么房源，但仅仅靠一个想法，又拿到了Sequoia Capital和Y ventures的60万种子基金。Airbnb简史上写着：他们几个终于不用再吃那些剩下的燕麦片了。Paul Graham后来向公众说出了他投资这个奇怪项目的原因：其实我真的觉得这个

项目很糟糕，但这群能靠卖麦片来维持项目的人，他们做的公司死不了。他也在其他媒体上表示，Airbnb是他见过的最努力的团队之一。同一年，网站流量开始不停增长，他们的房子已经住不下新员工了，15个新同事不得不搬到外面工作。在怎么对待用户方面，投资人给了他们有益的建议：现阶段不要想着继续扩张，先想想怎么服务好你们的100个种子用户。去纽约看看，那是你们最好的市场。

2010年春，Brian和Joe飞到纽约。通过和房东的一对一访谈，他们发现了网站目前存在的问题，这个问题最终给Airbnb的品牌特质定性，也成了人们逐步接受它的重要原因：怎么帮助房东拍出好看的照片。他们发现了在线预订增长的奥秘，那就是更专业的拍摄手法能让用户产生一种"好想住进去"的感受，这成了Airbnb之后久用不衰的打法。2010年，他们又弄到一笔720万美金的投资，第二年，网站的预订量较之前增长了8倍，有80个国家的用户使用他们的服务，第三年，他们迎来了Airbnb第一百万份订单。拿"刚需"的观点看，Airbnb绝对不符。

但三年时间，一个不被看好的需求就这样诞生、发展和扩大了。2011年夏，这个节点被Airbnb官方形容为"公司真正跑起来了！"尽管这离他们拟定的最早盈利时间还有9年。这份发展简史同时也披露了大量Airbnb在发展过程中所遇到的难题：房客和租客的信用问题，以及房屋安全问题。在信用问题上，他们接入社交软件Facebook，初步解决了"房客房东都是些什么人"的基本疑问。而在安全问题上，在一个房东的房子倒塌，家里值钱物品都被偷之后，他们左右摇摆数天，终于决定了帮助屋主共渡难关。他们的通告表示：对不起，我们最终决定帮助女房东开始重建她的生活。之后这类事情继续发生，Airbnb出台新规则：向每个屋主提供5万美金的保障金，用于突发事件的赔偿。

2012年冬，他们的房屋预订数超过了希尔顿。在网上登记的房间达到了30万个，192个国家的房东把他们的房子挂到这里供人挑选。可以说，持续增长的用户数是Airbnb持续吸引投资人的重要原因。这个新兴市场所带来的力量连创始人自己都感到震惊，他们对媒体表示，当初在租来的房子里卖"气垫床和早餐"的时候，绝没想到要打造一个全球最大的民宿网站。那么，为什么脱

颖而出的是他们？一篇名为《无家可归的创业者》的文章报道了Airbnb创业的经过，其中最为严苛的一个实例是创业初期，每当办公空间不够用时，Brian就会搬出自己的寓所，到Airbnb上预订房间，进行深度的产品体验过程，这样的情况一直持续至今。

而有研究者分析，创业早期，他们更是以从美国最大的信息分类网站Craigslist上"挖墙脚"的方式获得了自己的第一批种子客户，他们给客户发邮件称，在Airbnb上注册房源之后，消息可以免费发布到Craiglisyt上。对房东来说，这是一举两得，何乐而不为？此后三位创始人常常自嘲这段不为人知的历史：你知道产品上线以后没有人知道的好处是什么吗？那就是你还可以再上线一次，然后再上线一次。地推的时光就更不用提了，他们用0距离接近房东的方式打开了Arbnb需要大量精美图片撑门面的奥秘，在此基础上，才有了后来网络疯转的"国外短租网站树屋、船屋、城堡、湖边别墅"等，甚至还有一个可以最早买到苹果4s的临时帐篷。

而就在6月28日E轮投资结束后，Airbnb的估值达到255亿美金。它惊人的发展速度引起媒体大量报道，在维基网站上，包括福布斯、华尔街日报、Techcrunch在内的海外主流媒体对他们报道。

◆案例二：小猪短租能否把房屋共享市场变成绿洲

等来了共享经济的风口，但又面临信用机制缺乏、房源供应不足等障碍，小猪短租能否在中国把房屋共享市场从沙漠变成绿洲？

从创建小猪短租开始，陈驰就一直在做房东。他接待了来自五湖四海的房客，印象最深的是一个从德国回北京看中医的大姐。她在陈驰家住了40多天。这40多天中，她把家全部接管变成了主人，陈驰反而成了客人。德国大姐有轻微的洁癖。第二天陈驰下班回家，发现家里被她打扫得焕然一新，家具擦得一尘不染。国庆陈驰出差，把自己的卧室也拿来出租，德国大姐还帮他接待了房客。

这个案例很符合小猪的定位：有人情味的住宿。陈驰并不相信性善论，他

是一个环境决定论和进化论决定者：人的行为方式都是从利己出发，但能够沿着以信用和社交实名机制为基础的社会环境，从利己开始变得利他。最终，从陌生社会到熟人社会逐渐回归，有人情味的住宿从道德层面上来讲，也一定会回归。

房屋共享公司的鼻祖是2008年成立于美国旧金山的Airbnb，目前估值达到255亿美元。但在中国，由于供需两端均不成熟和缺失的信用机制，很多人并不看好国内的房屋共享，供需端不足和尚未建立起来的社会实名制和信用系统限制了国内房屋共享C2C模式的发展。

但这没有妨碍野心勃勃的玩家们以不同姿势扎入Airbnb引领的房屋共享经济浪潮。8月18日Airbnb宣布正式入华，让房屋共享的市场热度再度升温。Airbnb现阶段主要做中国市场的境外游，举着Airbnb中国学徒旗帜的途家，目前估值最高，它最有竞争力的模式其实更接近Homeaway（美国一家假日房屋租赁在线服务提供商，号称全球最大），把线下房源托管起来，直接做服务，类似于酒店管理。以境外房屋短租为切入点的住百家正在进化为中国出境游个性化整体解决方案供应商，而不仅仅局限在共享经济的住宿领域。

真正直面触碰国内房屋共享这块烫手山芋的，是成立于北京、由两个在互联网领域摸爬滚打十多年的70后创办的小猪短租。"小猪短租要把握住这个机会，舍命狂奔。"陈驰说。

2011年，陈驰和王连涛都还在赶集网旗下的蚂蚁短租。作为赶集网内部的第二个创业项目，蚂蚁短租瞄准了房屋共享这个方向，但缺乏一个以创始人为主导的创业公司机制。由于内部创业的一些限制，蚂蚁短租缺乏独立的战略和思考，另一方面，内部创业有很多KPI考核，需要跟整个赶集网的战略相协调。此时，陈驰对共享经济已经有一个全面的了解和观察，主要的观察对象就是Airbnb。从社会经济发展进程来看，随着物质的极大丰富，人们的需求越来越长尾化。去工业化的模式会变成一种趋势：即去中心化，非标准化，端到端的连接。但这无疑是一场与时间的马拉松。陈驰对王连涛说："感觉这是一件把沙漠变成绿洲的事情。"2012年6月，陈驰和王连涛从赶集网辞职，正式创办小猪短租。"离开蚂蚁对我们来说是最重要的一个决定，也是最难的一

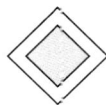

个决定。"陈驰说。尽管做了思想准备,但早期创业的难度还是远超预想。大部分人很难去接受这个方式,即把家打开,接受陌生人住到里面。找不到种子房东,两个人只能自己去做房东。互联网公司初创时期做的地推模式,在这个业务里也基本不起作用。除了自己拿出房子做房东,陈驰和王连涛还从身边的亲朋好友做推广。

小猪平台上的第一套房源是小猪短租一个员工家里的沙发。陈驰仍然记得,第一位客人是安徽芜湖的一位教师。春节前,她儿子来北京参加一个冬令营,随行的她需要找地方住,就选择了比较便宜的沙发。在《创新的扩散》一书中,作者罗杰斯认为,创新扩散的传播过程可以用一条"S"形曲线来描述,其扩散总是借助一定的社会网络进行。在创新向社会推广和扩散的过程中,信息技术能够有效地提供相关的知识和信息,但在说服人们接受和使用创新方面,人际交流则显得更为直接、有效。小猪早期的房源基本是靠这种人际示范效应一套套做起来。

2012年末,小猪融了第一笔钱,来自晨兴资本。晨兴资本后来参与了小猪的每一轮融资。晨兴资本执行董事程宇称,晨兴资本很早就看好共享经济——足够大,有延展空间,有足够高的壁垒。同时,程宇很看重创始团队对价值共享的信仰。"启动很难,创始人必须从自己开始,像挑战风车的唐·吉诃德一样去做这件事。这是骨子里的信仰。"与陈驰接触一段时间后,程宇认准了这笔投资。2013年1月,小猪短租获得晨兴创投近千万美元A轮融资。

相比于陈驰和投资人对信仰的坚持,在大学前曾服役于中国人民海军东海舰队的张亨德创办住百家时,更多从商业逻辑出发。他认为,国内短租现在不太符合商业逻辑。国内精品房源少,用户也不容易拉起来,做房屋共享的产品端有些问题。住百家走的是另外一条路,只做境外短租,房屋基本上都是整租。在摸索供需和运营的平衡点上,陈驰花了一年多时间。2013年下半年,摸索了一年的陈驰和投资人程宇商量,决定开始重点做个人房东。在小猪刚开始发展和进入新的城市扩展业务时,难以避免地有一定数量的职业房东。这些房东的经营理念跟共享理念有不小差距,小猪平台上的很多投诉也是针对这个群体。

陈驰想回到共享经济的原点，于是开始清洗北京上海地区的职业房东数据。截至今年，小猪在国内的房源一共有五万套，但陈驰一般对外回答是一万套，因为这一万套是小猪从零开始做起来的个人房源。因为房源数据比较难看，在2014年启动B轮融资时，小猪第一次遇到了融资难。那段时间陈驰压力很大。幸运的是，陈驰后来接触了刘二海，当时刘二海还在君联资本，也是房屋共享的信仰者。2014年6月，小猪短租宣布获得1500万美元的B轮融资，由君联资本领投，A轮投资方晨兴资本跟投。B轮融资给小猪短租的扩张插上了翅膀。小猪短租在上海和北京都投了一些线下广告，2015年下半年开始，平台上的个人房源呈现跨越式的增长；其次，房屋的质量和多样性也在发生变化，一开始是沙发或者单间，后来出现了越来越多地理位置不错的好房源。用户端也由曾经的年轻化群体向两端发展，更多的家庭用户出现在平台上。此外，产品也做了一些打磨，预订流程效率的提高带动了转化率的增长。

今年刘二海从联想体系出来自己独立创业，成立愉悦资本，当时小猪正在融C轮，刘二海直接跟陈驰说："你们别融了，我们来投吧。"2015年7月，小猪短租获得由愉悦资本领投的6000万美元C轮融资。这也是当时国内短租领域的最大一笔融资。小猪短租是愉悦资本投的第二个项目。在经过前期试错之后，小猪短租需要构建自己的护城河。在房源的掌控力上，小猪短租和Airbnb以及住百家相同，对线下房源的掌控也有限，一些预订频率较高的核心房源，房东通常会在多个平台发布。

为了增强掌控力，小猪在重要城市里有线下团队能够覆盖到房源，提供房子验证、软装指导、安装智能锁等一系列服务。甚至在房东出差的时候，小猪的运营团队可以暂时帮助接待房客。小猪的C2C模式显然更重，未来会不会线下越做越重，甚至走向途家的B2C模式？陈驰的答案很简单：不会。"我们跟途家有一些沟通和交流，不排除未来会有合作。"陈驰很认同途家在中国的价值，把中国的存量房产用更重的方式托管运营，需要的时间很长，对创始人考验也很大。这是小猪与Airbnb天然不同的DNA。

中国市场上目前需要做一些脏活儿，接触房东，教育市场。不过陈驰接下来准备向Airbnb学习，将自己某种程度上定义为一家媒体公司，能够讲共享经

济的故事，具备强势的传播能力。今年7月，陈驰将资深媒体人和文化人潘采夫招致麾下。潘采夫在辞职信中写道：抱着逃的心态去互联网公司，谁知新单位也拿理想主义当饭吃。陈驰请潘采夫来小猪有个宏大的背景：社会信用机制的重建和道德的回归。他希望能让小猪和这个背景结合得更紧密，将品牌的故事讲得更深入，处理消极情绪，捕捉积极的变化，重塑人际关系。潘采夫正把更多文化和社交元素注入小猪，比如住在人文书店里面，开展乌托邦共享住宿项目。9月份，他还干了一件事，请作家古清生做房东，把他位于神农架茫茫深山中的小楼搬上小猪平台。这里没手机信号，是一个体验渔樵耕读的好地方。

小猪未来想成为一家什么样的公司？投资人程宇的回答是："出行第一选择，可能是全世界最大的酒店，也可能是最大的当地游公司。因为房子本身上能叠加很多东西，空间很大。"陈驰的答案听上去有些奇怪：普通得就像街边杂货铺的存在，甚至没有记者来采访我们，因为太平常了。今天Airbnb品牌辨识度很高，因为共享经济还是一件很稀奇的事情，当共享经济进化到最后，就像去邻居家借一瓶酱油一样理所当然。陈驰属于那种摸对了方向一定要坚持走下去的人。他总结了过去3年发展房屋共享的三个问题。一是社会信用机制还在重建，而房屋共享是陌生人和陌生人要住在一起的场景，对信用体系的要求非常高。这不仅是安全的问题，还涉及互相通过信用体系去评价对方的内部评价体系。去年征信牌照发出去后，陈驰观察了一段时间，芝麻信用是其中最积极的一个玩家，今年小猪选择了和芝麻信用合作。

"未来我想的场景是，如果你第一次使用小猪预订房子，你能看到被授权的房东信息，包括有没有犯罪记录和信用评级。"陈驰说，"在做共享的时候，一大部分内容都是可视的，整个交易门槛就极其低。"他希望未来两到三年，整个社会信用机制建立的成果都可以用到小猪的共享经济模式里面。二是过去20年中国私有住宅的发展速度非常快，体量也大。但毕竟只有二十多年，不像欧洲和美国的房源是存续了几十年甚至上百年，具备非工业化的丰富特性。中国的住房还需要时间去挖掘和承载更多文化气息。第三个考虑是，共享经济与传统工业化的酒店相比，有成本优势，但在过去十几年中国的酒店业

快速发展，和其他产业一样有产能过剩的问题。过去五年是中国酒店业去库存化的阶段，这意味着，共享经济的成本优势显现需要时间。当中低端酒店不再真正具有成本上的优势时，房屋共享的成本优势才能体现。

　　"我们希望在未来的3到5年，时间都是我们的朋友。影响共享经济发展的要素逐渐消亡的过程，就是小猪短租成长的过程。"陈驰说。

Chapter 9

第九章

房地产+产业风口

　　房地产已进入下半场，下行的边界已经打开，单纯依靠土地升值、房价上涨的盈利模式越来越不可取，原有的商业模式增长乏力，疲态尽显；房地产行业集中度将越来越集中，大鱼吞小鱼、快鱼吃慢鱼的时代已开启。房地产开发商还想继续维持现状已是痴人说梦了，而现在等待房地产开发商的是需要进行资源整合和成功转型，未来房地产开发商将依靠什么实现"再生产""再造血"？

　　房地产跨界进行融合，走向产业化、多元化、服务化、新城镇化将成为当下房地产一个又一个的风口。如果错过产业地产，就会错过一个时代，从这句话中，可以想象房地产+产业是多么大的一个风口，也是众多房地产开发商实现再生产再造血，决地还击的好机会。随着万达、恒大、碧桂园、世纪金源、华夏幸福等大房企布局旅游地产、影视文化地产、养老地产、园区PPP、海外产业、跨界融合及多元化服务外，中小型房地产开发商也开始涉足休闲农业地产、创意文化地产、文化汽车公园、电商产业园、物流地产等，并借助金融资本的力量，走轻资产道路，走向地产产业化，服务化，寻找新的风口。去开拓属于自己的一片蓝海，在未来政府所倡导的新城镇化布局中，成为中坚力量。

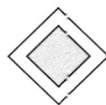

产业地产成为新蓝海

产业发展，关系到国家经济发展。"十三五"规划纲要明确指出，支持产业创新中心、新技术推广应用中心建设，支持创新资源密集度高的城市发展成为新兴产业创新发展的源地。在房地产陷入进退维谷的僵局时，产业地产的发展却为房地产开发企业打开了"一扇门"。产业地产也需要在"十三五"规划和产业结构调整中找到切入点和商机。区别于以往的工业地产，现阶段的产业地产是指以产业为依托，以地产为载体，实现土地的整体开发与运营，是一种将地产开发、产业发展和城市功能三方面的发展有机结合、相互促进的新模式。通过产业地产，让各种创新成长型企业聚集，进而形成聚合效应，同时通过政策性引导让创新成长型企业健康、快速地发展起来。因产业地产与经济结构调整的国家经济战略相吻合，因而产业地产（包括园区ＰＰＰ模式，为了激活社会资本，降低政府负债，以及公共产品的供给效率，中国政府正在大规模地推进PPP模式的发展。据估计，未来PPP的市场规模将以万亿计。）成为当下房地产开发企业眼中的新"蓝海"。未来产业地产将迎来万亿级的风口。房地产开发企业应将与时俱进，紧跟产业地产风口，使其能够成为产业风口下的受益者。

美国著名产业中心硅谷，是整个美国的经济中心，因为有产业的支撑，那里的房价成为美国最高的区域，不但吸引着越来越多的科技巨头入驻，产业聚集效应更使其成为美国房价最高的地方，并以年均增长三成的幅度宣告产业地产无与伦比的价值魅力；赫尔辛基也因为国际游戏产业中心的角色而成为荷兰最具发展潜力和房价最高的城市；去年房地产界比较火的消息之一，无疑是招商地产与招商蛇口的整合。新的招商蛇口将定位为"中国卓越的城市综合开发和运营服务商"，房地产开发不再是核心

业务,取而代之的是园区开发与运营、社区开发与运营、邮轮产业建设与运营三大业务。在本次交易完成后,招商蛇口总股本规模将达到80.37亿股,按照23.6元/股的发行价计算,总市值为1897亿元,将超过万科与绿地,成为A股第一大房企。作为中国开发产业园的鼻祖,招商集团此次通过整合,将招商蛇口的产业园资源并入上市公司招商地产,并将其改名为招商蛇口,足见转型产业地产的决心。

产业地产,自然是实实在在存在的,不仅仅是作为一个行业存在,更是作为一种重要的形态而存在着。抽象一点说,产业地产,是以地产的载体和形式存在的产业形态。真正的产业地产,核心和灵魂就是产业,产业研发成果的转化,产业链金融的运营,产业融资的对接,产业人才资源的整合,产品走向市场的平台搭建,产业集群生态的促动,这些复合和增值的服务内容,会形成集合了一级开发、二级开发、服务运营、众创孵化、加速器,产业投资基金,产业链金融等轻重资产全层级全链条的布局,理由只有一个,产业需要。

这时候,作为运作产业地产的你会发现,你已经融入了产业,你会不停地考虑我要找什么样的产业,产业在哪里,产业要什么,产业链条有多长,产业成长周期有多长,产业处于什么阶段,产业集群特性是什么,如何聚合形成,以及应该如何更加平台化立体化地服务产业。总结产业地产所需要的功能,你必须能够创造三种价值,首先是通过产业规划、产业引导、产业孵化、产业承载、产业服务、产业金融、产业投资、产业运营等创造产业的价值,其次是通过载体建设、园区开发、园区运营以及由此产生的外部效应创造区域价值,最后是通过这些开发、建设、运营、服务,形成可以盈利的经营模式,创造自身的经营价值。最终能够给产业带来价值的,才能叫产业地产。

在产业地产这一细分领域,联东U谷、天安数码城、华夏幸福基业、张江高科、亿达投资等一大批表现活跃的地产商正在从各自不同的角度进行有益的探索,未来的十年,是产业地产的黄金十年,抓住产业地产无异于抓住了新兴金矿的命脉所在,产业地产对经济中心的塑造和引领已经成为

地产业内人士的共识，随着地产行业整体的不断理性发展和完善，未来房地产住宅市场将趋于平稳，产业地产或将成为房地产行业的新引擎，行业整体都对产业地产的前景无限憧憬。与其他行业进入者相比，房地产开发企业对产业地产的布局更加直接。产业地产已经在2014年作为集团核心战略登上了万科财报，万科地产总裁郁亮多次表示：虽然消费体验地产和产业地产领域目前还没有出现明显的领导者，但行业发展趋势和机会已经明朗。心怀野心的当然不止万科，天洋国际控股、万达、绿地、世纪金源、星河等一大批金矿挖掘者纷纷涌入产业地产，各大巨头也纷纷祭出大动作。产业地产已经成为未来房地产行业最激动人心的转型方向之一。

◆案例：开发商掘金产业地产的多种模式

进入产业地产的房地产开发商，基本都以地产为平台、产业为主体、金融为支撑开展业务。区别于传统房地产，它们从单纯的房地产开发商向土地运营商、城市运营商、产业运营商、物业运营商转变，且注重高端产业链聚集。本案例将分别分析绿地、万科、招商、华夏幸福、碧桂园、金科、世茂等规模房地产开发企业掘金产业地产的多种模式。

1.绿地集团：绿地超高楼和综合体拿地模式面临瓶颈，基于本身所有的资源和金融产业，更倾向于以产业思维去思考产业地产发展。而成立全国最大规模的小额贷款公司，联合互联网金融巨头阿里、平安推出"绿地地产宝"，把资金不足的持有经营房地产的中小企业资产变成现金，这些都有利于绿地产业地产平台的搭建。如哈尔滨国家级广告产业园、西咸新区空港产业城、南昌小微企业工业园、呼和浩特白塔空港物流园、海口绿地空港产业城等产业地产项目，都是绿地传统房企转型产业地产的佼佼者。以产业地产作为润滑剂，让金融落地产业基金，这是绿地寻求产业地产新利润增长点的方式。

2.万科地产：把自己定位为"城镇化配套运营商"的万科，进入产业地产不可避免。万科产业地产发展分为重资产模式和轻资产管理。重资产模式下，有"基金+持有"模式、股权投融资、以产业园区为核心的办公、研发等。该模

式赚取租金、管理费和未来土地升值收益。万科的优势在于较强的地产开发能力和较好的现金流,重资产开发正是为轻资产运营提供支撑和载体。轻资产管理主要在于中介代理服务、物业管理服务、星商汇品牌开发。以星商汇为例,除了空间提供,还提供多元化的投融资解决方案,并聚拢资源、提供创业辅导。通过万科的平台,有更多服务商和客户流量加入,计划于2016年服务8000家企业,此时便有可能借助量的积累实现现金流平衡。

3.招商地产:背靠招商局平台资源,招商地产与招商局旗下工业地产、港口、招商银行、招商局资本等平台资源协作。与招商银行合作,利用其金融资源优势,为旗下产业园提供多元化综合金融服务平台,包括小额金融服务、代收代付、缴费类款项归集等。入驻园区的中小企业可在招商银行优先获得贷款,并能享受到贸易融资、咨询顾问、现金管理、汇款及结算等方面的金融产品和服务。与招商局资本合作,将在产业园区探索合作上嫁接集团优势,实现产融联合。此外,招商局集团在工业地产、邮轮母港业务上的运营优势也可能对招商地产形成增值效应。

4.华夏幸福:华夏幸福基业2015年上半年营业收入仅为万科同期收入的1/3,净利润却紧追万科的48.5亿元,ROE更以26%秒杀万科的5.41%。华夏幸福"园区+地产"模式如何挣钱?一是通过垫付园区前期开发、基础设施建设费,获得政府10%—15%的利息收入;二是园区招商引资返还收入,即园区新增固定资产投资额或新增财政收入的45%;三是园区配套地产开发收入;四是园区土地升值收益。而"成本+利润"的模式,即企业按照"九通一平"的标准进行市政设施建设,待园区土地出让后,政府拿出市政基础设施投入的110%作为补偿。例如华夏幸福基业固安工业园区由开发企业建设市政基础设施。

5.碧桂园:作为中国城镇化建设的身体力行者,碧桂园的大盘模式已成行业经典,且随着新型城镇化建设不断完善和升级,发展出"产业新城"概念。产城互动模式改变了碧桂园以往大城模式下"卧城"困境,创造了一个全新的区域"就业核"。将产业引入新城,打造不限于居住功能的产业新城,与项目原有的住宅、酒店、商业等融为一体,形成前所未有的24小时活力新城。在南京句容碧桂园的带动下,江苏区域销售额位居集团前列,在很短时间内升格为

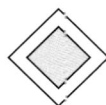

碧桂园旗下销售额超百亿的一级区域之一。除了南京句容项目外，目前碧桂园兰州项目、贵阳项目等都遵循产城互动要求推进开发。

6.金科地产：金科股份"产业嫁接地产"重大战略的正式落地，在于其将湖南长沙科技新城项目打造成其第一个高科技产业园，做大做强产业综合发展。金科长沙科技新城项目位于长沙国家级经济技术开发区内，将以产业为主导实现产城一体化融合。将吸引500家以上科技创新型企业入驻，带动相关产业年产值约150亿—200亿元。同时该区域也将成为最有创新创业氛围、思想最活跃、最有人气的知识型人才工作生活区域。此外，金科产业发展集团将与亿达集团合作，发展中国科技产业园地产。

7.世茂地产：世茂房地产旗下首个产业地产项目为福建平潭海峡城，为"云计算"科技园区项目，预期总投资额超过600亿元人民币，最先投入市场套现的为住宅部分。

汽车文化、影视、电商等特色产业风口

　　国家"十三五"规划指引大力发展创新型社会消费,特别对体育、汽车、文化,旅游等行业融合发展的支持指导政策。为此文化、汽车、体育、影视、电商、农业等特色的产业地产未来将迎来风口。如:汽车文化产业地产、电商产业地产、影视文化园区、农业休闲产业地产等等;由于房地产行业与产业地产的关联性较强,从而中小型房地产开发企业转型或布局特色产业地产应是较为理想的转型战略思路,同时也成为中小型房地产开发商转型的风口。特色产业地产具有的差异化、特色化、专业化、资金规模小等特征,十分吻合中小型房地产商转型的方向,现在这些特色产业也成为国家经济转型战略发展的方向,前景也十分被看好。中小型房地产开发商在当下能够进行转型和布局这些特色产业地产可以说都是很有胆略与眼光,并能得到发展。

◆案例一: 中国汽车文化体育产业的缔造者

金港汽车文化公园通过十几年的发展到现在的汽车文化产业聚集区，经过了由无到有，由小到大，由弱到强的发展；在发展过程中，可以说金港不但创造了北京乃至中国第一个汽车主题公园，填补了版图上的空白，也是第一家将汽车贸易、汽车运动、汽车文化、汽车休闲、汽车娱乐、汽车改装，汽车商业试乘试驾活动融为一体的一个创新型的特色产业地产，已成为以创意为平台的多功能产业聚集区。这在全国起到了示范和引领作用。

由2003年第一条F3汽车赛道的投入使用，所经历的12年不间断的努力，金港汽车公园打造成了北京乃至全国汽车流通领域公认的中高档豪华级汽车消费的聚集园区；被政府授予"文化创新聚集区"，为推动地区的经济发展和增加就业、拉动经济消费，增加税收起到了积极的作用。金港打造园区的创意理念是：为汽车爱好者，提供汽车文化、休闲、娱乐的氛围；为汽车运动者，提供安全、专业的运动场；为汽车消费者，提供舒适便捷的消费环境；为汽车制造商，提供品牌传播的平台。历经风雨，伴随着中国汽车运动的发展，金港见证了无数汽车赛事，创造了数项中国汽车运动的第一：中国首家经营性超级短道；中国首届场地越野锦标赛；中国首个场地越野赛道；中国首条F3赛道；中国首条GP2赛道；亚洲赛车节（亚洲GT）首站；F1赛车第一次进入中国赛道；FIA GT1北京站。2016年，金港企业即将腾飞，中国超级跑车锦标赛（China GT）和中国老式汽车集结赛China Classic Car Rally（China CCR）等赛事蓄势待发。

金港人通过十几年的不懈，已在中国打造了特色的金港汽车文化产业公园，企业得到了快速发展，同时在中国业界形成了良好的口碑，并做到了品牌输出与连锁发展。

1.北京奥迪金港汽车公园：北京金港汽车公园作为汽车综合体的典范，以汽车运动带动汽车文化，从而促进了汽车贸易与服务，是中国首家从事汽车公园咨询、投资、招商、建设、管理、经营的公司。从2001年开始建设并招商引资，发展到现在的文化创意产业聚集区。已经形成集汽车贸易、汽车文化、汽车运动、汽车休闲、汽车娱乐、汽车媒体、汽车装饰、汽车金融、汽车保险、汽车救援、汽车综合性服务为一体的以汽车为载体、以创意为平台的多功能产业集群。

2.海峡金港：海峡金港赛道位于福州青口海峡汽车文化广场，由海峡金港汽车文化广场（福州）股份有限公司管理运营，与2013年5月28日竣工，是以高品质的赛车文化为依托的现代化汽车商务服务平台。该赛道是按国际汽联标准建设的中国首条0-400米美式专业直线竞速赛道，具有很强的抗温差能力和透水性能，可容纳4辆赛车同时比赛。除可举办汽车直线竞速、漂移等赛事活动外，还可满足各类汽车厂商性能测试、新车发布展示及消费者购车前试乘试驾等功能。

3.华中金港汽车公园：华中金港汽车公园位于武穴市，项目总用地1070亩，商业用地240亩，住宅用地60亩，汽车公园占地770亩，建成后将成为华中地区规模最大，功能最全，品味最高的，以汽车文化为主题，集汽车运动、汽车娱乐、汽车展示、汽车销售、汽车改装、汽车零配件供应为一体的大型汽车综合体。

4.山东骏腾金港汽车运动广场：山东骏腾金港汽车运动广场是山东骏腾文化体育发展有限公司与金港汽车文化发展（北京）股份公司共同打造，是山东骏腾金港全方位发展汽车运动、汽车文化发展的第一步。目前竣工的一期工程为骏腾金港汽车运动广场，二期工程完工后将拥有纳斯卡高速环形赛道、直线加速赛道、汽车电影院，三期工程完工后将有2—3个品牌体验中心、汽车露营基地、汽车改装店等，成为集汽车运动、汽车贸易、汽车文化、汽车休闲、汽车娱乐等于一体的综合性赛车场。

5.保定金港巨威：金港巨威汽车展示服务有限公司是国内专门从事以汽车文化带动汽车产业综合发展的汽车文化产业创新型企业。公司以打造高品位

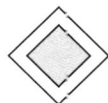

汽车公园为主营业务，以带动汽车相关贸易、文化、运动、休闲、娱乐、媒体、金融、投资、保险、车装、救援等综合性服务协同发展为目标，沿汽车产业链多向延伸，完美融合汽车主题园区和文创产业并形成聚集效应，是国内专业从事的汽车主题多功能产业聚集区的开发者和缔造者。

此外在成都、肇庆、鄂尔多斯三个城市，也成功地复制了金港汽车公园的模式，分别建成了集汽车运动、汽车贸易、汽车文化为一体的汽车公园。通过品牌输出管理和连锁经营，未来中国将会有更多的金港汽车文化产业园诞生。

据金港企业创始人、董事长兼首席执行官叶明钦先生介绍，未来金港将致力打造中国汽车文化体育产业第一品牌，为塑造百年金港打好基础。借助当下的互联网+、通过资本整合的金港汽车文化发展（北京）股份有限公司，将以汽车为载体的综合性体育文化公司，打造独创的、可复制的、可持续发展的集汽车运动、汽车文化、汽车娱乐、汽车休闲、汽车贸易和服务为一体的汽车体育文化创意集聚区。在中国开创汽车体验的先河，为汽车厂商设计、投资、建设、管理驾驶体验中心。把汽车运动大众化、娱乐化、规模化，打造几个中国顶级乃至世界水准的汽车赛事（体育IP）。在中国汽车运动史上不断树立新的丰碑。同时将作为中国汽车文化的上市第一股，实现对历史、对手、自己的全面超越。

◆案例二：苏奥电商产业园

作为前身是房地产开发商的苏奥电子商务产业园创始人，陆学政董事长正率领他的团队在电商产业地产中开拓他的成功事业。可以说，从中小型房地产开发商转型产业地产需要很大的勇气和魄力，但他以福建人这种敢为天下先的精神，紧跟移动互联网时代发展方向的战略思维，从众多中小型房地产开发商中先人一步，全身心的在江苏沭阳开拓了特色产业地产——电商产业园，积极响应当地政府加快产业升级的号召，从而得到政府上下各部门的大力支持，同时也得到各路资本投资人的青睐，在实践中并取得成功，相信在未来，在资本市场及投资人轮投下，他所复制的电商产业园将一个又一个发展起来。

电子商务蓬勃发展，成为中国经济新的增长点，推动传统产业转型升级的重要途径。苏奥电子商务产业园作为沭阳第一个专业的电商产园区之一，集聚了品牌电商、代运营、电商培训、信息软件、物联网、移动互联网等电子商务相关企业，并配套了星级公寓、创客空间、金融融资平台、技术交易和转让平台，同时也是集办公休闲为一体的现代式电子商务产业园，从而构建了良好的电子商务生态圈。

为帮助入驻企业更好地发展，苏奥电子商务产业园区为企业搭建了产业培育、技术支撑、科技金融、人才服务、法律服务等七大公共服务平台，为园内企业提供创业辅导、人才引进、产学研合作、投融资、项目申报等一系列服务，通过举办电商沙龙、电商峰会、公开课、资本对接会、政策讲座、技术交流会等，为企业创造良好的学习交流和成长环境，营造浓郁的电子商务创新创业氛围，助推企业健康快速发展。苏奥电子商务产业园孵化器为园区科技类中小企业提供孵化培育平台，通过一系列的服务和扶持，降低中小微企业的创业成本，减小创业风险，促进企业自主创新，培育更多优秀的企业。孵化器聘请了创业导师，包括政府机构领导、成功企业家、行业资深人士、管理培训专家、投融资人士等组成的创业导师团，为在孵企业提供一对一及一对多创业辅导，为企业的经营把脉。孵化器不定期举办导师接待日、创业诊断沙龙、在孵及毕业企业交流会、专题讲座等，帮助企业解决在发展过程中遇到的各种难题，免去企业在创业之初的后顾之忧，助推企业快速成长壮大。

苏奥电子商务产业园将以"打造国家级电子商务示范园区、国家级科技企业孵化器"为宗旨，在主园成功建设的基础上，将以"一园多点"模式开拓分园，并将进军跨境电商，打造沭阳电子商务产业网络园区，为更多的电商企业、科技企业，以及其他国内相关企业开拓海外市场、高科技项目投融资对接进行全面服务。

一个产业，影响一个时代。电商作为一种新型产业，近年来蓬勃发展。电商的互联网基础建设已经基本形成，苏奥电子商务产业园区作为行业内的领军企业，具备先行者的条件，做好行业带头人，城市发展贡献者，推动沭阳智慧型城市发展做出示范作用，从而带动当地产业高端化发展。

◆案例三：金田影视产业园

在众多中小型房地产开发商纷纷谋求转型发展时，各种产业园更是如雨后春笋般涌现出来，金田影视产业园总经理杨峰就是一个在地产行业浸淫多年的老手，可以说曾经叱咤风云、纵横疆场多年，在房地产行业，为城市建设留下了诸多成功的经验和优秀作品。而让人意想不到的是，杨峰却在功成名就时选择了一个并不十分熟悉却有着自己想法的影视地产，创新开发了北京市文资委重点文化产业示范园金田影视产业园。用杨总的话说，这就是这一两年大家都挂嘴边上的"转型"。他认为，从传统地产的角度来看，黄金期已过。但产业地产才刚刚起步，黄金十年会到来。他说目前产业地产行业可能是面临一个重大的新的机遇，可能新的黄金期就会到来。

金田影视产业园位于北京市朝阳区豆各庄5000亩金田郊野公园内，项目将依托金田公园的独特地理位置及自然环境优势，打造传媒产业走廊中以影视为主题的花园庭院式的文化创意智慧产业园，已申报文化创意产业聚集区。金田影视产业园目标定位为北京市朝阳区影视产业基地，发展主线：全国卫视电视台"使馆区"、新媒体影视产业"聚集孵化区"。其中包含：全国各卫视

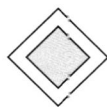

电视台企业总部、新媒体影视企业聚集区、影视后期制作中心、影视文化交流培训中心、影视SOHO办公配套区、高清数字演播大厅、实验小剧场等。基地将创建金田影视联盟，形成以影视为主体，利用产业聚集的智慧碰撞，打造影视全产业链的精品影视基地，专门对影视、电视、互联网视频和互联网新媒体以及这种相关的产业高度聚集的一个产业园区。推动影视新媒体的行业发展。

我们反观美国，美国的洛杉矶为什么成为全球的一个影视的基地？它实际上是由几家龙头企业以及相关的很多影视相关产业高度聚集形成的整个产业形态，相当于做了洛杉矶的一个非常重要的产业支撑。我们当初也希望在北京这样一个传媒产业的核心区，又是这么一个低密度的建筑规划的园区里，做出一个高效的能支持中国文化产业，尤其是影视方面能支撑起来的一个园区，这是我们选择做影视产业园的初衷。

按理说，在房地产混舒服了，谈"转型"二字是需要相当大的勇气的，而做好"转型"那是更需要惊人的智慧的，而这种智慧更多体现在理念上，体现在对传统经验的自我否定和颠覆上。作为地产领域的一个分支，产业地产虽不如商住地产那样暴利，但与普通行业相比，仍具有相当可观的利润空间，而且这也是未来发展方向，尤其以前我国产业发展不成熟，很多产业地产从业人员单纯地将产业地产看作地产，忽视了其原本蕴含的产业要义，虽在短时间内获得暴利，但却为日后产业地产遭遇瓶颈埋下了伏笔。如今市场上一种观点就是非此即彼。有的人做产业地产唯地产是从，也有的人讲"去地产化"，实际上，这在杨峰看来，产业地产其实不是房地产，但在现阶段又不能完全剥离房地产。

杨总举例说，美国也有产业园，但是它的产业园往往是一个大的企业，我们中国却反过来了，我们先从房地产发展以后，得到了一些经验，包括财力，然后我们反过来支撑这样一个产业，可能道路的方向目标一样，路径却不太一样。产业地产其实本身应该是在产业里面的一个重要支撑点，它是一个空间，但是这个空间跟产业是有关联的，它不是个简单的空间或者房子。"我们实际上现在做的相当于为影视行业、产业定制化的一种模式，很多的空间都是为他们定制的。当然，以后再往下发展的时候，这种定制会越来越精准。我觉得这跟房地产是完全不同的一个方向。"杨峰说，"我们过去做房地产的时候的理解是，买

了地，盖房子，要么就卖掉，要么就出租经营，这是一个业态的方式。我觉得这种产业地产更像是一个大商场，或者像一个Mall。Mall整个的产业形态它是有关联性的，它的主力店、它的精品店，它的各种各样匹配的小店，包括吃喝玩乐的东西都是有规律的，是有它内在的联系的。我们现在更像一个大的Mall，所以我们这个产业园也叫Mall Office，是一个类似Mall的概念，聚集产业区。"

很多人认为房地产开发商出身做产业地产永远会故步自封，停留在房地产开发模式里不能自拔，而杨峰却恰恰利用了自己多年房地产经验和人脉及整合资源的能力，为后来在影视产业园的成功运营奠定了基础。他清晰地认识到产业地产与地产的区别，但也并没有刻意回避地产带给自己在产业运营上的优势。就他自己而言，他认为，作为房地产开发商最大的优势就是对于各种社会资源的整合能力，至少有三种能力是他自己的切身体会。首先是对土地资源的整合；第二个就是在资金方面和市场方面如何对接，也是我们房地产商的一个优势。我们运用社会资金、政策资金、股东资金，本身房地产就是一个资金高度密集型的行业，作为开发商对资金的应用也比较熟练；第三就是各种社会资源的整合能力。比如说政府的教育、政府的体育设施、政府的配套设施，包括后面的很多商业配套、交通、市政，都是由很多房地产商来完成的，来变相支持社会的发展和社会的需求。然后才取得了我们今天看到的中国城市大发展的繁荣景象。这些都是房地产商在行业里面比较突出的一些能力。

"我觉得不管做什么，地产也好，产业也好，最核心的还是得有一个非常清晰的盈利模式，我们现在的盈利模式应该说还是以地产支撑点往上走的，我们如果离开地产这样一个盈利模式的话，我们就失去了支撑的基础，我觉得这是一个最核心的东西。我们现在就是用地产的租赁业务的回收来盈利，以及金融业务的抵押、信用、担保等。包括未来我们正在探索资产证券化的一个过程，包括上市也好，还是发债也好，正在探索过程中，最终还是要达到你的收益。我认为这是我们做产业地产最核心的一个模式。"

金田影视产业园在影视主题上对产业园进行了细分的市场开拓，杨峰也从房地产开发商到影视产业园运营者的智慧转身，从而为我们树立了一个不拘泥于房地产开发商转型产业地产运营者的成功样板。

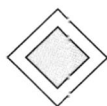

新型城镇化风口终将到来

新型城镇化，成为国家新战略。在十八大以后，新型城镇化被提到了新的战略高度，这是中国经济和社会新的发展战略。这一新战略的提出，标志着中国经济社会发展方式将由高速发展向均衡发展转变，将由集中配置资源的方式向均衡配置资源的方式转变。新型城镇化在国家战略和"十三五"指导下强调全面提高城镇化质量，加快转变城镇化发展方式，是以人的城镇化为核心，有序推进农业转移人口市民化；以城市群为主体形态，推动大中小城市和小城镇协调发展；以综合承载能力为支撑，提升城市可持续发展水平；以体制机制创新为保障，通过改革释放城镇化发展潜力。"以人为本、四化同步、优化布局、生态文明、文化传承"，新型城镇化能够有效促进经济转型升级和社会和谐进步，为全面建成小康社会、加快推进社会主义现代化、实现中华民族伟大复兴的中国梦奠定坚实基础。新型城镇化在扩大内需方面具有巨大的潜力，将成为未来中国经济发展的最重要动力，不管当下如何，新型城镇化风口终将到来，同时也为众多房地产开发企业转型或升级参与提供了新的发展机遇。

新型城镇化与传统城镇化的最大不同，在于新型城镇化是以人为核心的城镇化。李克强总理曾经指出，城镇化不是简单的城市人口比例增加和面积扩张，而是要在产业支撑、人居环境、社会保障、生活方式等方面实现由"乡"到"城"的转变。新型城镇化的"新"，是指观念更新、体制革新、技术创新和文化复新，是新型工业化、区域城镇化、社会信息化和农业现代化的生态发育过程。"型"指转型，包括产业经济、城市交通、建设用地等方面的转型。环境保护也要从末端治理向"污染防治—清洁生产—生态产业—生态基础设施—生态政区"五同步的生态文明建设转型。

集约、智能、绿色、低碳，应该贯彻到城镇化的生态文明过程与行动上。

新型城镇化注重保护农民利益。新型城镇化将作为拓展农民就业的重要空间，旨在实现人们在家门口就业，将农民变成产业工人，需要以城市带农村、工业融农业、公司带农户、生产促生态，与农业现代化相辅相成，同时注重生态基础设施和宜居生态工程建设，最终达到造福百姓的目的。新型城镇化还将推进产城融合。在推进城镇化时应注重城镇产业经济的培育，重视二、三产业的转型升级。逐步形成大中小城市和小城镇、城市和农村合理分工、特色突出、功能互补的产业发展格局。同时实现新型城镇化与工业化、信息化、农业现代化的互动。

新型城镇化将主要是以产业导入、产业升级和新兴产业为发展思路，显然不是房地产化。对于房地产开发企业而言，新型城镇化不是新一轮的"地产狂欢"。中国经济结构的调整和产业升级、新兴服务业的发展是新型城镇化的基础和前提。没有产业，就没有真正意义上的人口聚集，也就没有真正意义上的新型城镇化。要实现新型城镇化的整体发展，首先要依赖于土地这个核心的、先导的生产要素，同时也要依靠于房地产行业的资源整合能力、服务运营能力和金融平台支持。这就为房地产发展、产业发展和新型城镇化发展找到了共赢的支点，因此布局新型城镇化的房地产开发企业必须要与走产业结构调整、与产业升级、与新兴服务业发展相结合的新型城镇化路径相同，从而才能抓住新型城镇化的风口。

新型城镇化更是为房地产行业未来的发展留下了耐人寻味的空间，房地产开发商完全可以成为新型城镇化发展中的核心力量和有力推手，房地产业在新型城镇化发展中完全可以发挥出更加重要的作用。第一，新型城镇化的基础设施建设规模巨大，并要求城市功能向集约化发展。这就要求房地产开发商具备更为专业的城市综合开发的能力，能对城、镇区域进行整体成片开发，具有规模化、专业化、高效化的特点，房地产开发商转型升级城市运营商将是中国未来优秀房地产发展商角逐的最佳高地，房地产开发要从单一楼盘或者单一项目的开发转向城市综合功能的开发，这符合中国的城镇化发展方向，从而能较好满足新型城镇化建设的需求；

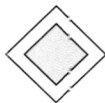

第二，在"互联网+"时代下的新型城镇化在国家层面最重要的意义，就是承接城市有中等消费能力群体的消费升级，在拥有了住房、汽车之后，他们需要远离越来越拥挤的城市，去享受文化娱乐生活，通过新型城镇化带动消费及拉动内需。房地产开发商在转型升级新型城镇化建设中，积极触网，在"互联网+"环境下基于互联网能聚合客户资源能力、互联网金融能力等创造新的商业模式，改变传统房地产商的融资模式，有了资本的支持，房企才能够讲转型，才能实现新型城镇化运营。中国地域广大、可服务和开发的空间、类型很多，新型城镇化的产业需求也非常大。

目前大城市郊区及众多中小城镇等新型城镇化建设因其所处的位置和经济发展阶段，决定了这些区域在文化创意产业、文旅产业、养老产业、度假产业、特色小镇、生态休闲农业等方面的独特发展优势，现在这些新型城镇化及产业发展正是中国经济转型和升级的主流方向，在宏观政策面得到了政府和政策有力的鼓励和支持，正处于发展的黄金期，现众多的房地产开发商已开始布局这类的新型城镇化，为发展需要转型升级成为城市运营商，如大型房企华侨城、万达、碧桂园、绿地、绿城、世纪金源等，当然中小型房地产开发商在细分市场中也有自己新型城镇化的布局。

◆案例：华侨城"文化+旅游+城镇化"新型城镇化发展模式

华侨城集团因中国主题公园领跑者闻名。作为亚洲第一的文化旅游运营商，今天它将基于在主题公园和旅游地产的深厚积累，率先开启转型之路。在"十三五"规划和新型城镇化国家战略的指导下，华侨城集团将自身的文化旅游优势与国家战略高度融合，创造性提出"文化+旅游+城镇化"的发展模式，推进新型城镇化破题，开拓文化创意和文化科技创新业务领域的新探索。作为中国最早的现代城市规划和运营的实践者，华侨城参与城镇化的历史可以追溯到二十世纪八九十年代。当时，深圳华侨城总部所在地还是一片距离罗湖中心远达1小时车程的荒凉之地，通过数十年的文化相关产业开发，这里逐步形成了涵盖主题公园、美术馆、社区、商业街、生态湿地等要素的功能性次中

心城区。这种成片式开发的模式也被应用到北京、成都、上海、武汉等地的项目中，让"造城"成为华侨城的标签之一。

随着新型城镇化的深入推进，华侨城提出了"文化+旅游+城镇化"的发展模式和"旅游+互联网+金融"的补偿模式，并陆续签约深圳"甘坑新镇"等新型城镇化项目。

作为华侨城首个"文化+旅游+城镇化"项目，"甘坑新镇"与以往项目不尽相同，不仅着眼于"造城"，更要"优城"。

"甘坑新镇"项目具有一定的文化旅游基础，这里不仅有农耕保留用地、山地和湿地等生态保护用地、厂房和旧村落，还有一座客家旅游小镇——甘坑小镇。自2014年投入运营以来，甘坑小镇的客家传统建筑、手工艺、美食，吸引不少游客慕名前来。华侨城介入后，将为这里导入整体策划、管理和资本能力，引进和培育具有高科技含量和高艺术水准的原创文化内容产业，促进这一地区的进一步转型升级。

"甘坑新镇"也是华侨城首个以PPP（政府和社会资本合作）方式深度参与的城镇化项目，由华侨城集团、龙岗区政府、深圳市甘坑生态文化发展有限公司三方合作开发，在一定程度上拓宽了中国企业参与城镇化的路径。有消息称，下一步，华侨城与龙岗区还将加快推进深圳低碳城等城镇化项目。

纵观国内外众多实践，城镇化不是简单地让农民进城、上楼，参与城镇化更不是盖楼、炒地，而是要在发展中关注人的需求、文化传承和可持续发展。在中国新型城镇化的时代大潮中，以华侨城为代表的企业率先破题，提升传统城镇的公共文化和公共服务，以文化创意植入推进当地产业转型升级发展。这个模式一旦试水成功，或将是经济发展与国民乡愁这对矛盾共同体的最佳解方式之一。

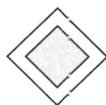

房地产跨界、多元化、多产业风口

在房地产行业平均利润率滑坡的大背景下，因为整体房地产市场需求在下降，市场蛋糕在缩小。房地产将面临行业顶峰期，然后逐步回落，这是大多数房地产商都能看到的趋势，无论是出于盈利压力考虑还是出于行业可持续性发展，房地产开发企业亟须拓展新的盈利空间；其次，随着房地产增量时代的结束，房企依赖原有的发展模式将面临巨大的瓶颈，要想获得持续性增长，房企跨界、多元化、多产业发展几乎成了唯一的选择，当然不同房企有着不同的选择；同时，在"互联网+"下，实体经济与虚拟经济之间的融合、房地产业与非房地产业之间的跨界也蕴含着巨大新的商机。跨界与整合是房企拓展蓝海做增量，实现多元化、多产业经营拓展是房企再次造血获取新生的重要方式。

房地产开发企业通过跨界、多元化、多产业布局、整合资源实现非房地产业务的营运，最终实现战略转型以及获得更大的发展，这是当下众多房地产开发企业突破的方向，机遇与挑战并存，同时也成了房地产开发企业的风口。

其实在当下，房地产开发企业已经是越来越不"专一"了。如万达布局影视产业、互联网金融、文化IP产业、体育产业等，世纪金源布局金融、涉足新能源汽车等，复星国际走得更远，房地产开发、钢铁、矿业、保险、服务业统统包揽；绿地涉足地铁、投资产业，设立金融集团，以及世茂与互联网行业的乐视你中有我，我中有你的跨界整合。还有如今的恒大甚至已不满足单纯的地产公司称谓，拟将公司中文名称由"恒大地产集团"更名为"中国恒大集团"，对于更名，恒大方面的解释是公司的业务近年来变得更为多元化、多产业化，除了传统的房地产开发业务外，还积极跨界、

多元化、多产业拓展了金融、互联网、医疗、足球、影视文化及旅游等产业的需要。2015年TOP100企业中约有25家开始了跨界、多元化、多产业运营，如阳光城进军教育，中天城投进军互联网保险等。阳光城与宜华地产分别发布公告称，公司拟进军医疗行业。

房地产开发企业通过跨界、多元化、多产业的布局，已出现了一批愈做愈强的集团化企业，甚至在其他领域也做到了NO.1。如万达在电影产业现在已经是世界第一，通过跨界做体育现在也是世界第一，旅游也是世界第一，加上商业不动产是世界第一，万达通过跨界、多元化、多产业化已包揽了全世界的行业细分领域产业的四个第一。未来房企通过跨界、多元化、多产业布局及发展"老大"的定位不一定是以"住宅市场"为标准，也不一定以规模化为标准，未来的房地产业"老大"定位标准可能更多是跨行业、多元化、多产业多个"老大"同时出现。比如传统住宅领域"老大"、物流地产领域"老大"、农业产业领域"老大"、养老地产领域"老大"，或者其他细分地产领域"老大"。诸如像万达这样的企业。因此众多房地产开发企业在转型升级过程中，要有勇于拼搏和开拓的精神，去抓住这样的风口，才能使企业愈做愈大。

◆案例：中国恒大集团跨界、多元化、多产业布局战略

仅仅两年时间，原本只是在房地产开发行业拥有一席之地的恒大地产，俨然已经成为涉及地产、金融、文化、体育、医疗健康、快速消费品、互联网等多元化、多产业化的巨无霸企业。目前，恒大地产集团已更名为中国恒大集团，可以看出地球人已经无法阻止恒大这样的步伐了。两年前，当恒大地产旗下足球俱乐部第一次问鼎亚洲冠军之际，该集团凭借饮用水产品"恒大冰泉"开启多元化战略之门；两年之后，同样是亚冠冠军争夺赛场上，"恒大人寿"骇然出现在世人面前。恒大正在"拼接"起一个怎样的商业帝国？

2015年11月22日，恒大集团举行发布会，旗下保险公司恒大人寿正式亮相。这是该集团自今年9月收购合资保险公司中新大东方以来，首次就金融业

务发声。事实上，前一晚的亚冠冠军争夺赛上，"恒大人寿"作为恒大足球队球衣胸前广告，已经成功实现了它的首秀表演。据恒大方面披露，恒大人寿将作为集团进军金融行业的第一步，早期业务覆盖寿险、健康险和意外伤害险等。在外界看来，恒大以40亿的巨资接盘了一家并不太理想的标的，但这并不重要，因为在恒大董事局主席许家印的战略布局中，这是必然而又最快捷的方式选择。据了解，恒大人寿将借助邮政储蓄等多渠道开展保险业务，试图在2018年底使恒大人寿的资产规模达到1000亿以上，较今年6月的水平大增26倍。保险业务只是开端，恒大有可能在此基础上，借助互联网平台开展更多样化的金融服务，从而打造恒大自己的金融帝国。

对于恒大进军金融行业的动因，广州一位业内人士评论称，最近两年来大地产公司都有与金融抱团的趋势，例如平安成为碧桂园第二大股东便是地产企业为自身打开金融路径的战略选择。而在多年以前，王石曾经预言，将来的房地产市场如果没有几千亿的融资平台，地产公司将沦为金融机构的打工仔。事实上，就在广州本地企业中，地产公司涉足保险业务者早有先例，朱孟依旗下的合生珠江系早已创立珠江人寿。有接近珠江人寿的人士曾透露，自从保险业务开展以来，公司资金颇为雄厚，"随便发一个产品就上百亿资金"。

恒大对外表示，该集团住宅产业在170多个主要城市拥有大型项目400多个；快消产业在全国发达地区设立747个销售分公司、130多万个销售网点。强大的销售网络将对开展保险等金融业务形成支撑。同样可以预见的是，一旦保险和其他金融业务得以做大，其强大的资金来源将对恒大原有的房地产业务形成良好的反哺，从而极大地降低房地产融资门槛和融资成本。

自从许家印在2014年中的集团内部会议上提出"世界500强"目标以来，该集团旗下多个产业一直处于高速扩张状态，虽然同期国内宏观经济形势并不理想，但恒大的步子走得非常急促。首先是近年来并不被看好的地产业务，成为恒大扩张的先锋。

除了地产业务，恒大在医疗、快消等产业上的布局也相继推进。在医疗方面，该集团旗下的首家整形医院已经开业，而社区互联网医院的数量有望达到12家。2015年10月19日，恒大集团又竞得海南博鳌乐城国际医疗旅游先行区

3号-2地块,该地块为医疗用地,面积8.1万平方米,将建设临床、教学和科研三位一体的新型高端国际医院和研发平台。由此,恒大已经构建了多层次医疗体系:社区医院、综合医院、整形医院三大板块,同时纳入香港上市平台恒大健康(00708.HK)旗下,并且通过互联网实现资源共享。另外值得提及的是,恒大旗下另一上市平台马斯葛已经在2015年11月18日更名为恒腾网络。这是恒大与腾讯合作的一项业务,希冀凭借恒大旗下400多个社区,将"最后一公里"这块蛋糕做大做强。

相对于上述业务而言,恒大在快消领域的布局有点不温不火,其饮用水、粮油、奶制品乃至畜牧业没有明显动作。不过知情人士称,这并不代表恒大将放弃这些业务,相反,这些产品将作为恒大最后一公里的社区增值服务中颇为重要的角色出现,只是目前尚处于布局阶段。

种种迹象显示,恒大在跨界、多元化、多产业化扩张型战略依然处于快车道上。在实力和品牌上,中国恒大集团目前其总资产近7000亿,已于2015年5月入围福布斯世界500强企业。

Chapter 10

第十章

房地产+大金融风口

　　未来10年，无疑将是房地产金融的黄金10年。无论是房地产金融化，还是金融房地产化，无非都是在说明房地产与金融的高度融合的重要性。在竞争对手出手越来越快、规模越做越大的背景下，房地产最终白热化的竞争就是资本的竞争，谁对资本有话语权，谁就处于绝对有利的位置，可以雄霸天下，就能跨界经营，就能多元化经营，就能出海。因此谁具备大金融思维，并能驾驭资本市场，谁就是王者。在大金融时代，随着资本市场和各种金融工具的放开，房地产+大金融必将成为房地产企业做强做大并走向成功大结局的风口。

　　互联网金融是移动互联网时代的产物，是有可能进行弯道超车使中国经济做强做大的金融形式。对资金高度密集型的房地产开发企业而言，能够积极借助互联网金融的东风，通过各种方式打通融资渠道，是当下时代房地产行业成功转型的重要手段。房地产众筹作为新型的募集手段，将会带给房地产行业更多的惊喜。房地产开发企业设立基金或引进私募地产基金PE进行股权投资或联手合作也是一种转型思路。房地产RIETS作为国际上常用的资产证券化金融手段，必将在房地产市场开花结果。房地产在资产回报降低、行业竞争加剧的时代，向轻资产转型是众多房地产开发企业重要的战略方向。房地产开发企业在这转型中要利用可利用的一切资源让自己能够对接资本市场，让企业特别是中小型企业能够通过拆分上市、重组或被重组、兼并或被兼并、并购或被并购等金融化手段在时代转型中先让自己活过来，然后，通过各种金融手段募集更多资本再做强做大。对于保险和社保等资金对中小型房企目前来说，是可望而不可及，但对于大型房地产企来说，是需要争夺的重要资本。但，利用这些资金有风险，"野蛮人"保险资金企业早对房地产行业虎视眈眈梦想对房地产产业链的布局，为创百年基业奠定更扎实的基础，例如正在上演的万科与"野蛮人"之间的恩怨。布局大金融，全面收集金融大牌照，抓住大金融超级风口，进行产融相结合，企业走向多元化，迈向国际大舞台，是作为房地产人的一个梦想。

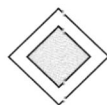

房地产+互联网金融风口

互联网金融的大幕已经拉开。这是一场金融变革的盛宴，不论你是否准备好，你都将融入这个新的金融世界。互联网金融近一两年来横扫中国各大行业，已成为了中国经济的一个大风口。随着移动互联网时代、"互联网+"时代的来临，互联网金融应运而生，登上了革命的舞台。互联网金融在支付结算领域，第三方支付公司已经成为网上支付的重要力量，过去几年增长率几乎在100%以上；在信贷领域，P2P网络平台、众筹等新模式异军突起且有燎原之势；在互联网理财领域，支付宝旗下一款名为余额宝的产品，用不到一个月的时间催生了客户数量最多的货币基金，半年的时间就已经成为中国最大的过千亿元的货币基金。互联网金融催生了大量的商业模式创新。

互联网金融带来的变革，总结起来有三个：

第一，创造需求。货币市场基金在支付宝推出之前，国内的70多家基金公司不遗余力地推销了至少超过五年的时间，但推销了五年的时间的货币市场基金却没有支付宝推出半年的时间获得的规模要大，原因就是没有创造需求。

第二，提高效率。传统模式没有办法很快聚集起有那么多有供求关系的人，并在这么多人里面做匹配，但有了互联网，就有了可能。

第三，跨界混搭。跨界混搭是互联网发展到一定阶段的必然结果。当一个传统领域出现一个利用互联网发展的搅局者的时候，一般会经历三个阶段。第一个阶段，这个搅局者吸引了所有人的目光，可能成长很快，也可能出名很快。但是第二个阶段，当这个搅局者危害了大家利益的时候，大家会联合起来抵制他，或者说联合起来要对付这个搅局者，这就是为什么现在搜房网和安居客这会受到传统中介抵制的一个很重要的原因。第三个阶段可能是两个

结果，一是这个搅局者被干掉，这个市场还恢复到原来的状态，二是大家跟这个搅局者联合起来共同提升，把蛋糕做大，从而增加自己的利益。

互联网金融的众筹、P2P、第三方支付等多种形式，对传统金融造成了冲击。同时，互联网可融合内容较为丰富，多种需求可相互嫁接结合，这些新的金融服务模式、思维与房地产业的金融需求相结合，进一步打开了行业创新的空间和可能。互联网金融已经不是金融机构之间的同业竞争，而是需要面对更多来自跨界机构的竞争。在未来的竞争中，金融机构需要探索如何"做得不同"而不仅仅是"做得更好"。企业发展的好坏不仅取决于竞争者，企业自身的经营理念和管理方式是决定性的因素。互联网的最大价值并不在于其自身能产生多少新东西，而在于其对已有行业的潜力的再次挖掘、提升。互联网金融模式会催生巨大的商业机会，但也会促进竞争格局的大变革。

处于改造升级和转型的房地产开发商已盯上了房地产+互联网金融的这块大"蛋糕"。因为房地产+互联网金融将迎来万亿的市场规模，因此许多的房地产开发企业正快跑进入互联网金融领域。万达、绿地、复星、保利等房企纷纷进入互联网金融领域，百强房地产企业中，已经有四成企业通过各种方式进入互联网金融领域。房地产与互联网金融相结合，具有资产更优、产品更安全、投资更灵活优势。房地产+互联网金融优势在于，房地产行业资本雄厚，大量资金深入互联网金融市场能够促进房地产企业多元化发展，并将互联网技术与房地产行业相结合，让房地产开发商实现轻资产转型。互联网金融已经成为房地产开发商的一个新的融资选择，金融机构正不断加强对房地产各环节的参与度，房地产开发商也在积极主动地参与地产的投融资业务拓宽自己的融资路径。目前，无论是购房者还是开发商，对于互联网金融产品都有需求。

万科、万达等房地产企业都将互联网金融作为转型或者业务的延伸方向。万科在去年就涉及过互联网金融业务。万科集团和平安集团联合推出"平安万科购房宝"的理财产品，该产品最低5万元起，期限从3个月到1年不等，收益包括年化收益率约6.5%的预期现金收益和年化收益率

3%至5%的积分收益，首期面向上海万科的四个楼盘。宣布第四次转型的万达已把金融板块纳入集团主业之中，形成地产、金融、电商、文旅四大板块并重的格局。万达将上线电商平台"飞凡网"，同时试水互联网金融产品。据了解，此前收购的第三方支付平台快钱公司也会成为万达打造互联网生态链的重要力量。万达拥抱互联网，首先通过万达电商增加线下消费者的体验感和黏性，培养万达的忠实用户，再通过互联网金融这个大方向去赚钱，甚至反向改造万达目前最核心的房地产业务。显然，互联网金融或将成为万达完成第四次转型的重要催化剂。

绿地战略布局互联网金融，大胆创新试水资产证券化。首度试水推"绿地地产宝"产品，对接中小房企解决融资难题，设金融资产交易中心，携手陆金所众安东方，打造金融产业生态圈。金茂地产全方位试水互联网金融，联手淘宝微信网上购房，借力腾讯"Q贷"蓄客锁客，半年增长58.6%。还有万达的"稳赚一号"、碧桂园上海项目通过互联网平台众筹资金建房。

根据目前房地产+互联网金融发展的实践，房地产+金融的发展主要表现为以下三个方面：第一，P2P。主要是好房宝、好房贷解决购房者置业资金问题。资金问题银行解决不了，只能通过互联网解决，资金有了，就有人去买房了。第二，众筹。众筹主要是解决开发商的资金问题。第三，大数据营销。大数据营销非常重要，万科已经在做了，万科去年利月淘宝销售很多产品。从以上可以看出，房地产+互联网金融将会创造出更大的风口。

◆案例：互联网金融+房地产的几种模式

万达、绿地、碧桂园等龙头房企纷纷进军互联网金融，平安、易居、搜房等企业更是谋势布局，希望分一杯羹，那房地产互联网金融到底解决了什么问题？效果如何？未来出路在哪儿？

模式一：融资型众筹

★案例1：万达稳赚1号

这种类型的众筹目的都是融资。万达开展互联网金融，一方面是由于土地红利递减，想走轻资产的道路，另一方面它有得天独厚的条件，依托万达广场，有庞大的商家和客流的数据。该项目通过快钱平台，面向普通投资者开放。项目标的主要是万达商业广场项目，集中在二、三线城市。其认购门槛很低，每份1000元，1份起购，最多只能认购1000份。投资收益分为两个部分，一部分是基础年化收益，大概6%，另一方面根据未来物业增值有6%—14%的收益，也就是总共有12%—20%的收益，比一般理财产品高很多。投资者认购以后，钱就进入了万达的项目，万达就实现了轻资产运作。一方面万达有运营收入，另一方面可以获得资产增值收益的30%。万达就从依靠资金杠杆，转化为依靠经营杠杆。营业模式改变，背后依托的是万达的信用背书。实现众筹以后，万达投入的是代建和运营，更多的是运营，回报的是运营收入和资产升值30%。众筹投资者投入的是资金，回报的是比银行利率高的年化收益和资产增值70%。当时万达内部员工都积极参与，可见对这种模式非常有信心。当然这背后也有风险：商业运营的高回报压力；7年封闭期偏长；REITs变现政策风险。

★案例2：绿地地产宝

绿地地产宝已经发了2期，每次2亿左右。投资门槛很低2万起步，有安邦财险保证收益。投资者通过第三方的风险渠道，即陆金所和蚂蚁金服来买，一年可以获得6.4%的收益。这个收益由保险公司做本息保证。绿地获得资金后，一方面投到自有项目，另一方面作为中小房企的融资平台，识别项目好坏，项目没什么大问题，就开放给投资者。这个项目依靠的是绿地品牌背书、项目风险识别能力和均衡的风险收益。这样一方面可以建设自己的项目，一方面能收平台费用。背后风险：项目违约风险；优质项目寻找风险；竞争风险。

★案例3：房筹网——高收益+大众化+低风险

运作及收益分配：套利+分级提成。

房筹网有可能形成传统房企的真正对手。它作为大众投资平台，去购买优质物业，资产增值后再卖出去。其承诺的收益在15%—30%超过了绿地万达的

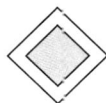

收益，当项目年化收益率少于15%时，房筹网不参与分配。且投资门槛低，对投资者杀伤力很大。同时，由于有专业的投资团队，投资能力非常强，能找到足够的套利空间，所以项目风险低。目前规模还不是很大，只做了十几个项目，房筹网本身还在试水阶段，刚过天使轮，有待观察。

模式二：销售型众筹

★案例1：当代北辰COCOMOMA项目

销售型众筹的目的是去化。

当代北辰项目众筹的目标客户群是购房者，通过无忧网平台，认筹投资份额以后，会得到5%的理财收益，如果投资者要买这个项目，可以获得购房优惠。优惠进行分级补贴，按照房屋面积设计补贴金额。这种机制对不同金额投资额度的经营者进行了激励，也筛选到了理想的目标客户。对投资者来说，算上购房补贴的话，收益率是挺高的。

★案例2：广州北部万科城

这个项目地点比较偏，为帮助去化，万科推出了这个项目。这个项目周期长、门槛高，锁定20%—30%的房款，同时提供了优先选房8.7折的优惠，筛选出目标客户群就是购房者。同时为了保证万科的利益，和平安银行合作引流，要求整个众筹必须要超过1500万。我们看到，在销售型众筹里，房企都会和第三方平台合作，希望第三方平台来引流。

模式三：宣传型众筹

★案例1：远洋地产+京东金融

这类众筹是为了找到更好的有传播手段。远洋地产和京东合作设计了抽奖玩法，远洋拿出11套房子做1.1折抽奖优惠，在京东上发布，24小时内有20万京东会员参与了众筹。这个项目确实产生了很好的宣传效果，但是由于客户群不同，引流京东优质客户的效果不大。我们看到，不同目的的众筹，项目设计的要素不一样，上面是针对地产商的众筹，而在针对购房者的众筹中，互联网电商取代开发商成为主角，开发商主要是参与合作。为什么？比如搜房、易

居等都有很好的客户流量，它就会自然延伸去做产品。这样就很容易和开发商达成共识，让开发商让利。

模式四：首付贷——提升购买力

目的是降低购房门槛。法律规定购房首付门槛是三折，但确实有些客户比如IT员工月偿还能力强，由于工作年限短，付不出首付，这些客户就成为目标客户群。客户可以向P2P平台借款，开发商在中间补贴。比如购房者12%借款利率，借款人承担其中8%，开发商补贴3%—4%。这样开发商能获取更多的客户，加快资金回流。这种重新增大了金融风险，对开发商资质要求很高，且目标客户群相对比较小，所以目前规模不大。

模式五：再贷——以旧换新

这个产品主要是做以旧换新，比如我有一套房子，想买一套新的，等我把旧房子发布卖出去以后，可能新楼盘已经卖完了。这时就可以先把旧房子抵押给第三方平台，平台给客户支付不高于估价60%的贷款，用户拿去购买新房。这种情况需求太少，产品不多。

模式六：社区理财

比如说花样年，就是有名的"羊毛出在猪身上"模式。花样年把互联网金融作为很大的一块，推出了彩富人生、爱定宝、E贷款等等产品。比如彩富人生，投资人投资可以抵物业费，产生现金回报。这样一来，花样年能获得业主数据，与客户建立了高频连接。同时，它自己的小额贷款公司可以向融资方进行贷款。总结来说，房企要在互联网大潮中站稳脚跟，无论是否与第三方平台合作，都必须找到发力点，扎实提高自己的产品设计能力和运营能力。如果跟不上转型潮流，可能会被别人颠覆，成了别人的食物。如果能利用产业发展的规律，主动追求变化，可能会获得重生。

房地产私募基金、REITs、资产证券化

房地产投资,只要不是百分百用自己的资金来投,就涉及融资;站在供需角度,你有项目需要资金支持,你和资本之间是融与投的关系,这是融资思路,项目结束关系结束。当你对项目以及公司的发展有了全局的了解,有了清醒的认识,什么阶段该用什么样的钱,对于融资有了整体规划,你就具备了基本的金融思维。

随着房地产产能过剩,房地产存量市场的到来,结束了房地产暴利时代,房地产将从开发为主阶段进入以开发、存量经营、资产管理的并存时代,未来房地产趋势将以服务经营为主导模式,同时房地产也进入金融化时代。房地产作为一个资本密集型行业,在未来房地产服务经营为主的时代,房地产存量资产的沉淀对资本要求更加突出,为此各种金融服务在未来房地产行业中将扮演更重要的角色。过去金融服务仅靠银行体系单一且围绕住宅地产为主的服务模式将适应不了房地产的未来趋势。未来如存量房、产业地产、综合体等(工业地产、物流地产、旅游地产、特色地产、写字楼、购物中心等)运营模式将是以开发、持有、运营和资产管理等方式,它们这些发展模式需要大量的资本做后盾,需要开启全方位的金融多层次资本市场,以满足未来房地产发展的需要。

房地产开发商目前面临的融资痛点是配套金融服务不发达,金融服务机构不太熟悉房地产新业态的发展。但未来房地产与金融高度融合将是后房地产开发时代的趋势,资本市场提供更多的金融配套服务也是迎合后房地产开发时代的趋势发展。而多层次资本中的房地产私募基金、REITs、资产证券化等这些金融服务的开启,将为房地产开发商从不同方面解决了资本及资本低利率的问题。同时它也是房地产开发商转型和改

造升级的需要，成为房地产的风口。

房地产行业未来的十年，无疑将是地产金融的黄金十年。无论是地产金融化，还是金融地产化，一个新的风口已出现，各房地产开发企业认清自己的定位最重要。

一、房地产私募基金

短短几年间，房地产私募基金作为舶来品在国内已经生根发芽，并且形成了本土鲜明的特色，而部分上市房企的领跑者，早在房地产私募基金扎根之初就开始布局，如越秀、金地、信保、复星基金等已经在地产基金领域建立了自己的品牌，目前国内的上市房企中至少三分之一已经涉及房地产私募基金，尤其是主流开发商，房地产私募基金已经成了标配。新型的房地产私募投资生态圈正在逐步完善，更多的投资机会将涌现，或将助推房地产金融站上新的市场风口。

国内房地产私募基金在短短几年内从100亿的规模蹿升至4000亿以上量级，已难以让人忽视；另一方面在于当前房地产格局发生的变化，房地产私募基金对于行业投资层面的影响将更为深远。行业内认为房地产私募基金才是金融与地产结合的最大领域，况且美国房地产就是以房地产私募基金投资为主要方式。因而房地产私募基金是中国房地产发展不能忽略的重要力量。

在外资私募基金的熏陶下，我国房地产私募基金逐步形成自己特有的模式，目前国内房地产私募基金大致分为四类：一是由房地产开发商主导成立的地产基金，如复地投资基金、金地稳盛基金等；二是带互助性质的独立基金管理人，如中民投、中城联盟投资基金；三是由金融专业人士发起设立的PE投资基金，如鼎晖房地产基金、普凯投资以及高和投资基金；四是部分金融机构和房地产开发商共同组成的利益联盟。目前国内绝大多数房地产私募基金都是前两种，同时，以歌斐资产等房地产母基金形式投资的基金以及星浩资本等全程覆盖项目流程的基金出现，也逐步改变国内

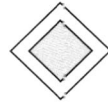

房地产私募基金格局。如果参照美国经验或发达经济体经验，目前中国的房地产私募基金市场非常小，和美国比还相差太远，美国最大的房地产私募基金铁狮门，管理的资产就超过4000亿美金。

根据投资方式的不同，房地产私募基金可分为：债权投资、股权投资以及夹层基金投资，股权投资除了关心投资对象的目前资产状况，更加在意投资对象的发展前景和资产增值；而债权投资关注投资对象抵押资产的价值；夹层融资则是两者的结合，是风险和回报介于优先债务和股本融资之间的一种融资形式。

随着LP构成趋于成熟、基金管理公司更加注重团队以及品牌的内生性建设，势必将带来整个基金行业投资策略的变革。房地产私募基金通过股权投资参与房企项目运作，共担盈亏，为房地产市场注入长期发展资金。股权投资作为一种战略投资，将是房地产私募基金未来发展趋势。统计数据显示，房地产私募基金股权投资比例逐步上升，"明股暗债"的阴影逐步淡化，而部分国内房地产私募基金，如河山资本和盛世神州已开始尝试"去债权化"，朝完全股权投资模式演变。

从投资业态来看，住宅是我国房地产私募基金的绝对主力，募集资金40%投向了住宅，城市综合体其次，占到35%，其余则投向了商业物业、一级开发基金和房地产母基金。近几年随着基金管理团队的成熟以及市场需求的扩容，以综合体开发为主要导向的房地产私募基金明显增长，另外还有部分开始投向了诸如工业地产、旅游地产、养老地产等产业地产。可见国内房地产私募基金正逐步趋于专业化、差异化。

从退出业绩来看，目前国内七成房地产私募基金的退出业绩高于15%，这一收益水平已经要高于公开发行的房地产信托产品，也远高于全球同时期房地产基金退出平均水平，显示出中国作为全球新兴市场代表的巨大吸引力。

目前房地产行业整体利润越来越薄，粗放型的团队，特别是中小型房地产开发商，即使在有好项目的情况下，也应该选择合作或者转手，否则即使好项目也不一定能赚到钱。中小型房地产开发商对于目前的状况，可以

积极拥抱房地产私募基金，不管是股权投资还是债权投资，都是作为转型或打通资本融资的方向之一，因为房地产私募基金未来在房地产行业的份量将越来越重要。

◆案例一：国外房地产私募基金运营

在目前国际私募地产基金格局中，美国的黑石地产基金一枝独秀，依靠其最近在全球募集的133亿美元，牢牢巩固了全世界最大的地产基金地位，喜达屋资本集团、领盛投资管理、铁狮门、凯雷等其他美国系基金在市场上募资活动也非常活跃，同时，新加坡系的凯德基金近年也异军突起，开始在全球主流基金中占据一席之地。从中我们选了黑石地产基金和凯德置地基金来观察国际主流基金的运作模式，对中国私募地产基金以及上市公司来说，都有一定参考意义。

1.美国基金模式代表：黑石房地产基金

黑石集团（BlackstoneGroup）又名佰仕通集团，是全世界最大的独立另类资产管理机构之一，也是一家金融咨询服务机构。其另类资产管理业务包括企业私募股权基金、房地产机会基金、对冲基金的基金、优先债务基金、私人对冲基金和封闭式共同基金等。

黑石集团的房地产基金成立于1992年，经过20余年的扩张，目前已经成为世界最大的房地产私募股权公司，旗下通过机会基金和债务战略基金所管理的资产达790亿美元。当黑石地产基金团队由遍布世界各地的逾200名房地产专业人士组成，投资组合包括美国、欧洲和亚洲的优质物业，涵盖酒店、写字楼、零售业、工业、住宅及医疗保健等各种业态。自2009年年末以来，随着市场的回归，Blackstone的房地产基金已透过其债务及股权投资基金，投资或承诺投资规模达313亿美元。

黑石房地产投资基金一贯倡导的投资理念是：买入、修复、卖出（Buy it，Fix it，Sell it），即买入：以低于重置成本的价格收购高质、能创收的资产；修复：此处的修复是指黑石会参与所投资公司管理经营，并迅速积极地

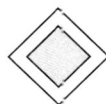

解决其资本结构问题、硬伤或经营问题，这也是黑石房地产基金投资过程中最重要的一环；卖出：一旦问题解决，黑石会将所投资公司卖出，通常是出售给核心投资者。这种模式实际上和我国目前以项目为主的模式非常相似，也因此黑石地产基金的平均持有期一般在三年左右。

从投资策略来看，黑石房地产基金投资从核心型到机会型皆有覆盖，但其最擅长的还是在机会型投资环境中寻找良机，尤其是2008年金融危机以来，黑石更加偏好因过度杠杆融资而致使所有权结构受损的房企，或是寻求大规模退市的上市公司，累计实现业绩改善成效217亿美元。

作为独立的房地产基金，黑石地产基金的运作关键在于修复而不在于运营，所以在退出环节基本上不会接触最终销售终端，快速将改善过的物业或者公司股权转让是最主要的方式，接盘方通常是知名上市房企，如零售商业开发商西蒙地产、工业地产普洛斯等，或者其他金融机构，比如国家主权财富基金、养老基金、对冲基金等，尤其2012年以来，国际资金成本的降低以及主权财富基金日益增加的避险需求使得黑石基金的退出流程更加通畅。

作为典型的美国基金，黑石普遍偏好高杠杆下的高资产收益，并强调规模扩张和由租金收益和资产升值收益的总收益率。一般黑石每完成一次收购，可提取相当于收购资产总价1%的管理费，每卖出一项资产可提取不超过卖出资产价值1%的管理费，其他的基础管理费和运营费也都与资产规模挂钩，这也导致黑石集团在扩张时追求快速的资产价值提升，尤其是在资产连续三年以年均40%以上的速度升值时，业绩提成就变得相当可观。数据显示，黑石从1991年开始至今共实现投资规模279亿美元，累计净IRR达到16%。

2.新加坡模式：凯德置地地产基金

凯德集团原名嘉德置地，是亚洲规模最大的房地产集团之一，总部设在新加坡，并在新加坡上市，地产业务主要集中于核心市场新加坡和中国。凯德集团房地产业务多元化，包括住宅、办公楼、购物商场、服务公寓和综合体，并拥有澳洲置地、凯德商用、雅诗阁公寓信托、凯德商务产业信托、凯德商用新加坡信托、凯德商用马来西亚信托、凯德商用中国信托和桂凯信托等多家上市公司。

凯德基金的起步源于凯德集团轻战略的确定，2000 年新成立的嘉德集团提出了具体而明确的战略转型目标和执行方案，而这一战略重组规划成为嘉德未来地产金融业务成功发展的基础。经过十余年发展，今天凯德集团已构建了一个由6只REITs和16只私募地产基金组成的基金平台，管理资产总额达到410亿美元，其中私募基金规模占到166亿，而投资于中国的私募基金规模达到近半。

凯德置地的私募基金得以快速发展的原因在于两点：第一，借助国际金融巨头或当地优势企业合作力量迅速进入新市场。凯德的私募地产基金合作方包括荷兰ING金融集团、欧洲保险集团Eurake、伊斯兰投资银行Arcapita Bank、花旗集团等，依靠国际金融巨头的影响力，为公司进驻新市场打开窗口，其次，凯德还积极寻求本土优势企业的合作，比如在中国，凯德与深国投、华联商场、万科等合作，为旗下三只私募基金和1只REITs输送后备零售物业资产，并与中信信托合作发起CITIC CapitaLand Business Park Fund，尝试工业地产拓展。第二，与REITs协同推进。凯德置地在重点市场的公募基金（REITs）都有对应的私募基金与其"配对"发展。在2006年以中国零售物业为核心资产的CRCT在新加坡上市，与CRCT同时成立的还有两只私募基金CRCDF和CRCIF作为CRCT的储备基金，CRCDF向CRCT输送相对成熟的项目，而CRCIF则储备更多孵化阶段项目；在马来西亚，凯德有私募基金MCDF孵化写字楼项目然后再输入REITsQCT（Quill CapitaTrust）；在印度，CapitaRetailIndiaDevelopment Fund的成立同样是为筹备中的印度零售物业REITs做准备。总体而言，REITs为私募基金提供了退出渠道，而私募基金则为REITs输送成熟物业，彼此间的相互支持成为凯德基金模式的关键。

◆案例二：国内房地产私募基金运营

近两年，随着基金管理人的不断尝试，越来越多的不同种类基金模式也开始出现在市场上，从中挑选了比较典型的金地稳盛和歌斐资产的案例来一窥目前国内房地产私募基金运营模式。

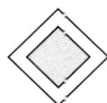

1.房地产开发商附属基金——金地稳盛投资

稳盛投资是金地集团的房地产私募股权投资基金,从2006年开始房地产金融业务的探索,通过五年的发展,旗下已管理着多支房地产基金。目前,稳盛投资的管理规模已经超过了60亿人民币,投资标的包括住宅、商业等房地产开发项目,稳盛投资旗下基金种类丰富,拥有包括美元基金、股权基金、夹层基金和并购基金等产品,基本涵盖了目前人民币基金主流产品,是目前中国本地最具代表性的房地产私募投资基金之一。

稳盛投资产品分为A、B、C三类,即股权、夹层以及优先股(债权),按照目前有限合伙的框架,一般由稳盛基金担当GP,引入个人、信托、其他机构投资者等作为LP,按照购买产品的不同,投资人可分别享受浮动收益、固定+浮动、固定收益,C类产品投资者拥有优先收益权,B类其次,A类最后,相对来看A类投资者的风险最大,但其有希望获得超越前两者的收益。在LP选择上,稳盛投资多次引入信托公司作为LP,其好处主要在于2点:其一,在我国如果个人投资者直接投资PE,在获取收益时,得由GP代扣20%的个人所得税,而如果通过信托产品认购GP的股份,根据目前的政策,就可以免除个人所得税,而仅需缴纳有限的信托管理费用;其二,我国目前PE的LP有名额限制,不能多于49人,而通过信托计划则能打破这个限制,引入更多个人投资者进入。

从稳盛基金的项目投资标准来看,夹层、优先股、股权三类项目的区别主要在于:第一,投资回报:夹层和优先股对回报绝对额有量化要求,股权则对ROE有最低限制;第二,投资周期:夹层投资的主要目的是抓住市场机会,在短期内提升利润,所以一般投资周期较短,在1—2年左右,而股权投资的产品相对来说更具备核心竞争力,是中长期投资的标的,一般要长于夹层,在2—4年左右;第三,股权比例:股权投资产品基金一般占项目公司股权比例不超过50%,而其他两类产品皆要求控股95%以上;第四,退出模式:夹层和优先股皆通过股东回购退出,而股权投资相对更为灵活;第五,企业及城市选择:由于夹层、优先股、股权投资对于项目的风险要求不同,合作方的资质门槛也存在差异,总体来看,夹层、优先股、股权对于合作方以及区域选择的要求逐个提高。

以稳盛投资这种以房地产开发商为主导的私募地产基金优势即在于专业

对于房地产行业全流程、全物业类型的覆盖，对项目的管控能力更强，但缺点也很明显，即在于缺少独立性，作为一个房地产开发商背景的基金管理公司，房地产开发商提供给基金投资的项目，不一定是最优的，所以房地产开发商是能否以中立的态度肩负起帮投资人管理资产的责任，而不使其成为利益自我输送的渠道，仍需要基金在制度的设计上有先见之明。

2.上市房企母基金——歌斐资产

歌斐资产成立于2010年3月，是诺亚财富的子公司，其致力于私募股权母基金（PEFOF）、地产母基金（REFOF）及地产基金、固定收益母基金以及家族财富管理等业务。在2012年3月诺亚控股率先发起中国第一支地产母基金，并在国内开始推动地产基金、地产母基金两大创新金融产品的本土化尝试。截至2012年11月，歌斐资产管理资产规模逾75亿元，其中PE母基金25亿，地产母基金及地产基金超过50亿元。

所谓地产母基金，就是指专门投资于其他私募房地产基金的基金，作为普通合伙人，母基金可以对其旗下所有地产基金的基金运营、投资策略、投资区域以及未来计划等给出详细配置。全球首个地产母基金成立于20世纪90年代，在2005年后得到了迅猛的发展，其中大部分活跃于北美市场。

歌斐资产发起的地产母基金模式特色在于，基石投资人是全国排名前列的50个开发商，因此拥有精选优质开发项目的第一手能力，而除基石投资人之外，还有来自于全中国的民间资本，从而组成一个庞大的基金，再通过TOP50地产公司拥有的房地产专业运营经验和品牌溢价，能够识别行业周期，选择进入市场时机，从而分享中国房地产行业的丰富收益。蓝筹联盟基金的投向，除了在中国TOP50房地产商层层把关的优质项目中挑选之外，还会寻找一些特殊机会的投资项目。

与房地产开发商背景私募基金不同，歌斐资产背景为国内第三方理财机构，其独特优势在于背靠诺亚3.8万名高净值客户，前文已经谈到，目前我国的主要房地产私募基金投资人中以富人群体居多，而这点和诺亚的客户正好契合。根据诺亚财富年报的最新数据，诺亚财富在2013年已经注册用户达到3.9万，其中活跃用户3820人，交易总规模已经超过189亿美元。依托诺亚优质的

GP和项目资源，歌斐资产在项目资源、项目研究、基金募集、投后管理及投资者关系维护方面节约大量精力和成本。

除了基金架构方面的差异，歌斐资产在地产子基金的投资策略上与其他基金并没有太大的不同，基本遵循"住宅—机会型—优选房企"的主线。具体来看，投资理念方面，歌斐资产主要采用组合性投资，即母基金和子基金的结合，投资对象目前以住宅为主，未来会向更多商业、养老、旅游地产等方面涉及。在合作伙伴的选择上，歌斐资产延续了PE母基金"核心+卫星"的策略，形成了优选和备选的房地产企业的两个梯队，优选的房地产公司主要是国内主要大型房企和区域龙头，备选的房地产公司主要是资产实力规模相对较小，但运营能力有其特色的企业。标的项目方面，目前住宅项目占其较大的比重，核心和潜力地段的商业地产也是其重点关注对象。此外投资项目还须具备资金回笼相对较快；项目周期一般在五年之内；回报指标中销售净利率不低于12%等。

◆案例三：星浩资本要做中国的铁狮门

100亿、500亿、1000亿，这是大型房企在发展过程中必经的几个关键节点。十年前，也就是2004年，合生创展是国内第一家宣称自己年销售额突破百亿元大关的开发企业，业内为之哗然，甚至一度引发业界的质疑声。而就在现在，星浩资本，这个国内地产私募界的龙头老大，第一个将房地产私募的募集额突破至百亿。时代在变，一切皆有可能。

2014年11月28日星浩资本宣布旗下星光耀城市综合体开发基金Ⅲ期正式封闭，基金规模达到37亿元人民币。至此，星浩资本管理的星光耀基金Ⅰ、Ⅱ和Ⅲ期基金管理总规模累积达100亿元，成为中国地产私募基金行业第一个基金管理规模突破百亿的企业，成就了里程碑式的意义。

2013年，在中国房地产私募基金风生水起的一年，星浩资本凭借自身独特的商业模式、雄厚的股东背景及其耀眼的LP阵容在中国房地产基金市场上脱颖而出。2014年，随着房地产业陷入动荡，以地产基金为首的金融资本迎

来新的挑战与机遇。据清科研究中心最新发布的研报显示，2014年上半年整个私募房地产基金完成接近44亿美元的基金募集，而星浩资本星光耀Ⅲ期基金自去年5月发起以来，经历市场几番跌宕，依旧募集到37亿元。这到底是什么样的因素，导致这家成立仅4年的地产私募基金能取得如此业绩？

2010年至2013年，中国房地产私募基金募资总额实现跨越式提升，由96亿元上升至656亿元，各路资金纷纷涌入房地产基金，获得跟随中国经济增长的稳健的收益率。即便在规模急剧扩张的情况下，中国房地产基金的发展潜力仍然巨大。对比成熟的美国地产私募市场——房地产开发以基金融资为主，所占比重在整体房地产开发中超过80%；而中国地产私募基金在房地产开发中的占比仅为5%，仍然拥有巨大的向上发展潜力，成为各路资金争相进入之地。2014年，中国私募房地产基金市场出现了新的动向：资金的募集有了一些新的渠道和策略，更多低成本资金进入市场；资金来源更加广泛，包括险资、基金会等一些关注安全、稳健收益的资金也积极参与进来。

资本界的强大"合伙人"模式。纵观星浩资本初创时的LP名单，与其投资开发的项目名称"星光耀广场"一样，可谓星光闪耀，除郭广昌与周忻外，还有马云、史玉柱、王健林、张近东、王中军等，个个都是中国商业江湖上响当当的掌门人。如今几经扩充，星浩资本的投资人已有150多人，几乎囊括了国内各行业的顶尖精英人群。正是这些占据国内各个行业领先地位的投资人，及其所代表的充沛资金与丰富资源，为星浩资本构建了一个可持续发展的多元化未来。

雄厚的股东背景与资源。依托股东复星集团和易居中国的行业地位、优质资本、品牌和项目资源，星浩资本共享两大股东已形成的深厚产业基础、渠道网络和投资经验，牢牢确立中国房地产私募基金第一品牌的行业地位。尤其是近年来，大股东复星集团提出"打造以保险为核心的世界一流投资集团"的国际化发展战略，对星浩资本商业模式的完善、发展方向的多元化等，有着重大促进作用。

独特的运作模式。星浩资本的特点就是集募集、开发和经营于一体。在中国，90%的房地产基金都是在确定了项目后再去募资，更多的是充当一个财务投资人的角色，甚少涉及项目运营。而星浩资本，基金募集与项目开发并举，不仅走在资金募集的前端，在地产开发和商业运营上也颇具竞争力。基金募集、开发管理和商业运营能力的整合，使星浩资本成功地将房地产私募基金的整条产业链贯穿，集"融投建管退"于一体，通过"资本—资产—资本"的高效循环，给予投资人最大程度的安全保障和价值回报。

作为一家地产基金，星浩资本通过城市综合体开发、商业资产管理、养老资产管理这三个抓手来对应地产开发基金、商业并购基金、养老并购基金，实现整盘资产增值，促进星浩业务链条的闭合，让地产金融在未来打得更开、发展更好。当然，像黑石之类的基金公司不但做房地产，也做其他业务，但星浩只做地产和地产相关的项目，我们的目标是努力做中国的铁狮门。

二、REITs（房地产信托投资基金）的开启

REITs（Real Estate Investment Trust）的推出将使得房地产的金融属性更加彰显。目前，全球已有20个国家和地区相继推出REITs，并且有7个国家和地区正着手开辟REITs市场。截至目前，全球REITs的总市值已经超过一万亿美元。美国REITs已由1970年上市10亿美元左右至2015年1月上市REITs总市值达到了9594亿美元。

REITs上市以来的快速增长，使其成为房地产金融市场不可忽视的力量。REITs对于处于转型期的中国房地产行业和房地产私募基金都将带来深远的影响，已成为了房地产风口。曾经在2007年被搁浅的REITs，由于当时房地产市场一直是卖方市场，发展金融化产品，只会对房地产火爆市场火上加油。但今非昔比了，房地产也转变成买方市场了，房地产进入存量市场了。

REITs作为一种资产收益凭证，就是把某一批房产做成一个资产包，拆分卖给众多个人，其收益来源于房子的租金和房价的升值，租金和房价的升跌决定着REITs内在价值的高低。因此，理论上，REITs推出后，那些投资额大、开发周期长、回收周期长、经营绩效溢价高的项目相较于其

地产项目将更加受益。REITs的特点在于：第一，收益主要来源于租金收入和房地产升值；第二，收益的大部分将用于发放分红；第三，REITs长期回报率较高，并且与股市、债市的相关性较低，因此是分散投资的一类重要产品。

中国房地产市场加速进入存量时代，REITs推出后，原有产权分散的房产被收购后，进行资产再造，然后通过REITs退出也带来了新的投资机会。

REITs在对商业地产企业运营模式的影响，主要在于其提供了一种融资渠道以及退出机制。即商业房企联合房地产私募基金设立REITs在公开市场募集资金，然后用于商业地产的开发培育获取租金收益，再将租金收入以分红的形式分给投资者。另外房地产私募基金可以和REITs"配对"，房地产私募基金切入商业地产的开发以及前期培育，等商业地产培育成熟获得稳定的租金收入后，将成熟的存量资产打包设立REITs在公开市场出售部分份额回笼资金，本质上是一种类住宅开发模式，提高了IRR，这将大大缩短股权类的房地产私募基金的投资回报周期，整个过程实现了由重资产向轻资产的转变。

REITs推出之后，随着市场容量的扩大，大量的资金将涌入REITs及REITs的IPO市场。房地产私募基金将可以依仗其对各投资品类的整合能力，同时持有多个项目，通过各个项目时间上的搭配，以及项目需求资金量的配置，让各种规模、期限和收益率的项目合理搭配起来，实现风险收益最大化。

REITs是一种公募形式的房地产股权基金，与之对应比较的是PERE（Private Equity Real Estate），即房地产私募股权基金。"私募"和"公募"看似是一组对立的概念，其实两者是相伴相生、协同发展的。REITs不仅仅是一种产品的设计，更是一个产业链孵化的结果：从资产买入到培育升级、从区域和业态的组合到经济周期的把握，最终形成以投资经营能力为核心要素的公开市场产品。而私募房地产基金在此过程中承担了关键的角色。房地产私募基金是REITs的初级阶段，也是必要阶段。

90年代以来，房地产投资信托基金（REITs）大规模发展，逐步成为

商业房地产投资的主流。房地产信托投资基金是一种以发行收益凭证的方式来汇集特定多数投资者的资金，并由专门投资机构进行房地产投资经营管理，将投资综合收益按比例分配给投资者的一种信托基金。美国是全球规模最大、运作最为专业化、产品种类最为丰富的REITs市场，REITs在美国逐步成为商业地产投资的主流，越来越多的房地产企业通过REITs实现证券化。比较有代表性的是美国最大商业地产公司铁狮门地产基金。

1. 按照组织形式分类

根据组织形式，REITs可分为公司型以及契约型两种。二者的主要区别在于设立的法律依据与运营的方式不同，契约型REITs比公司型REITs更具灵活性。公司型REITs在美国占主导地位，而在英国、日本、新加坡等地契约型REITs则较为普遍。

2. 根据投资形式划分

根据投资形式的不同，REITs通常可分三类：权益型、抵押型与混合型。目前海外成熟市场中以权益型为主，以美国为例，股权型REITs占将近90%，债权型REITs占比不到10%；混合型REITs仅不足1%。

权益型REITs投资于房地产并拥有所有权，权益型REITs越来越多的开始从事房地产经营活动，如租赁和客户服务等，但是REITs与传统房地产公司的主要区别在于，REITs主要目的是作为投资组合的一部分对房地产进行运营，而不是开发后进行转售。抵押型REITs是投资房地产抵押贷款或房地产抵押支持证券，其收益主要来源是房地产贷款的利息。混合型REITs介于权益型与抵押型REITs之间，其自身拥有部分物业产权的同时也在从事抵押贷款的服务。

3. 按募集方式划分

私募型REITs以非公开方式向特定投资者募集资金，募集对象是特定的，且不允许公开宣传，一般不上市交易。公募型REITs以公开发行的方式向社会公众投资者募集信托资金，发行时需要经过监管机构严格的审批，可以进行大量宣传。

私募REITs主要有三种类型：一是向机构投资者私募的REITs，二是专业金融咨询人士向投资者推销的REITs（这种私募REITs的股东一般比较多，有些甚至超过500人，并且需要像上市公司一样向美国证监会披露财务信息），三是"孵化器"REITs（这种私募REITs一般由风险投资家投资，旨在获得公开市场所需业绩纪录，并适时公开上市）。

4.REITs在成熟市场发展现状

REITs产品在成熟市场十分受欢迎。截至2013年上半年，全球REITs基金约540家，规模超过1万亿美元。全球市值规模最大的50只REITs基金中，投资美国不动产的占72%。以REITs发源地美国为例，截至2013年已经有53年的历史，从规模上来看，美国REITs独占全球REITs一半市场份额。截至2013年1月22日，美国REITs总回报指数在过去10年间的复合年化收益达12.45%。

5.REITs国内市场发展现状

在国内市场，虽然目前没有可供选择的成熟REITs产品，但是国内目前不动产的基础资产规模达到几十万亿，随着社会资产证券化率提高，这类资产有着从重资产变为轻资产的需求，产品市场的需求巨大。综合来看，国内投资于REITs产品可以分为两种途径：

第一，借助第三方财富管理机构。回顾国内REITs产品的发展历程，国内仅有的几款REITs均是私募形式，此次中信证券发行的资产管理计划虽然在深交所挂牌交易，但募集方式为针对机构投资者非公开募集，并不能够在二级市场公开交易，普通投资者较难直接接触到相关产品。首单股权类REITs面世之后，未来相关产品的前景较为广阔，结合国内实际情况，大多数仍将采取私募形式发行，比如通过基金子公司资管计划、基金专户等。第三方理财机构凭借在财富管理方面的优势，可以发挥较好的筛选和配置作用。

第二，通过QDII基金间接投资。目前国内有三只投资于海外REITs产品的QDII基金，投资者可以通过购买该类基金间接投资于发达市场的REITs，但由于采取间接投资的方式，对投资经理选择能力要求较高，同

时境外投资可能面临汇率波动风险,不建议稳健投资者选取该类投资方。

6.REITs落地情况

万达与快钱推出的"稳赚1号",这款产品实际上是一款类REITs产品,体现在收益权上,"稳赚1号"收益来源包括租金收益和物业增值收益两部分。此外,在产品说明上,最终的退出方式也是以REITs形式上市。

"稳赚1号"规模在数十亿元级别。由于通过线上互联网渠道进行认购以及线下的机构、员工认购,最低认购1000元被大众解读为更多人可以成为万达相关项目"股东",而其背后的实质意义是该款众筹产品突破私募200个份额的限制。王健林在接受媒体采访时亦表示,"稳赚1号"其实就是一个准REITs,待有关部门一批准,这个公司(基金)可以上市,变成公募而不是私募,就是真正的REITs。

苏宁云商将旗下11家门店物业的相关资产权益全部转让给华夏资本管理有限公司近日成立的"中信华夏苏宁云创资产支持专项"计划,并将在深交所挂牌,这也将成为深交所中小板上市公司首次通过证券资产化业务成功融资。随着这个REITs项目的成功推出,在实际项目上我国REITs推进的速度将不断加快。

万科联手鹏华基金发起的国内首只公募REITs获批并进入上市前的最后准备阶段,标志公募基金投资范围拓展到不动产领域,地产投资新纪元开启。6月8日,鹏华前海万科REITs获批,随后登陆深圳证券交易所挂牌交易。9月16日,鹏华前海万科REITs进入上市前的最后准备阶段,将以9月18日为基准日进行份额折算,基金净值也同步调整。作为国内第一支真正意义上的公募REITs基金,将改变房地产行业的运营模式,促进房地产投资进入新高度。

在万科之前,中信启航于深交所综合协议交易平台挂牌转让,是国内首个交易所场内交易的房地产投资基金产品,不过与万科此次项目不同的是,中信启航项目具有明显的私募性质。因此此次"前海REITs"的成立正式开启了中国股权式REITs的破冰之旅,是国内第一只真正意义上符合国际惯例的公募REITs产品。

◆案例：解密鹏华REITs

在拥有迫切融资需求的开发商和迫切投资需求的投资者间，高分红低风险的REITs搭了一座桥，难免出现井喷并深得投资者青睐。国内首支公募REITs——鹏华前海万科REITs封闭式混合型发起式证券投资基金（简称"鹏华前海REITs"）成立半年后，即将进行首次分红。鹏华前海REITs场内份额、场外份额红利发放日分别是2016年1月14日、15日。截至2015年12月31日，鹏华前海REITs可供分配利润为1.29亿元人民币（除特别标注，以下币种均为人民币），约定分配利润为1.16亿元，每10份基金份额将获得38.8元分红。鹏华前海REITs每个基金份额初始面值为1元，合计募资30亿元。因此，2015年7月至2016年1月半年间，鹏华前海REITs的回报率为4.6%，年回报率高达9.2%。近两年可谓公私募REITs的井喷元年。2014年以来，中信启航、苏宁云创、海印资管等REITs产品先后成立。

对比其他REITs产品，鹏华前海REITs具有两个较大的特点：一是国内首支公募REITs；二是国内其他REITs产品优先级证券的收益率普遍在7%左右。鹏华前海REITs作为国内首支投资REITs项目的公募基金，相当一部分基金资产被投入到国内商业不动产项目中。据高和资本发布的《商业地产资产证券化研究》显示，目前国内成熟商业物业投资回报率往往在6%左右。那么，2015年7月至2016年1月半年间，鹏华前海REITs如何实现跑赢大市和其他REITs产品，半年实现4.6%的总回报？

高回报的秘密。对于基金资产分配，简单地说，鹏华前海REITs斥资12.67亿元以增资方式持有深圳市万科前海公馆建设管理有限公司（下称"万科前海"）50%的股权，间接持有了深圳优质商业项目万科前海企业公馆50%的权益；并将剩余的基金资产投资于依法发行或上市的股票、债券和货币市场工具等。梳理鹏华前海REITs的整个架构，发现主要有3个因素助其实现高分红：

第一，投资的商业不动产属性优质

据公开资料显示，鹏华前海REITs所投资的万科前海企业公馆位于深圳

市前海合作区荔湾片区，总占地面积9.32万平方米，总建筑面积为6.52万平方米。该项目分为特区馆区、企业公馆区。特区馆区是一座约1.2万屏幕的特区馆，企业公馆区主要囊括36栋建筑面积在200—2600平方米间的企业公馆及配套。

万科前海企业公馆的"优质"主要体现在两个方面

1.前海"潜力"大

前海地处深圳市南山半岛西部，由双界河、月亮湾大道、妈湾大道、宝安大道及西部岸线和合而成，紧邻香港国际机场和深圳机场，地理位置优越。并且，前海作为国家级政治和经济特区，旨在被打造成未来的中国"曼哈顿"，将拥有诸多政策扶持。

2.当前前海商业配套匮乏

截至2015年5月，进驻前海的企业已经超过3万家。其中，包括金融类企业1.7万家，占比超过50%。可是，由于土地限制等壁垒，当前前海成规模的商业办公项目唯有万科前海企业公馆。在鹏华前海REITs募集说明书中，戴德梁行对万科前海企业公馆2015年营业收入的预计为1.23亿元，每平方米月租金为250元，远低于同级写字楼租金。据深圳中原研究中心数据，深圳甲级写字楼2015年租金同比上涨9%。基于上述两利好，有业内人士预计，万科前海企业公馆租金未来存在大幅上涨的空间。

第二，万科让利

根据募资说明书，鹏华前海REITs入股万科前海后，通过万科前海持有万科前海企业公馆50%的股权。按照普遍的商业法则，鹏华前海REITs应该享有该项目50%的收益，另外50%收益归前海万科所有，可简单地说，鹏华前海REITs却享受了万科前海企业公馆2015年至2023年8年间的全部收益（物业管理费收入除外）。即在该REITs协议中，万科方存在一定程度的利益让渡，无遗增加了鹏华前海REITs的收益。

第三，多维度投资战术

虽然鹏华前海REITs被称为国内首支公募REITs，但梳理其投资策略发现，该基金只将约42.23%的基金资产投入商业不动产，剩余超过50%的基金资产被

投入到股票、债券和货币市场工具等较成熟的固定收益类、权益类资产,以抵御风险和追求利益。

此外,募资说明书还规定,鹏华前海REITs的基金资产在投资万科前海企业公馆前和投资后均可全部投资于债券等固定收益类资产,以谋求利益最大化。上述3条因素为鹏华前海REITs实现高回报提供了有力保障。而鹏华前海REITs沿用国际REITs,将可分派利润的90%的分配给基金持有人,进而保证了基金持有人能从该基金的高回报中直接获利。以2015年7月至2016年1月的分红指标为例:当期可分配利润是1.29亿元,鹏华前海REITs实际分配的利润是1.16亿元,实际分配利润约占到了可分配利润的90%。

鹏华前海REITs的主导方是鹏华基金管理有限公司(简称"鹏华基金")。梳理鹏华基金的历史可知,该基金在REITs领域布局甚早——鹏华基金成立于1998年,早在2011年,便在美国成立了首支REITs基金——鹏华美国房地产(QDII)基金,该基金将不低于60%的基金资产投资于美国上市交易的REITs。所谓REITs,简单讲,指的是一种以发行收益凭证(譬如基金单位)向投资者募集资金,然后将募集资金用于商场、写字楼等能持续盈利的商业地产,并将商业地产产生的收入净额按照收益凭证比例回报给投资者的一种信托基金。鹏华前海REITs作为国内第一支公募REITs,自上市以来便颇受投资者的青睐。2015年6月26日,鹏华前海REITs正式发售,3天后便募集完27亿份基金份额(另3亿份基金份额由基石投资者认购)。自2015年6月30日起,鹏华前海REITs关闭了基石投资者外的认购申请,并对超限当日的申请进行配售。有业内人士说,鹏华前海REITs在深交所上市后,由于具有高分红、低风险等特点,且因交易门槛较低导致流动性较高,大至险资、小至个人投资者均通过二级市场购买该REITs。

国内REITs为何出现"井喷"?鹏华前海REITs受追捧的主要原因是什么?REITs在欧美发达国家已成为相当成熟的投资工具,可受制于国内的法律及税收壁垒,在国内实在难言成熟。但是,基于国内当前的经济发展进程,无论从融资方还是从投资者的立场看,推行REITs,使之成为继股票、债券和现金外的第四类财产均刻不容缓。先看融资方的角度,因自2013年以来国内住宅市

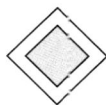

场渐渐封顶，开发商均开始积极谋求转型，而进行商业地产开发则是其转型的第一个主要路口。对于所开发的商业物业，较之全部出售，开发商更倾向持有最核心部分，以获得稳定长久的现金流。因此，较之"快进快出"的住宅地产，在商业物业前十几年，往往会沉积数十亿元甚至上百亿元资金，这无疑增加了开发商的资金压力，进而增加大了其融资需求——公募和私募REITs短期井喷便基于此。

而在开发商的融资需求愈加迫切的同时，因国内普遍存在资产荒，因此，投融资行为的另一端——投资者们也急切盼望着高收益、低风险的优质投资通道。对于"资产荒"的论定，可从国内"最大"和"最小"体量投资者的投资渠道来一窥究竟。国内最大的投资者无遗是各类险资——从险资将大部分资金都投向了地产蓝筹股便可看出其投资门路之窄及对优质资产需求的迫切；最小的投资者无遗属个人投资者——从国内"瞬间"崛起又"瞬间"坍塌的各类B2B、B2C金融平台亦能看出投资者投资之茫然，以及对优质资产的需求迫切。总之，一面是拥有迫切融资需求的开发商，另一面是拥有迫切投资需求的投资者，包括鹏华前海REITs在内的公私募REITs给两者搭了一座桥，难免出现井喷之势并得到了投资者的青睐。

三、资产证券化开启

2015年我国进入全面深化改革关键时期，宏观经济面临下行压力，房地产作为宏观经济和社会民生的重要组成部分，面临着去库存与防风险的任务。因此，通过房地产金融创新来引导房地产积极调整和健康发展，促进中国宏观经济良性发展，越来越受到房地产企业及相关利益主体的关注。随着流动性持续宽松的边际效应递减，光靠增量不现实，必须盘活存量，建立多层次的房地产金融市场体系，进一步发展原生金融工具的流转市场和证券化市场。同时房地产金融需要逐步创新，更好地为房地产服务，降低融资成本，提高资源配置效率，盘活存量。其中，资产证券化和房地产的结合作为我国房地产金融的一个创新方向，它的开启将为房地产的

发展带来新的活力。成为房地产金融化的新风口。

　　资产证券化是以特定资产组合和现金流为支持，发行可交易证券的一种融资方式。传统的证券发行是以企业为基础，而资产证券化则是以特定的资产池作为资产来发行证券，这个资产池可以是实体资产、信贷资产，也可以是证券化的资产和现金的资产。信贷资产证券化作为狭义上的资产证券化，包括以住房抵押为支持的证券化（简称MBS）和以资产为支持的证券化（简称ABS）。而资产证券化——例如REITs就提供了一个解决途径。通过破产隔离的设计，REITs可以将把流动性较低的、非证券形态的房地产实物资产或金融资产，直接转化为资本市场上的证券资产，以实现可交易的特性，为投资者提供稳定现金流。

　　资产证券化源于70年代美国的住房抵押证券，随后资产证券化的技术扩展到非抵押债权，并在欧美市场获得蓬勃发展。90年代起，随着亚洲金融危机的爆发，资产证券化在亚洲开始快速发展。房地产证券化作为资产证券化的最先实践领域，与其他资产证券化相比，范围更广，是经济证券化的代表和国际金融工具创新的主要方向。房地产证券化就是把流动性较低的、非证券形态的房地产投资，直接转化为资本市场上的证券资产的金融交易过程。参与房地产投资的形式多种多样，如：购买房地产开发、投资企业的债券、股票，购买房地产投资信托基金（REITs）的股份或房地产抵押支持证券（MBS）等，证券化的方式也丰富多彩，主要包括房地产抵押贷款债权的证券化和房地产投资权益的证券化。除此以外，房地产有限合伙、物业费收入、公积金贷款和棚改贷款等相关证券化产品的相继推出，丰富了金融市场产品和层次，扩展了房地产资产证券化的发展方向和空间。

　　资产证券化的另一个方向是将房地产存量的银行按揭贷款证券化，即MBS。9月30日，央行和银监会的联合通知中，除了放开限贷外，最引人注意的莫过于鼓励银行通过发行MBS和期限较长的专项金融债券等盘活资产以增加贷款投放。截至2014年，我国个人房屋贷款余额已达到10万亿元，如果能通过MBS将这部分资产从银行的资产负债表上剥离出来重新

投放市场将是一个很可观的规模，相当于再造一个信托行业（2013年末整个信托行业的管理资产余额为10.9万亿）。MBS对于整个房地产金融流动性的提高是极其明显的，而流动性提高带来的是风险的分散和下降，资金面的宽松，而这又反过来促进房地产的发展，使得两者形成一个良性的互动和循环。

房地产证券化是当今世界经济金融证券化的必然趋势。房地产证券化是当代经济、金融证券化的典型代表。房地产证券化之所以能成为经济、金融证券化的重要内容，直接原因是：首先，住房抵押贷款易于实现证券化。并非所有的资产都适宜证券化，一种资产是否适合证券化，主要取决于证券化的成本与收益的关系。决定一种资产证券化成本高低的关键因素是这种资产的信用特征、还款条件及期限等方面的情况。信用特征简单、还款条件明确、期限相对较长的资产，证券化时评估费用低，资产证券化的担保费用也较低，因此成本比较低，较易证券化。相反，信用特征复杂，还款资金流量不确定，期限相对较短的资产就不易实现证券化。以此来衡量，住房抵押贷款是典型的易于证券化的资产。因为即使各笔抵押贷款的贷款条件存在很大差异，但是一组抵押贷款就会在违约率、平均还款期限等方面显示出很强的规律性来。

房地产开发企业将迎来资产证券化风口。值得关注的是，自2014年年底由审核制转为备案制以来，我国的资产证券化市场开始迅猛发展。WIND数据显示，截至2015年11月11日，目前存量资产证券化项目为322只，发行总额为8378亿，其中证监会主管ABS发展迅速，目前存量项目数量为158只，发行总额为1908亿。正如9月底一次公开活动上，昆吾九鼎执行总裁何强表示，从房地产金融来看，整个房地产行业证券化的市场空间非常大，如商业地产进行资产证券化，足以腾挪出10万亿资金。致力于资产证券化的龙头房企不在少数。例如今年4月份，绿地香港与阿里巴巴联手推出地产宝，将旗下房地产项目资产证券化，首单规模计划达到2亿美元。

在利率市场化的背景下，理财、机构投资者逐渐增多，加之，期限错配走向完善，直接融资的规模开始扩大，监管政策有望在未来一段时间

内放宽。随着上述资产证券化的条件逐渐完备，可供证券化的房地产资产存量也相当巨大。企业资产证券化对基础资产实行的是负面清单制度。而商业物业经营收益、物业管理费收入、入园凭证收入，销售款应收账款以及银行的按揭贷款、经营性物业抵押贷款都可以作为资产证券化的基础资产。目前，在资产证券化方面的典型案例，有中信启航专项资产管理计划、海印股份信托受益权专项资产管理计划以及欢乐谷入园凭证资产证券化等。

房地产资产证券化在REITs项目上也取得突破性进展，10万亿房地产资产证券化大潮将揭幕。房地产物业费收入资产证券化可提高物业企业资产流动性，拓宽融资渠道，降低融资成本。"博时资本—世茂天成"物业资产支持专项计划在上海证券交易所获批，成为国内市场上首单物业费收入资产证券化项目。金科集团发布公告拟开展委托贷款债权的资产证券化工作，还款来源为金科物业旗下运营管理的68个物业的服务费收入，成为第二家试水物业费收入资产证券化的房企。碧桂园购房尾款资产支持专项计划募集发行成功，意味着资产证券化产品的房地产模式有了新的突破。基于差额补足，回购或者担保的资产证券化模式1.0版本上，碧桂园集团旗下的帕拉丁资产管理有限公司，成功发行了国内首单表外无担保购房尾款ABS，开辟了房地产资产证券化的新模式，为房地产产业链融资带来了新的思路。

目前，国内不少大型房地产开发企业都有将商业资产证券化的打算，比如华润置地、保利地产、龙湖集团、中海外、恒大地产等。截至2014年底，全国逾70万亿信贷余额中商业性房地产贷款余额为15万亿，按照上市银行60%抵押质押类贷款的比重估算，全面启动资产证券化业务将对接一个总量约为10万亿的巨大市场。

金融创新推动房地产资产证券化不断发展，而房地产资产证券化为房地产企业也开辟了新的融资渠道，有利于提高资产流动性。房地产资产证券化对完善我国资本市场结构，促进资本市场发展有很大影响。资产证券化的实施可以有效克服银行贷款的局限性，为房地产企业开辟新的融

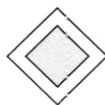

资渠道，使房地产金融市场呈现除银行、股票、债券市场的融资外，信托、基金和REITs共同发展的多元化格局，最大化地提高商业地产发展价值。

◆案例一：房地产迈向资产证券化

"汇添富资本—世茂购房尾款资产支持专项管理计划"，据购房尾款ABS的项目经理透露，项目得到了上海证券交易所的大力支持，并且中诚信证券评估有限公司给予了该计划AAA评级。由于"汇添富资本—世茂购房尾款资产支持专项管理计划"是业内首单购房尾款ABS，并无现成经验可以借鉴，汇添富资本做了很多开创性工作。设计产品时，与金杜律师事务所以及上海证券交易所等合作机构前后进行了多轮论证及改进，风控措施设计缜密，同时完成了全部的证券销售工作。产品获得了机构投资人的大力追捧，发行当日共获得了3倍的超额认购。

该计划以世茂集团旗下位于一、二线城市的项目公司对其购房者的购房尾款应收账款作为基础资产，将南京海峡开发、福建世茂置业、厦门市世茂新纪元等项目公司涉及的购房尾款进行资产证券化，然后上市交易。发行半个月不到即完成发行，业内人士对于这一首单购房尾款资产证券化项目颇为关注。分析人士指出，"汇添富资本—世茂购房尾款资产支持专项管理计划"对应的购房尾款应收账款市场容量很大，将有望成为交易所证券化产品的重要组成部分之一。一些城市要求建筑封顶，银行才将购房尾款发放给开发商，对于拥有不少超高层项目的世茂来说略显吃亏，通过购房尾款资产证券化，可以盘活世茂的这些资产、提前回笼资金，并且这部分资金的回收风险极低。世茂房地产通过这样的方式，只需要支付有限的利息便可以提前拿到尾款，而投资人这块也能够拿到一个相对稳定的回报。分析人士认为，对于世茂而言，这不仅开启了一条低成本融资渠道，且盘活了资产（购房尾款），进一步优化了财务结构。与绿地控股颇为接近的是，世茂房地产也喜欢开发超高层建筑，这类项目回款慢已成业内共识。

本次购房尾款ABS的获批，是今年世茂力夺全国首单物业费资产证券化

项目之后的又一次创新。购房尾款ABS对于房地产资产证券化的示范作用主要有以下几个方面：首先，现金流是房企的生命线。特别对规模房企来讲，尾款所占据的比例巨大，如果能够有一款证券化产品把尾款全部变现的话，将大大改善房地产企业的现金流。其次，各种房地产证券化从规模来讲都相对较小。以世茂之前的物业费资产证券化为例，世茂2014年年报数据显示，包含物业收入的其他收入一项总额也仅6.5亿，物业费资产证券化规模不可能做得非常大。例如前7强房企的销售规模在千亿以上，前10强能达到600亿以上，以10%尾款来讲也是60—100亿的规模，即便是50强房企也有10多亿的规模，由此可见尾款的证券化完全能做成上千亿的市场。这样的房地产金融才对房企有意义。最后，从房款出发，实际还可以做更多的类似房款证券化尝试。银行按揭款目前放下来也有三个月左右的周期，把这三个月周期也做成证券化的话，实际市场规模还会更大。

近期，世茂集团再度携手博时资本，以旗下多家五星级酒店为平台，发行了"博时资本—世茂酒店资产证券化项目"。该产品总规模26.9亿元，刷新了国内已发行酒店资产证券化项目产品的最大规模纪录，成为发行规模最大单。该项目是世茂集团与博时资本继去年推出全国首单物业费资产证券化项目后的二度合作，也是在非住宅领域的首次证券化实践，再次在行业内树立了创新标杆。事实上，在我国经济转型升级的大环境下，世茂意识到，作为激活存量资产，提高资金配置效率的重要工具，资产证券化成为房地产企业转型发展的有效选择。

◆案例二：越秀地产的房地产资产证券化模式

越秀地产作为香港上市公司，充分利用越秀集团旗下的越秀房地产信托基金、越秀金控集团等资源，不断推动深化房地产金融模式，成为越秀地产的核心竞争优势。

1.前端拿地的"地产+基金"模式

2013年6月，广州越秀金融控股集团有限公司在广州市国资委系统内部发起了广州国资产业股权发展基金。广州国资基金设立以来,已经和越秀地产进行了5个项目的股权合作,合作规模约150亿元。在上述合作项目股权分配上,越秀地产占5%—20%,基金占比80%—95%。合作开始的两年内,越秀地产有权选择回购,基金回报的设定为每年11%—12%。

这种地产与基金的合作模式,其优势是在两年以后,即项目到了销售阶段才还钱,那么越秀地产就可以卖了房子偿还当初的借款。对越秀地产的好处是前期先用最少的自有资金,快速扩大公司销售规模,加快项目资产周转速度。通过该合作模式,越秀地产2014年在广州、杭州、佛山和武汉四个城市购入了7宗土地,总金额超过200亿元。但实际由越秀地产来支付的土地款还不到60亿元,越秀地产的资产负债率上升了不到7个百分点,负债水平仍然保持在行业里的较低水平。

越秀地产成功引入国资基金进行战略合作,将助其更大范围内的资源整合和更加快速的发展。且这种"地产+基金"的模式如果可以滚动做下去,它将成为一种极具竞争力的商业模式,而不仅仅是一种融资模式。

2.中间环节的产融结合模式

金融板块是越秀集团近年来重点培育的三大核心产业板块之一,主要包括广州越秀金控集团和香港越秀金控两个组成部分。总的来说,越秀集团金融板块目前总资产已超过1000亿元,拥有银行、证券、租赁、产业基金、融资担保、小额贷款等多个境内外金融业务平台,业务网点分布于美国、港澳及全国20多个省份,基本形成了以银行、证券为核心的国际化金融控股格局和"跨境经营、全国拓展"的业务发展布局。根据其发展战略,越秀集团的地产与金融两个大板块之间将形成常态化互动,未来越秀地产的发展模式将是"产融结合"。

就目前而言,越秀产融结合的典型表现就是商业地产的"开运金"模式。"开运金"产融结合模式是通过持有方式的变化和"开发+运营+金融"的组合,对地产资源、商业资源和资本资源进行高度整合,从而兼顾地产开发价值、商业运营价值和不动产稳定收益。这种组合也可以看作是"地产开发+商业营运+资本运作",它最大的特点就是充分考虑到商业地产是一个资金密集

型行业，必须通过结合金融来平衡资金、完善整条价值链。而根据其公司发展战略，越秀地产在设计、开发、销售、客服物管等其他环节，都将全面探索与金融资源融合。

3.后端商业项目的金融运作

越秀房地产投资信托基金于2005年在香港联交所上市，是全球首只投资中国内地物业的房地产投资信托基金。近年来越秀地产积极向商业地产进军，拥有广州国际金融中心、维多利广场、越秀新都会、财富广场、白马大厦、城建大厦等商业物业约67万平方米，商业价值位居穗港两地上市公司前列。

基于越秀地产与越秀房托的平台组合优势，越秀商业地产可以通过越秀房产基金最大程度的发挥融资优势、资金平衡优势和价值增值优势。越秀通过将自己开发建设的优质商业项目从地产注入REITs，将已经在地产平台上证券化的商业地产项目再次证券化，从而借助资本市场，大大加速商业项目的开发速度和资金的流转速度。

未来越秀房托基金将依托与越秀地产的常态化互动以及外部优质项目收购，不断扩大基金规模，打造独特的商业地产经营模式和商业地产品牌。

轻资产、拆分上市、重组并购潮来临

一、房地产轻资产转型战略

房地产已进入产能过剩时代。房地产利润率将持续下调,告别暴利时代,目前已经进入个位数,所以行业有转型的必要。同时,在现今房地产金融化的时代里,互联网金融和各类的金融创新及基金、资产证券化的开启,具备了房地产行业走轻资产运营模式的基础条件,从而促进房地产企业采取轻资产转型战略。

轻资产策略在国外的房地产行业很普遍。比如,万科和铁狮门旧金山项目的合作,对于铁狮门来说,万科是财务投资者,铁狮门对于项目要收取开发管理费和业绩奖励。再比如,美国著名开发商Related在建设纽约时代华纳中心和Hudson Yards之前,通过提前引入各种资金、最终使用方乃至物业的买主,均大大降低了自有资金的投入。轻资产策略的前提是前述的各项能力,包括基金开发管理能力和运营管理能力等。

过去房地产重资产运营的模式是土地升值速度高于资金成本,所有房地产开发企业都会寻求储备更多土地,只要拿着土地本身就可以获得丰厚回报,土地储备多少也成为衡量房地产开发企业价值的最三要标准,这就是过去房地产行业的重资产模式。但是当土地升值速度减缓时,土地储备价值贡献在减弱,过度储备甚至还会出现负价值贡献,这标志着土地红利时代结束,从而房地产重资产运营模式就成了房地产开发企业的重负了。

当持有资产本身的回报降低并且不足以弥补持有期资金成本对,轻资产模式就是企业的理性选择。房地产轻资产战略无疑大大减轻了房地

产开发企业的资金压力。提高效率,创新服务,与资本市场结合,与金融资产挂钩,将重资产转化为轻资产经营。轻资产战略的核心在于充分利用各种外界资源,减少自身投入,集中自身资源于产业链利润最高的阶段,以提高企业的盈利能力。从重资产转向轻资产模式,房企拿地优势不再,转而抓商业模式与金融模式等的创新,以提高效率并赢取更高效益,也就是说从赚取资产升值收益走向赚取增值服务收益,包括代工品牌溢价、物业管理、商业运营、其他衍生收益以及地产基金等多元地产金融服务过程中的提成收益。

房地产轻资产战略不只是代工模式或者基金模式,还包括三个需要考虑的决策影响因素,业务线选择、价值链定位、资本资源整合。业务线选择主要根据企业自身资源禀赋和外部市场环境来选择适合自己的一种或者几种产品线,比如住宅、酒店、商场、写字楼、工业地产、养老地产、城市综合体等。价值链定位是在业务线选择基础上,房地产开发企业会根据自身人力资本构成和价值链各环节上与行业标杆企业效率对标分析来定位自己的价值链优势,是在拿地、开发、销售、招租、物业管理、商业运营中哪个环节或者哪几个环节上创造出优于同行的效率回报的商业模式,比如像代期权模式、代工模式、托管模式、售后回租的模式等等。随着产业链延伸,企业需要借助资本杠杆进一步放大效率优势,这就需要搭建一个资本资源的平台,包括基金平台、私募债券平台、证券化平台,每个平台又可以细分为若干种金融工具组合,形成一个更多样化的资本组合。这三个决策影响因素又构成了轻资产战略三个价值空间,可见,所谓的轻资产策略,实际就是在资产的股权层面进行让渡,通过基金管理、开发管理(项目管理)、运营管理等形式获取费用收入和业绩激励。总之,轻资产战略是一个立体的战略组合。

房地产开发企业尝试轻资产的模式,第一是希望规避过去重资产模式下的业务模式,解决传统拿地等成本负担的问题;第二是技术创新能够支撑此类模式,比如通过互联网平台来实现房地产金融平台的打造;第三是通过轻资产的模式,能够做撬动杠杆,利用企业品牌来换取新一轮的

战略扩张。房地产轻资产化，已经成为目前行业发展的最热趋势之一。万达、万科、花样年等各大传统开发商纷纷展开转型轻资产的探索。其中，转型步子迈得最大的当属万达，其实施轻资产战略的的理念和目标也更为清晰。万达集团年初提出了第四次转型计划，宣布将从中国国内企业转向跨国企业，从房地产为主的企业转向服务业为主的企业，形成商业、文化、金融、电商四个支柱产业。对此，万达集团董事长王健林坦言，"第四次转型就是挖更宽更深的护城河，以获得更大竞争优势"。而他在深交所演讲时更是称，"万达商业将去房地产化，可能5年以后，万达广场将没有重资产项目，完全轻资产化"。

花样年集团总裁潘军也认为，"未来存量房市场将取代增量市场成为市场主体。对于广阔的存量房市场，社区运营将打破房企传统的融资、拿地、建房、销售等重资产的开发模式，而实现轻资产运营，这也成为花样年未来的发展方向"。

蠢蠢欲动的庞大房地产资产证券化的背后是房地产开发商的轻资产的转型。过去一年，各大中小房地产开发企业都相继提出了轻资产发展的战略转型，轻资产似乎已经成为行业新趋势。究其原因，随着行业利润率和杠杆率的长期下降，轻资产模式是众多房地产开发商的一致选择。如果说制造业时代孕育了几百个市值百亿的房地产企业，那么服务业时代中轻资产的复制性更强，未来在房地产轻资产领域出现一大批市值超百亿的企业，是可以期待的。因此，房地产转型轻资产战略是目前不少房地产开发企业暗中寻求利益最大化的战略途径。

◆案例一：宝龙的"轻资产"之路

宝龙地产，中国商业地产的领军企业之一，也是中国首家在港上市的商业地产企业，专注于开发及经营高质量、大规模、多业态的综合性商业地产项目。目前，已经在上海、杭州、厦门等25个经济增长迅速的城市打造了52个物业项目。尽管如此，随着企业的进一步发展，宝龙地产进入新的战略时期，进

一步形成了"深耕上海，聚焦长三角、山东、福建区域"的聚焦战略布局。再加上宝龙目前进入一、二线城市，要想在行业和一、二线做到领先地位，一个显著的变革就是把钱力、物力、人力以及各种资源向核心业务聚集。据宝龙集团总裁许华芳介绍，目前宝龙将上海七宝、杭州滨江、厦门湖边三个重点项目当作全国有影响力的标杆旗舰项目来打造，内部动用最好的资源、精英人才，外部聘请世界顶级的设计公司，力图通过其标杆项目改变行业对宝龙品牌的认知。而此次，宝龙地产将旗下四家宝莱百货交由大商"打理"，对宝龙地产来说，是腾出更多的精力和资源倾注于开发与经营高质量的综合商业项目的系列行动之一。

对大商集团而言，接手宝莱百货之后，可以从店面规划、业态组合到后期管理的全过程进行统筹管理。能让这个专业的"二房东"的优势发挥得更加淋漓尽致。在宝龙的发展前进道路上，还有更多的行动。据悉，在国内大多数商业地产开发商仅做经营管理平台的背景下，宝龙率先一步，高调打造具有国际化水平的资产管理平台。筹备宝龙地产资产管理平台，主要工作是规划资产，监督营运平台是否按规划完成。许华芳表示："虽然短期内资产管理平台，还很难看出效果，但它却是宝龙未来五年跟十年企业发展的关键。"另一方面，宝龙研发的独有的社区化电商平台将加速升级完善，用领先的技术手段和运营理念为商业经营保驾护航。对于宝龙来说，此次放手四家宝莱店只是轻资路上的小行动，而与大商的合作，实现强强联手，资源整合的意义无疑更为重大。

二、拆分上市

在房地产金融化年代，房地产开发商除了考虑怎样才能更好地卖房子，还得思考如何通过资本运作把公司做强做大，对于资金密集型的房企而言，更高的估值不仅能实现更可观的融资金额，同时也能获取更高的股权溢价，并推动新业务的拓展。万科表示期望通过拆分上市，实现市值进一步增长，并披露未来要控股多个上市平台，以实现万亿市值目标。万科

表示计划将物业管理、商业地产、物流地产、养老地产等业务分拆上市，其中物业管理部分的分拆已在进行中。万达院线上市后股价一飞冲天，就是一个鲜活的案例。碧桂园的教育业务、恒大的矿泉水等非地产业务也试图通过分拆实现在A股上市。

对于众多在港上市的内地房地产开发企业而言早已看到分拆上市的魔力。相对于直接在A股IPO，将发展前景良好、符合A股上市资格的子业务分拆上市，成为不少国内房企曲线回归A股、提高估值的重要手段。虽然资本市场对于传统房地产开发业务给予的估值比较低，但对于转型中的房企往往愿意给予高估值，最典型的是从花样年分拆出来的物业服务公司彩生活，估值水平远高于传统国内房企，这给了很多房企一个启示：如果把这些新业务放在母公司里面发展，投资者往往只用主营业务对公司进行估值，新业务的估值优势无法体现。分拆上市之后，新业务更容易得到市场的独立关注，对提升估值有积极作用。对于很多红筹架构的上市房企而言，由于它们的新业务注册地都在境内，因此相对于母公司，新业务在A股上市并不存在技术障碍，一旦这些新业务获得较高的估值，母公司所持有的股权也能享受资本溢价，反过来对母体的整体市值增长也能起到积极的助推作用。回归A股、分拆上市成为房地产开发企业突破市值魔咒的重要手段。

◆案例二：建发地产分拆之路

继招商系整合方案公布之后，去年9月末，厦门最大国企建发集团的上市平台建发股份宣布分拆。建发将分拆地产业务于A股主板独立上市，新的上市公司名为"建发发展"。很显然，分拆能为建发的地产业务带来新的发展契机。我们能够更深入地了解这家低调的老牌闽企地产业务运营现状，以及分拆背后的原因。地产业务盈利能力强，独立上市更能体现价值。在建发股份的业务构成中，供应链及房地产为两大主要方向，其中供应链为建发股份主营业务中的重点。2012年以来，建发股份的供应链业务营收占总营收比例均超84%，

在厦门供应链企业中占据龙头地位。对于建发股份来说，分拆无疑能进一步推动供应链业务做大做强。此外，建发的地产项目在厦门有着不错的口碑。因此，分拆或许能为建发的地产业务带来更大的发展空间。

第一，统一品牌输出。建发股份的地产业务主要分两个平台，分别是建发地产和联发集团，均为独立运作的平台，业务上难免会产生重叠，有同业竞争之嫌。分拆后的建发发展将成为集团的地产业务唯一的运作平台，品牌统一，资源集中，有利于地产业务的长远发展。根据克而瑞研究中心发布2015年前三季度房企销售排行榜，建发的销售金额在房企中位列第37位，证明了建发的地产业务能力不弱，分拆后值得期待。

第二，增加企业估值。地产业务作为建发股份的一部分并不能完全体现价值。且建发的地产业务的盈利能力较好，分拆独立上市后，有望提升估值。在A股知名的分拆案例中，东北高速分立为龙江交通和吉林高速两公司后，受到市场热捧。

第三，独立资本平台有利多元化尝试。分拆之后，建发发展将有更为独立的决策权利，而且有自己的资本运作平台，除了继续发展地产业务之外，企业还能进行更多的有益尝试，例如房地产上下游业务的拓展、互联网社区的尝试等等。

作为闽系房企，建发的扩张路径和被业内视作"典型"的闽企如阳光城、泰禾等并不相同。国企身份使得建发的运营更稳健，但业绩增速相对缓慢。在大本营，市场对其地位和综合实力认同感较高，产品也有一定口碑；在其他城市如上海，建发则表现较为低调。即将拆分上市的建发发展将继承建发股份的地产业务，吸纳了建发房地产、联发集团、成都建发置业、南宁联泰房地产、天津金晨房地产5家公司。

分拆后的建发发展财务数据，反映了建发房地产业务的运营现状。1.盈利能力：2012年至2015年上半年，建发发展的毛利率水平始终保持在30%以上，在当下的房地产行业中处于中上游水平，虽有下滑，但符合整个行业趋势；净利率除2015年上半年受结转项目影响有下降外，历年也都维持在13%以上，盈利能力良好；2.债务结构：2015年上半年建发发展的现金短债比为0.76，长短期债务比为3.83，而且从建发发展历年的情况看，这两项指标都

处于较为合理的范围，短期的债务风险较小。企业的净负债率指标常年偏高，2015年上半年这一数值为204.43%，但就闽系房企横向比较而言，这一指标尚在合理范围内；3.融资成本：建发发展的融资方式主要有质押借款、抵押借款、保证借款、债券这几类，成本大致在4%—8%之间，融资成本较低。闽系民企常采用信托融资手段，成本高于8%，部分甚至超过15%，相较之下，建发国企背景带来的优势明显。

在其他闽系房企强势扩张之时，起步更早、品牌历史更悠久的建发却在规模上止步不前。2014年，建发的销售金额178.24亿元，同比甚至小幅下滑了3.51%，2012年则为145.03亿元。与此同时，阳光城等闽企"黑马"的销售金额却率先突破了200亿元，在上海的项目布局范围也已超过建发。对于建发来说，如果不采取更积极进取的战略，既有可能慢慢失去大本营外城市的市场份额，也无法扭转随着行业趋势下滑的盈利。在外部市场环境和企业内部动力的共同影响下，建发的地产发展似乎遇到了瓶颈。此次地产业务分拆则给予建发地产业务突破现有格局的可能。如报告前半部分所述，分拆后的建发发展更具想象空间，若能以国企资源为基础，加强市场化运作能力和激励机制，将比相同规模的房企更具看点和竞争力。

三、重组并购潮来临

我国的房地产行业经过30多年的发展，在房地产行业基本面临见顶的整体大环境下，势必存在中小型房地产开发企业的退出和转型，市场份额将向着拥有品牌优势、规模优势、成本优势等大型重点房企转移的，这对于大型品牌房地产企业而言，恰好是机会所在。洗牌加速，并购重组也是行业生存和发展的必然选择。有潜质的房地产开发企业，通过自身的经营要素重组，或在危机时以"非常行为"进行重组，获得新生；有实力的房企，为了发挥资源效应，通过企业并购的方式，实现企业快速做强做大。如此，"大鱼吃小鱼，快鱼吃慢鱼"的并购浪潮正在形成。

2015年下半年以来，房地产行业共有101家上市公司涉及并购重组，占

行业内成分公司家数比例为70.14%。对此，分析人士认为，行业竞争加剧、企业战略调整及地价持续走高等多方面的原因，催化房地产行业并购频现。事实上，在过去的几年里，房地产行业每年的并购金额增长均超过一倍，去年一年，在北京、四川、武汉三地，已有上千家房企"消失"。在资金链承压、融资成本高企的情况下，一些中小型房地产开发商赶紧盘点自己的资产，能够被并购与兼并、重组已是万幸；对于大房企而言，借助并购，可以凭借自身较强的开发能力和运营能力将所并购项目扭亏为盈实现利润，并借此获得更多土地储备，实现逆势扩张。在房地产行业格局持续分化，市场整合加速的背景下，并购已成为中小型房地产开发商退出市场的一条有效渠道，同时也成为大型房企进一步提升市场份额、做大做强的必由之路。如绿地、万达等已经通过收购重组上市公司平台做大市值。

如今，千亿房企的并购举动固然吸引眼球，但还有一点值得关注的是，仅在过去5月份，还有包括珠江实业、海亮、阳光城、中洲控股、招商局置地、上实发展、三盛宏业等众多房企都在进行着大大小小的收购交易。无论是直接收购公司股权，还是单纯买一个项目、一块地，都不难看出，并购、重组在房地产行业已经蔚然成风。从房地产行业告别"黄金时代"那一刻开始，大部分人都意识到，房地产开发企业或将面临一轮新的洗牌，"大鱼吃小鱼"的并购与重组现象亦随之成为新常态。

◆案例三：恒大与融创的并购风云

许家印的野心远不只是并购，他需要的是一个能借壳回归A股的上市平台。

中国房地产行业最为生猛的商人许家印终于拿下了一家A股上市房企，他最终的目的极有可能是借壳回归A股。4月24日，恒大地产发布公告称，将以3.79元每股从浙商集团、杭钢集团、国大集团收购嘉凯城约9.52亿股股份，合计金额约36.1亿元，这占到嘉凯城总股本的52.78%。收购完成后，恒大地产将成为嘉凯城的控股股东。许家印此次成功收购A股上市房企嘉凯城，除了看重这家公司在上海、杭州、苏州等长三角核心地区的土地储备外，背后的更大意

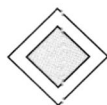

图是或许想通过借壳上市方式回归A股。这将是继万达商业后，又一家意图从港股回归A股的千亿上市房企。十天前，恒大地产就曾传出了与嘉凯城的收购绯闻，同时还举牌了另一家A股上市房企廊坊发展（600149.SH）。当时外界就普遍认为，恒大期望借壳回归A股。

如今看来，无论最终是嘉凯城还是廊坊发展，许家印的野心远不只是并购，他需要的是一个能借壳回归A股的上市平台。恒大地产通过此次收购将拥有一个境内资本市场A股上市平台，而更重要的作用是完成了回归A股上市的重要一步。接下来，恒大地产在港股的私有化步伐可能会提速。与万达商业一样，恒大地产想要最终回归A股，实施私有化将是关键的一环。过去两年内，不满意恒大股价表现的许家印共回购了约36.86亿股，花费的金额达到了161.49亿港元（约合134亿元人民币），在将恒大股价拉升的同时，也使其家族的持股比例高达74.3%，逼近75%的大股东持股红线。

纵观过往上市公司私有化的历程，大股东一般都会溢价回购小股东手上的股份，而根据中概股私有化的案例，通常回购价格会比前一天收盘价超40%的溢价，恒大今后的回购价或许会超过其8.4港元每股的历史最高股价。如今看来，许家印以往耗费巨资的回购早已为其私有化打下了基础，而他当初回购自家股份似乎是在下一盘后手连连的庞大棋局，除了不满意股价表现，向境外看空投资者传递反抗信息外，他更大的目的是欲启动私有化。接近恒大地产的人士向界面新闻透露，收购嘉凯城将是许家印有意在港股私有化恒大地产，并于A股整体上市的主要一步。

而完成收购嘉凯城后，恒大还将向这个平台注入相关资产。过去数年内，高度发达完善的香港资本市场一直是国内房地产企业上市的首选地。2009年在香港的成功上市，也曾让恒大地产度过了一段生死难关，进而通过这几年的高速发展成为中国房地产行业的龙头企业之一。但随着这两年A股市场逐渐走强，港股走势较为疲弱，两地股市估值差距逐渐拉大，同时由于海外投资者对国内房地产市场过分看空，导致在香港上市的内地房企与A股地产股估值差距加大，回归A股已成为在香港上市的诸多内地房企的共同心声。在香港上市不足两年的万达商业也由于股价一直被低估，今年3月底正式宣布要私有化

回归A股，近期他们更是已启动私有化方案。

在此之前，以H股形式在香港上市的富力地产和首创置业已数次公布了回归A股的方案。此次许家印期望借壳回归A股，外界普遍认为被低估的股价是他主要的动因。自恒大上市以来，股价一直是许家印长期的痛点，他曾经不止一次公开强调其股价被严重低估，在香港上市的近7年也是他与做空者在股价K线上缠斗的历史。

这家销售规模如今位列中国前三的房企，当前市盈率仅5.62，市净率0.51，这意味着其股价不及每股净资产的一半，这些指标也反映出恒大一直不受境外投资者的垂青。如果再考虑到自去年汇改以来人民币贬值、美元走高、国内融资成本逐渐降低等优势，A股的融资能力和优势相比目前的港股已经开始显现，这也是越来越多境外上市的内地企业争取回归A股的原因。尽管与以H股形式在香港上市的万达商业和富力地产等相比，身为境外红筹股的恒大地产在私有化之后，他们还得拆掉红筹构架，但借壳方式或许是恒大更好的选择。相对于常规的IPO，通过借壳方式也更容易实现回归A股。

目前借壳上市也成为许多境外上市的内地企业回归A股的主要途径。数据显示，2015年在A股市场成功的借壳交易达50单，总交易额突破3580亿元，两个数字均创十年来新高。除了房地产主业外，恒大集团最近两年也积极在金融、互联网、健康、文化旅游等产业布局，正逐渐向综合企业集团发展，而相对于港股，A股对综合型企业的估值也更高。

1.恒大：在房地产行业恒大和融创无疑是并购市场的最大赢家！恒大在许家印拍板下，进行新一轮抄底计划，"48天拿下100个项目，2017年销售3000亿"。紧随其后则是一系列的收购动作，包括5月收购中山坦洲地王长信时代项目以及武汉三江航天地产；6月55亿拿下中渝置地重庆项目；7月65亿港元接下华人置业成都项目……"重组已是房地产的一个主旋律，恒大也是并购的受益者，恒大上半年并购了很多小项目，帮助公司实现了快速发展，"恒大总裁夏海钧在投资者交流会上表示。同时，恒大在东北板块再出大招，开启一笔重磅收购。恒大此次完成收购的项目是人和集团旗下盛和置业的四个大型明星地产项目：盛和天下、盛和世纪、盛和天地人和以及一个黄金商业地块。据透露，

此次收购恒大将斥资数十亿元,收购建筑面积达179.6万平方米。在过去的一年,恒大无疑是令人惊叹的。它用超过1700万平方米的建筑面积收购成果,辅以多元化突进的步伐,给资本市场讲了一个千亿级房企的发展故事。虽然房地产并购在当前的市场环境里,已经不是什么稀奇的事情,也不是什么孤立存在的现象,但恒大并购案再一次引爆了市场的话题点。有人说,恒大惯用大手笔,从来不甘寂寞。诸如海南海花岛、进军保险业、声势浩大的业绩发布会等。

2.融创:融创尽管接连折戟于绿城和佳兆业的收购泥潭,但当前与融创洽谈收购的中小房企仍是络绎不绝,今年迄今,融创一半以上的项目均是通过并购所得。一路摸爬滚打积攒的并购操作经验恐怕也是非其他企业所能及,总结为三点:一是信息的及时性,孙宏斌曾说,"北京、上海,只要有公司要卖的,我们基本上是最先知道的";二是市场判断能力,就目前来看,融创今年的几笔大收购基本上都是相对优质的资产,包括去年7月末收购的中渝置地成都项目、去年9月初与西安天朗成立合资公司后并收购天朗若干项目;三是极强的执行力,在收购绿城及佳兆业期间,融创基本都有一半以上的管理力量驻扎在被收购公司,虽然融创去年的业绩增速相较往年有明显下滑,但在如此局面之下仍力保今年前三季度的目标完成率达到72%,在先期收购受挫、现阶段新货供应不足的被动情况下,取得如此业绩已实属不易。

◆案例四:房地产重组并购案

2015年8月18日,全球第一房企绿地集团通过重组在上海证券交易挂牌上市,开盘当日市值曾超3000亿,创下全球最大房企记录。2014年4月经中国证监会上市公司并购重组审核委员会审核,金丰投资股份有限公司重大资产置换及发行股份购买资产暨关联交易之重大资产重组事项获得有条件通过。而这也就意味着,自2013年11月开始、历时一年多的绿地集团重组金丰投资事宜获得了决定性进展,被称为"全球业务规模最大"的房地产企业绿地即将实现整体上市,登陆上交所。在紧随其后的绿地集团官微中,绿地董事长、总裁张玉良不无兴奋地表示,登陆资本市场,实现整体上市,是绿地多年的夙愿。

分析人士对观点地产新媒体指出，整体上市后，绿地有望成为A股市值最大的房地产企业。众所周知，此前这一宝座一直由万科多年把持，因此行业对于未来新一轮的"绿万之争"充满想象。

现在，可以肯定的是，绿地整体上市后，最大的受益者无疑将是掌门人张玉良及其麾下的格林兰团队。外界不由好奇，借此资本盛宴，张玉良及其格林兰身价将涨几何？作为上海国资委最大的混合所有制改革样本，绿地整体上市之路难言轻松。自2013年6月份，金丰投资正式停牌到正式公布重组预案历时超8个月。2014年3月17日晚间，金丰投资宣布，拟通过资产置换和发行股份购买方式进行重组，拟注入资产为绿地集团100%股权，预估值达655亿元。

据金丰投资公告，此次重组预案分为两个部分。首先，金丰以全部资产及负债与上海地产集团持有的绿地集团等额价值的股权进行置换，拟置出资产由上海地产集团或其指定的第三方主体承接，拟置出资产的预估值为23亿元。随后，金丰向绿地全体股东非公开发行A股股票购买其持有的绿地股权，股东包括上海城投总公司、上海地产集团、中星集团、上海格林兰、天宸股份、平安创新资本、鼎晖嘉熙、宁波汇盛聚智、珠海普罗、国投协力。其中向上海地产集团购买的股权为其所持绿地集团股权在资产置换后的剩余部分。事实上，当时多位分析师经测算后就告诉观点地产新媒体，整体上市后的绿地将成为A股地产公司中的又一艘巨型航母，估值水平有望超过万科。根据重组方案，以目前金丰投资总股本118.4亿股、停牌前24.22元价格估算，665亿元资产注入后，整体上市后的金丰投资市值将达到2867.65亿元。而万科目前发行总股本为110.38亿股，按照4月23日当天的收盘价格14.76元测算，万科市值大概是1629.21亿元。如此计算，整体上市后的绿地市值将超过万科逾1200亿元。实际上，自去年底"绿万之争"的话题便备受关注。

如今，绿地已在其官方微信中踌躇满志地写道："绿地作为全球业务规模最大的房地产企业已整体上市。"而董事长张玉良上市前就强调，绿地将以整体上市为契机，借助资本市场的力量，将绿地打造成一家主业突出，多元发展，全球经营，产业与资本双轮驱动，并在房地产、金融、地铁等若干行业具有领先优势的跨国公司。

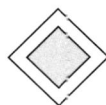

房地产成为保险资金新宠

随着房地产金融化时代的到来，大金融成为房地产当下的风口，房地产与保险资金也在"你中有我，我中有你"。在133家A股上市房企中，保险资金成为前十大股东的房企多达25家，占比达到18.8%。在这些保险资金入股的房企中，不乏像万科、碧桂园这样的排名前十位的龙头上市房企。显然，房地产已成为保险资金追捧的对象，成为保险资金当下的新宠。

至2015年前，保险行业总资产达11.83万亿元，较年初增长16.49%。按照当前险资持有的房地产资产占总资产比例30%的上限来看，将有3.55万亿元资金可用于房地产投资。保险资金入股房企，主要出于三个原因：第一，保险资金需要找投资期限匹配且投资收益较高的项目；第二，希望捕获房企内部的一些客户，比如目前不少房企涉足养老地产，入股后，可以挖掘置业者潜在的养老需求，获取客户；第三，希望扩大资产管理规模。

保险行业庞大的资金余额和较低的投资收益促使其入股房地产开发企业，以提高资金使用效率、优化投资收益。通俗来说，中国的保险企业拥有低成本和较为充裕的流动资金。长期以来，我国的保险资金投资渠道却一直受到严格限制。保险公司的大量资金大多投入到银行存款、债券、股票或基金中，随着利率持续走低，保险资金在其他行业的投资回报率也不高。而房地产行业投资金额大、投资期限长、收益稳定的特点与保险资金使用时间长、规模大、现金流稳定的特性相匹配。随着房地产金融化时代的到来，资本市场衍生出来的金融产品越来越多样化，房地产的金融属性也越来越突出，房地产与金融关联性也越来越密切。不管从国外的发展经验还是国内未来房地产发展趋势来看，拥有大量沉淀资金的保险资金配置房地产以及对房地产全产业链布局也是一种难得的机会。房地产企

业也想做强做大，但资金及资金成本是发展的限制在这一背景之下，保险资金进入股房企能够帮助房企改善资金压力，促进企业发展。

保险公司进军房地产主要有两大途径：一是通过债权、股权投资的方式介入房地产；二是通过购置商业地产、物业获取租金回报，尽管保险公司进入房地产的热情高涨，而且国家也在逐步放开保险资金在房地产领域的投资限制，但根据《保险资金运用管理暂行办法》和《保险资金投资不动产暂行办法》的规定，保险公司不得直接从事房地产开发建设，不得投资开发或者销售商业住宅，这意味着保险资金更多是以投资者的角色分享房地产行业的成长收益。

2015年4月，平安集团斥资63亿元，成为碧桂园第二大股东，持股9.9%。2015年11月，平安又以2.14亿港元入股朗诗，跃居公司第二大股东。在参与具体项目开发方面，平安选择与大型标杆房企合作，操作模式以投资入股方式为主，较少参与项目的实际操盘。在项目层面，平安从2014年下半年以来，大举进军多个城市参与拿地，抢占一线城市土地市场。最近，除了平安之外，包括前海人寿、安邦保险、中国人寿在内的多家保险机构纷纷将大量资金投掷到房地产市场。

保险资金入股房企的目的不同，给房地产企业带来的影响也会有所差异。如保险机构单纯为了收益率，不会干涉房企的经营；但如果保险机构入股是为拓展自身的地产业务，意味着一旦掌握绝对控股权，就会参与具体经营。资本的本性就是逐利，只要存在套利的机会，资本就会凶猛地扑过去，这是资本市场的自然法则。一个企业能够成为资本的猎物，一方面自然是有足够大的利益空间，另一方面一定是公司治理上存在漏洞。安邦保险、生命人寿举牌金地，万科与前海还在你争我夺中，显然保险资金在扮演门口野蛮人。

近年来，保险公司布局房地行业，从幕后的财务投资角色已走向台前成为合伙人角色。股权投资方面，金地集团成为最受保险资金追捧的地产股，其前十大股东中，保险公司最多。数据显示，金地集团的前十大股东中，有7个为保险资金账户，涉及的保险公司包括富德生命人寿、安邦人

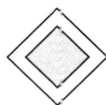

寿、安邦财险、天安财险、华夏保险。富德生命人寿曾在2013年的1月25日至2014年4月21日先后四度举牌金地集团，最终成为第一大股东。另外，万科A的第四大股东和第十大股东均为前海人寿；新湖中宝的第五大和第八大股东分别为前海人寿与国华人寿；金融街的第二大和第三大股东分别为安邦旗下的和谐健康与安邦人寿；凤凰股份的第二大和第六大股东均为前海人寿。前海人寿、珠江人寿等险企均与房企开展不同形式的合作。如保利地产与太平人寿签署合作协议，将围绕健康养老产业展开跨界合作。新华保险的涉房地产子公司包括尚谷置业、檀州置业、广州粤融、紫金世纪、海南养老等公司；中国太保的涉房地产子公司包括太保房产、新汇房产、和汇房产、天津隆融等公司。

值得一提的是，近年来保险企业也加大了海外房地产投资力度，截至目前，中国的海外房地产投资同比激增50%，达到156亿美元。海外房地产投资主体也越来越多元化，保险公司成为重要的新生力量。相较去年的试水，"险资出海"已逐渐步入快速发展阶段。今年前三季度，中国企业海外收购交易宗数和金额再创新高，而保险资金在其中扮演着重要角色：安邦收购纽约华尔道夫酒店；阳光保险收购纽约巴卡拉酒店；中国人寿和中国平安联手铁狮门，斥资5亿美元收购波士顿4号码头地产项目；中国人寿还与卡塔尔控股公司联合出资收购了英国伦敦金丝雀码头的10 Upper Bank Street大楼等。

"资产荒"日益严重，优质土地资源是保值的最佳选择。资本市场资金充裕、流动性强，反倒凸显了优质资产的稀缺。房地产行业依然有不错的前景，而一线城市核心地块则最具升值潜力。作为金融业大咖的保险资金布局房地产也是必然选择。

◆案例：平安撒向地产的五张大网

前海人寿揽得万科风头正劲，险企大哥平安却正在悄悄编织布局地产的五张大网。近日，前海人寿持股20.008%，万科第一大股东正式易主——险资

走向舞台中央的脚步叩得越来越响了。平安集团作为险资企业中大哥级人物，同样"心系地产"久矣。它不仅是全国唯一的全牌照金融集团霸主，更俨然成为国内第一家率先完成涵盖投资、开发、销售、持股，传统金融、互联网金融等全产业链、深度布局的"房地产企业"。平安集团资本大鳄在20年前就已沾手地产业务，随着监管政策放闸，平安自2014年大规模进军房地产，背后超3000亿元的营业收入、近500亿元的利润、4.6万亿元的总资产成为强大的投资"弹药库"。自身金融业务繁杂的平安系，通过平安人寿、平安银行、平安不动产、平安信托、平安好房等几家子公司的触角全面撒开了其在地产领域深度布局的五张大网。

第一张网：单独拿地，自我耕耘。与平安集团以土豪金主声名远播形成对比的是，鲜有人听闻平安还拥有自己的地产独立开发团队，旗下项目更亦不为人知。2014年，房地产行业进入调整年，平安却在土地市场风云叱咤，大举"抄底"。深圳联新、杭州安丰置业、杭州安东置业及深圳平轩四个子公司斥资167.89亿元先后在广州、杭州、北京及苏州等一线及重点二线城市拿下6个优质地块。2014年3月31日，平安推出了第一个养老、度假旅游综合性社区项目——合悦系产品。包括合悦江南、合悦版纳、合悦乌镇三大项目，统称为"平安养生养老综合服务社区"，分别有养老公寓、亲情社区、度假休闲三大产品线，以上海客户为主要销售群体，辐射杭州及浙江其他地区。位于浙江桐乡合悦江南便是由平安不动产独立开发建设的首个养生养老项目。

然而截至发稿前，来自桐乡市住房和城乡规划建设局主办的桐乡房产信息网的数据显示，合悦江南悦馨园一街坊均价13127元/平方米，自去年取得预售许可证以来共600套房源，依然有572套可售，去化率不足5%。业内人士认为，平安开发养生养老综合服务社区项目表现不尽如人意在意料之中，首先项目地处桐乡，销售客群集中一线城市，营销脱节；其次，养老仍是"名好听，钱难赚"产业；再次平安开发销售经验相对匮乏，削弱了项目市场吸引力。

据悉，合悦江南不论品质还是销售情况均未达到平安高层要求，甚至在2015年春节后，合悦江南自动封盘。为打破销售瓶颈，该项目曾推出"产权归你钱还你"新销售方案。100套限量养生养老住宅配备"养老财富计划"，30

年后将一次性将全额房款返还。专业人士指出，此举更像融资手段。购房者相当于买了一份30年的理财产品，房屋产权作为收益。对于投资者而言，房子一旦找不到下家接盘，这笔买房款就相当于做了一笔30年死期。此外，2014年平安在云南西双版纳开发了占地面积2万亩，总投资高达160亿元的当地最大养生文旅项目悦景庄·西双版纳；同时在浙江乌镇计划开发总投资约80亿元，占地约1235亩的养生养老综合服务社区。平安独立拿地开发的除去养老项目，另一部分是开发商业地块，打造办公楼等商业地产产品。鉴于平安前期建造过不少自用办公楼，如深圳平安金融中心大厦等。开发此类产品，平安经验相对较为丰富。

第二张网：合作开发，你好我好。业内对平安独立开发曾有评论：单独拿地开发，平安有闯劲，但不适合。平安似乎也深谙其道，不断加大和房企合作力度。去年底至今年，平安通过与房企组成联合体共同拿地表现"凶猛"，在土地市场上引起巨大关注。在与多家房企合作拿地的多点布局中，却不知不觉成了一个隐形"大地主"，一路走来，在被戏谑称为"扫货"的同时，平安也成为险资抄底房地产领域的领头羊。平安布局思路清晰，所拿土地均位于上海、北京这两个一线城市及杭州、南京等重点二线城市。据不完全统计，2014年11月至今，平安不动产参与的地块总价款超过700亿元。平安不动产在各项目占比不一，49%、30%、25%等权益比不等，假设按平均30%的权益计算，近一年平安不动产仅在地价款一方面的支出也要超过200亿元，不输于任何一家一线房企。

第三张网：入股房企与项目，牛刀小试。参股优质项目，平安最钟爱地处一、二线城市且收益稳健的项目。平安近几年持续入股招商地产旗下的招商局置地多个项目。招商局置地与平安不动产合作开发的南京G14号、G16号地，G09号地块，以及广州番禺地块。合作形式多是平安对项目进行增资及向股东提供贷款，因此与平安同行，招商局置地获得超过10亿元融资。而平安入股招商局置地南京和广州优质项目，一面可获得可观的后期投资收益，另一面可以加速广州和南京金融布局。平安还通过入股房企的方式扩大地产版图。2015年4月1日，碧桂园发布公告称，引入中国平安股权投资，手握9.9%的股权成为

碧桂园第二大股东，而平安持有朗诗地产的股权也是9.9%，均通过增发扩股的形式进入成为股东的。香港资本市场对布局三、四线的民企如恒大、碧桂园等屡屡看空，碧桂园股价一直较低，平安在4月份选择入股时机算是抄底。入股碧桂园的平安人寿，因双方城市战线布局差异，并未直接合作开发项目。

据悉，碧桂园和平安搭建了全民营销平台，除平安好房作为销售平台之外，平安接入了平安人寿的保险经纪人来交叉销售，为碧桂园项目带客。平安官方统计数据，公司旗下拥有超过79.8万名寿险销售人员，加上平安网点，以及投资保险的客群和买房客群的高重合度，这个销售平台对地产企业极具诱惑力。同时，平安好房亦借助大量社区平台，就是业务"演练"。此外，碧桂园重点发展的社区业务成为平安打造"互联网+房地产+金融"模式的最大实验场。未来碧桂园旗下的200多个楼盘都会联合平安共同开发，借助互联网应用在社区中增加理财、保险等业务，打造全能社区。如果说入股房企是亲密同行，平安与房企的战略合作更如"灵魂伴侣"。平安为长远计，与不少房企建立了战略合作。如平安不动产与滨江集团签订战略合作协议，平安银行与多家房企组成的平安文旅荟等。2015年6月，滨江与平安不动产签订了《战略合作备忘录》。此次合作截止期为2016年末，合作规模预计为100亿元人民币以上，其中平安出资100亿元，滨江出资40亿—60亿元。双方发挥各自优势共同开发经营房地产项目，简言之，即滨江出力，而平安出钱。

第四张网：投资物业，一掷千金。直接而干脆地收购成熟的物业，是平安与房地产联姻的又一法宝。在此，平安有自己标的红线，只投核心城市核心地段，办公为主，商业为辅。平安中国境内的投资物业不仅自用，也出租和赚取增值收益。海外物业则更多以赚取出租和增值收益为主。平安主要通过旗下各家子公司投资，此外设立地产基金（如平安—方圆—地产股权投资基金、平安—世茂—地产股权投资基金等）进行投资也小有所成。克而瑞CRIC从可统计案例看，平安国内投资主要由平安不动产来执行，海外的投资则倚重保险平台。其中平安人寿更多涉及战略和海外层面投资，平安信托则投资与房地产更为亲密的项目。平安公开资料显示，国内投资主要聚焦于北京、上海、深圳、广州、苏州、重庆、成都、杭州、沈阳、武汉、郑州等一线城市和核心省

会。平安的海外投资则聚焦于发达国家，如德国柏林、美国波士顿、英国伦敦等经济强市。中国平安首席投资官陈德贤此前表示，在海外投资中，不动产和物流项目仍然会是中国平安的首选。平安投资持有型物业类型偏爱写字楼及含有写字楼的综合体项目。从平安2013年到2015年的主要投资来看，5笔投资都含有写字楼物业，如成都晶融汇项目甲级写字楼，劳合社保险大厦写字楼，Tower Place大厦商办综合体，波茨坦广场18栋大楼商办综合体，波士顿海港区项目。

第五张网：地产服务，专注金融。如果说，平安不动产侧重于和企业B端的合作，在2014年以颠覆者之姿登场的平安好房更侧重于对接C端客户。甫一出世，平安好房便被推为"地产电商界的淘宝、天猫"，初衷是为自主成交的用户提供利息优惠的房贷服务，具有去中介化色彩。随后平安好房的重心很快从去中介化转移到金融化。因为金融牌照获批十分难，进入门槛高，平安不断强化其金融板块优势所在。2015年，平安好房提出"互联网+房地产+金融"的模式，号称"为房地产金融闭环中提供全流程金融服务"。目前平安好房初步形成覆盖房产电商、房产金融理财、房屋贷款、房产众筹等多个领域，提供包括新房、二手房、租房、海外房产等多方面服务的一体化综合服务平台，成为一个平安典型性的"房地产金融"生态圈。

目前平安好房提供了多项地产金融服务和相关产品，包括"好房宝"（理财产品）、"好房贷"（首付贷产品）、"租金贷"（租房贷款）、"e房钱"（卖房贷款）等个性化金融产品。好房宝是平安好房网联合大华基金和平安仁推出的第一款助力房产销售的金融产品，不仅是一款互联网理财产品，更可以反向为开发企业实现金融获客；好房贷则致力于首付资金的解决方案，包括装修贷、车位贷、税费贷。2015年中报显示，平安所打造的物联网房地产金融资产平台——平安好房，其上半年交易破100亿元，个人购房者获得贷款规模达6亿元。新房销售额已经突破1000亿元，好房宝用户突破4万人。

2007年，平安银行业务正式整合完毕，形成"深圳平安银行股份有限公司"，成为平安版图上金融服务重要的一子。2013年，平安银行成立地产金融事业部。事业部开发地产永续债（与恒大地产等合作）、土地一级开发基金和

资管计划等创新金融产品，正在创设并购基金及商业地产基金等。建业集团董事长胡葆森曾评价平安银行的地产金融说："平安银行地产金融事业部在谈到房地产的时候，比我们大部分开发商更专业。"

截至2015年三季度末，由于投资增加，中国平安投资房地产总额为246.02亿元，较年初增长41.6%。尽管因个别案例，险资企业留下"野蛮人"恶名，在合作方式上，平安却似乎是一个"好伙伴"，平安不动产在联合体中更多地充当投资商的角色，享有劣后收益权，不要求操盘。但平安会对项目的利润率、现金流有比较明确的要求。于房企而言，与险企合作是一把双刃剑，引流得当可助企业腾飞，防范不佳亦可被其吞噬。房企更需知彼知己，共同做大份额，才是王道。

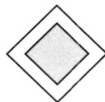

房地产布局大金融

"大金融"是房地产转型的重要风口，房地产布局"大金融"是大势所趋。从目前房地产开发企业布局"大金融"的领域看，"大金融"涉及银行、保险、券商、交易所、互联网金融平台、私募基金、信托基金、财务集团、第三方支付、社保基金、资产管理、海外投行参股等在内与金融行业相关的方方面面。诸如恒大、万达、绿地、泛海控股、世纪金源等众多知名房企已纷纷涉足房地产大金融领域，继恒大收购华夏银行股权之后，恒大金服也已上线服务中。在房地产界布局大金融走在比较前面的房企越秀地产，持有全球首只投资于中国房地产的上市房地产投资信托基金，其母公司越秀集团拥有9张金融牌照，有深厚的金融底蕴。在越秀的企业理念中，房地产做到最后就是做金融。香江集团也是国内最早投资金融业的民营企业之一，已投资银行、证券、基金、保险、私募股权投资（PE）、担保、小额贷款等领域，投资8家金融机构。金地地产早在2006年便探索房地产金融业务。其董事长凌克曾表示，房地产是资金密集型行业，在进入了竞争的白炽化阶段以后，大家比拼的将是金融实力，谁的融资能力更强，谁的资本运作能力更强，谁才能发展得更好。万达、绿地等房企更是对外号称现在已转型成为金融集团公司了。

房地产企业积极布局"大金融"，我们归纳起来主要体现其五大战略图谋：第一，多元化业务谋求较高的投资回报收益；第二，通过"大金融"的战略布局，提供融资的便利，降低房地产业务的融资成本；第三，与房企"房地产+"发展战略形成协同发展格局，促进"房地产+"后产业与金融的协同发展；第四，与互联网金融更好对接，抓住创新金融；第五，紧跟金融发展趋势，为海外布局、迈向国际化，转型成为全能型国际化企业，做

强做大。

房地产行业靠传统土地增值盈利模式、靠房价上涨而产生溢价收入等方式作为房地产主要的运营模式时代要成为过去。行业利润率下房地产企业寻求与多种产业融合，通过跨界转型，寻找新的利润增长点刻不容缓。

房企布局"大金融"，当然要从各房企实际出发，寻找适合自己的方向进行切入，通过参与或控股金融机构或平台，取得一个金融牌照，再攻下一个牌照，最终拿下对自身发展有益处的全金融牌照，从而为"房地产+大金融"打好基础。如部分房企已通过收购和参股参与以下金融机构或平台，为全面布局"大金融"做准备。

保险业布局，资金成本低，运作灵活，与房地产结合紧密，相对于银行和券商牌照，保险业务与实体产业的配合效果更佳。这是由于因为保险资金的来源成本很低，保险资金的投向限制较少，运作方式灵活。不论是国外的巴菲特模式，还是国内的复星模式，都是充分利用了保险业务的优势。保险资金频繁围猎房企和踊跃拿地的现象体现了保险与地产的结合的紧密性。从实例上看，泰禾、阳光城参与设立海峡人寿是非常好的选择，而房企若不能参控股保险公司，像碧桂园引入保险资金参股也是不错的选择。

互联网金融是当下的重大风口，模式多样，想象空间巨大。互联网金融领域目前主要以第三方支付、P2P、众筹为主要代表（不计传统金融业务的互联网化），运作方式相对灵活，与房地产领域的结合也颇为紧密，例如，万达收购快钱。

基金是轻资产利器，是"用别人的钱干自己的事"。"房地产+基金"的模式凯德和美国普洛斯已经成功实践过。对于持有型物业，通过基金持有物业，房企负责运作管理的轻资产模式已经被大多数商业地产商、工业地产商所认可和实践。远洋地产、金地集团等房企也已经开展了地产基金的运作，而随着REITs的逐渐开放，房企基金化将更进一步发展。私募房地产基金设立的门槛较低，与房地产业务的协同性较强，可以使房企获得多元收入，对于开发运营持有型物业的房企可适时布局。此外，投资、并购基金

亦是值得房企尝试的方式。

金融资产交易所是金融资产集散地，与房地产及其他金融业务互动作用明显。在绿地设立贵交所、龙交所之前，很少人意识到金融资产交易所的能量。而绿地热销的"地产宝"正是通过贵州省绿地金融资产交易中心挂牌的产品，通过该产品便可为绿地自身的地产项目进行融资，若为其他企业进行融资还可以从中收取0.5%—2%的服务费。对于一些不良金融资产（债权、土地抵押物等），绿地还可以通过自己的品牌和开发能力进行改造、盘活和包装，再进行转让。并且，通过与阿里、平安等大平台的合作，能够将各类金融产品推向更广的受众和市场。此外，交易所还可以挂牌小贷资产收益权产品。绿地的金融资产交易、小贷、开发三个业务形成了良好的互动和循环。

在信用消费时代，信用消费全面到来的趋势势不可挡。对于商业地产运营商以及企图布局大消费领域的房企，可以适时布局消费金融，卡位"大消费"产业。

财务公司是为提高集团资金运作效率而设立的集团内部银行。财务公司可以为企业集团内部成员筹资和融通资金，相当于集团内部银行。财务公司不仅可以吸收成员企业存款，也可以向成员企业发放贷款，还可以进行多项资本运作。对于房地产企业而言，设立财务公司将大大提升房企战略格局。

小贷门槛低，是金融布局"学前班"。小贷公司的设立门槛较低，对于想要拓展金融业务，获取新盈利点的房企可以一试。一方面可以利用房地产产业链上下游客户资源拓展市场（包括供应商和其他小型房地产开发商），另一方面小贷与P2P平台的结合，可以在一定程度上突破杠杆限制和地域限制。目前绿地已经在多地设立小贷公司，中天城投、格力地产也有设立小贷公司的计划。

除上面的金融平台和手段外，资产管理的力量也不容忽视。目前，资产管理已经表现出比信托更为灵活的运作方式，再加上与互联网的结合，将迸发出更多的可能。如"绿地地产宝2期"便是绿地贵交所与平安汇富

资产管理公司的联合之作。又如，此前被认为准REITs的中信华夏苏宁云创资产支持专项计划也是借用了华夏资本的资产管理通道。除此之外，与不良资产管理公司AMC四大资产机构合作也可算做房企的大金融布局。AMC潜行房地产已久，化身为"钱"高价夺地王只是表象，存量物业才是他们"闷声发大财"的金矿。聪明的房企如绿地和远洋、泰禾地产已经与他们悄悄展开了合作——AMC或将成为2016年房地产行业新的主角。

以上概括分析了部分金融机构或平台的概况及特点，各房企还要结合各自的能量及自己擅长选择金融手段和平台，进行"大金融"下各业态布局。"房地产+大金融"风口已经打开，房地产已与金融密不可分，"大金融"所涉及房地产的范围远比我们看到与想到的多得多，房地产企业布局"大金融"已势不可挡。

房地产做到最后就是做金融。对于房地产开发企业而言，不管房地产何去何从，如何转型，如何在房地产风口上下成功华丽转身，其本身金融属性都客观存在，房地产企业应提前布局。

房地产作为民生行业，需要为国为民造福而努力，在"房地产+大金融"下做强自身的实力，成为新时代下的新型房地产综合企业，为未来国家倡导的真正新城镇化建设发挥自己的力量。新型的房地产综合商在融合了大金融发展在本身做强做大的情况下，还要勇于走向海外，实现布局全球化。

◆案例一："房地产+大金融"之路

作为传统的资金密集型行业，房地产与大金融的联姻一直广泛而密切。中国大金融包括了保险、证券、基金、银行、互联网金融、风险投资等多个门类，从目前梳理的房地产企业转型案例来看，中国有一批超级公司，他们上市的市值平均达到千亿以上，这些公司的房地产+大金融的玩法，与普通的品牌上市公司有着明显的不同。最大的不同就是金融与房地产的介入是系统性的，全方位介入。绿地、万达、复星、平安这四大金融地产巨头就是其最典型的代表。

1.绿地集团——从超级地产商转变为金融控股集团

上海起家的绿地集团，在经过前十年在地产和能源领域的快速扩张之后，最近两年随着绿地借壳金丰投资的上市，其战略变革日渐清晰。目前具有2000亿市值的绿地借壳上市的金丰投资，市值已超过万科，成为房地产行业名副其实的龙头公司。但绿地在上市后的战略上与万科有着本质的不同。相比万科，绿地的战略更加多元化。绿地集团2014年实现业务经营收入达4021亿元，房地产业务只占其半壁江山。

（1）2015年开始，从绿地开启了"金融+互联网"的转型战略总体来看，绿地在确定转型战略之后，行动极为快速。之后便进行金融牌照的收购工作、设立产业基金、并购基金、探索资产证券化、基金管理等形式多样的大宗资产定制和变现方式、第三方资产管理业务、与中国平安、阿里巴巴、腾讯公司等合作设立了"平安绿地好房宝""腾讯绿地宝"等理财产品。

（2）推出第一个创新实验——"绿地地产宝"互联网金融产品。绿地在2015年最重要的一个转型创新还是其推出的互联网金融服务。2015年4月，绿地联手阿里巴巴旗下蚂蚁金服、平安陆金所，正式发布国内首款互联网房地产金融产品——"绿地地产宝"，其产品定位于服务个人投资者理财投资与中小房企资金解决方案。地产宝首期上线产品以绿地集团位于江西南昌的棚户区改造项目为基础资产，首期发行总规模为2亿元，约定年化收益率6.4%，产品期限为一年。该产品除拥有绿地品牌优势外，还由安邦财险提供保证保险、保障本金及收益的到期兑付。目前第二期产品已在积极筹备中，将在平安陆金所平台发行。从产品的规划来看，未来绿地地产宝将不仅仅局限于绿地的自有项目，而是要建设成为互联网房地产金融平台，通过产品设计、包装，将社会闲散资金、机构资金与地产项目有效对接。以绿地本身的品牌和资本实力做背书，着眼于为中小房企提供资金解决方案，同时为社会投资者提供"高收益、低风险"的投资产品。绿地地产宝产品第一步目标是交易量达到100亿元，成熟期规模突破500亿元。

（3）开设金融资产交易中心。不同于所有地产公司的金融战略，绿地最

近独树一帜地开设了金融资产交易中心，绿地打造金融平台公司的战略一览无余。绿地集团2014年8月在贵阳开设第一家金融资产交易中心，即"绿地贵交所"之后，近期又在哈尔滨成立了黑龙江省绿地股权金融资产交易中心，即"绿地龙交所"，为私募股权众筹融资产品提供流动性及建设具有绿地特色的交易平台。

（4）将绿地香港打造成互联网金融服务的主体公司。近期，绿地香港的子公司绿地金服与陆金所、众安保险、东方资产管理公司等三家机构签署战略合作协议，为成为"金融产业生态圈"战略迈出关键一步。这样的金融产业生态圈在绿地看来其本身具有巨大优势：绿地是金融场景的创造者——绿地拥有1500万目标客户群，在全国88个城市拥有500多个社区及强大的置业顾问团队，通过物业公司和互联网技术的共同努力，将实现最后一公里的金融服务。

绿地金服规划的产品线很丰富，将围绕房地产全产业链投融资市场，建立包括地产宝、业主宝、置业宝和社区宝等在内的产品库，形成可复制的多层次业务模式。目前正在积极推进"社区宝"的开发，绿地社区宝的产品形态包括社区投融资服务、朋友圈投融资服务。绿地置业宝的产品形态包括首付款投融资服务、购房优惠认购权凭证服务等等，将通过3000多个绿地置业顾问进行O2O全面推广。未来三年，绿地金服目标是平台交易量突破1000亿，注册用户突破300万，打通500个社区。

最后我们来看，绿地打造金融控股集团未来的战略目标是：短期内金融产业成为绿地集团新的利润增长点，至2020年业务规模力争达到800亿元，利润达到100亿元；中期内，成为绿地集团多元化发展的重要支柱和集团产业升级转型的方向；从长期来说，绿地金控集团将形成自己的核心竞争力并在细分产业中有核心优势，力争"业务收入在集团内三分天下，然后占据集团收入的半壁江山"。

2.万达集团——未来万达模式的升级，本质上就是金融集团

自2014年底万达在港交所成功上市之后，2015年来，万达的战略出现了180度的大转变。从重资产往轻资产转型，从地产变成金融，从线下走到线

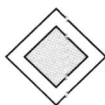

上，万达最近一年的战略可谓天翻地覆。从王健林的最新发言可以观察到，万达将形成一个金融集团，有别于传统的金融集团，万达金融有银行、保险、证券、支付公司、资产管理等。凭借万达的资本优势，王健林又在打造一个全品类的金融帝国。这里，最值得一提的是万达的互联网金融战略。王健林在最近的讲话中谈到，"万达的金融要朝着互联网金融方向走，绝不搞开门店、拉人头的传统模式。另外，利用自身优势。一是大数据优势，万达电商大数据不同于普通电商，许多人几个月才上网买一次东西，不能全面抓取消费数据。二是规模优势。万达电商今年会员发展目标是1亿，几年后将有几亿活跃会员，几十万连锁商家。万达互联网金融要充分利用这种优势，能把这部分人和商家的金融产品做好就很好了。"

为达到这样的目标，纯地产起家的万达在布局大金融的同时，也开启了人力资源架构的再造。王健林的金融班底在最新亮相的年中会议上，包含了原建设银行投资银行部总经理王贵亚、原渤海银行行长赵世刚、原深圳证券交易所副总经理陆肖马、原快钱CEO关国光等传统金融和新兴金融的大将，整个万达金融的大版图初步浮出水面。去年，万达收购快钱后，通过在快钱平台上发售"稳赚一号"众筹了50亿元，可谓是互联网金融战略的小试牛刀。相比众筹模式，万达日后若想沿用轻资产思路拓展几百个购物中心，关键还是仰仗于其在发行REITs上的努力。截至2015年年末，以H股流通股计价的万达商业总市值达到2700亿港元，万达院线A股市值达到888亿元。王健林掌握的两大上市平台，两家上市公司合在一起总市值达到3048亿人民币。万达在布局大金融的路上，今年将准备回归A股，市值估值可能将会达到5000亿。

不同于上述从房地产开发起家转型金融的绿地集团和万达集团，复星地产、平安地产则是在原有的金融集团框架下，布局了地产板块的业务。因平安和复星的金融基因，他们在拓展地产业务的战略思路与绿地和万达则完全不同。如果说万达、绿地做金融业务是转型的需要，那么本身就是金融投资出身的复星、平安，投资地产则是其资产配置的一个重要渠道。

3.复星地产集团——金融资本、产业资本与地产资本的高度融合

以郭广昌为代表的复星集团起源于金融投资。复星控股早年在复星医药、钢铁、金融保险、文化、商贸等产业投资上进行了广泛的布局，为其在地产上积累了积淀。相比万科等以产品起家的蓝筹地产公司，复星地产集团更具备了金融投资的基因。深受股神巴菲特投资思想影响的复星管理团队，在复星国际2015业绩发布会上提出了一个独树一帜的"1+1+1"模式——保险+产业优势+蜂巢城市。保险作为集团最重要的资金来源渠道，结合复星在产业投资领域的专业经验，在地产方面更多的是以蜂巢城市为产品形态，构成了从金融到产业、再到地产的三角架构。从产品架构上看，蜂巢城市包括了大文化蜂巢、大金融蜂巢、大健康蜂巢、大旅游蜂巢、大物贸蜂巢等几个方向。但从产业资金来源和投资结构上看，复星用于地产上的资本来自于其旗下的复地集团、星浩资本、星泓资本、星豫资本、星健资本五大开发平台，并打造了IDERA Capital、外滩金融中心、浙商建业、星堡、星景、策源等多条产品线。截至2015年7月15日，复星母公司港股上市的复星国际市值已达到1374亿港元。

4.平安不动产集团

平安地产是近年快速崛起的大鳄。以保险业起家的中国平安，作为中国金融巨头，其所管理的上万亿资本帝国，对房地产方面一直存在资本配置的需求。

截止2014年末，平安不动产公司管理的资产规模将近500亿元。平安在地产方面的渗透主要通过不动产投资、入股房地产企业、房地产金融等方面进行渗透。

（1）进行不动产项目投资。与安邦、生命人寿等保险公司在二级市场大举购买房地产股票不同的是，平安对房地产的投资更多的是进入到与房地产开发商合作，直接在房地产项目上进行投资。从2011年起，平安寿险获得了PE与不动产双牌照，就启动了不动产投资的举措。保险资金追求的是长期的稳定回报，核心城市的核心物业符合这一要求。因此，险资偏好一、二线城市核心商业区办公楼、综合体的投资逻辑一直被沿用至今。而早期平安投资的

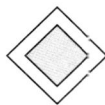

这些物业,现在基本都交由平安不动产统一管理。在这些项目中,商业项目多集中在一、二线城市的核心区域,如深圳平安金融中心大厦、广州金融城等。2015年1月,华润、首开、平安联合体以86.25亿元豪夺丰台区白盆窑地块。据首开董秘王怡透露,该项目由华润、首开来主导操盘,平安则是同股同权益,财务投资为主。如今,平安旗下的不动产业务已涉足商业、住宅、养老、工业物流、房地产金融+电商等多个领域。平安在浙江桐乡、云南西双版纳、浙江乌镇开发养老项目,并采用"租赁+出售"的操作模式;平安还在成都空港和龙泉布局了工业物流地产。此外,平安的地产版图还扩张到了海外,在英国伦敦、美国波士顿等地购置商业不动产。在2014年8月到2015年2月期间,平安不动产已经投入超过300亿元人民币扩充土地储备。

(2)与品牌房地产开发商合作。平安与品牌开发商频繁互动,包括招商、华润、首开、金地、朗诗、世茂等房企均与平安有合作项目,产品类型涵盖住宅、商业等。2015年4月,平安更是直接以63亿元收购了碧桂园9.9%的股份,成为碧桂园第二大股东。不过,平安与碧桂园的合作远不止于项目开发上的投资。据媒体报道,在碧桂园社区服务APP中,将会嵌入中国平安任意门及平安付,推广使用平安付支付物业管理费、水电费、煤气费和其他收费服务;还要针对物业管理、O2O平台、电商、金融服务、养老、医疗、物流等等定制式的设计合作方案。

(3)打造平安好房网,进军互联网金融和房地产电商。2015年,引起房地产中介代理行业广泛注意的是,其高调推出的平安好房网。房地产电商性质的平安好房网有更明显的互联网金融色彩。目前,平安好房相继推出了"好房宝""好房贷"等互联网金融产品,业务涉及"好房金融"、二手房买卖、租房、房产众筹、管家服务,涵盖地产领域的诸多方面,正在打造O2O模式的"房地产金融"闭环生态圈。截至2015年7月15日,中国平安总市值7354亿元。我们看到,上述绿地、万达、复星、平安等四大公司,都在致力于构建一个全品类的金融帝国。中国上千亿市值的企业中,除了行业领袖万科在金融布局上,只有27亿投资介入徽商银行资本外,其他超级公司均在金融上有深入布局。

◆案例二：世界各国房地产开发模式

目前国际上具有一定代表性的房地产开发模式主要有两种：一种是以市场化资本运作为主、注重专业化细分和协作的"美国模式"；另一种是从融资、买地、建造，到卖房、管理都以开发企业为中心的"香港模式"。随着社会不断向前发展及房地产环境的变化，众多的房地产开发商的开发模式目前渐渐是已由原先的香港模式开始向美国模式方向转变，但因国情又不尽相同，因而也无法全盘复制，还有现在已经从工业化时代进入了"互联网+"时代了，此一时，彼一时。世界环境已发生巨变，也不能没有创新精神，每个时代有每个时代的风口，相信更多的房地产开发企业能够吸收其精华，走一条属于适合自己企业的房地产发展之路。以下为世界各国房地产开发模式探讨：

一、香港模式——"一条龙"式垄断游戏

由于地缘关系和土地公有等方面的相似性，目前我国大陆的房地产开发模式基本上借鉴了香港模式。香港模式是一条以房地产开发企业为核心的纵向运作链，投资买地、开发建设、营销销售、物业管理等，窗体顶端到窗体底端通常由一家企业独立完成，堪称"全能开发商"。香港房地产开发融资渠道也相对比较单一，主要构成是银行贷款和通过预售收取客户预购房款。

香港模式具有以下几个鲜明特点：

地皮最值钱。香港拥有660万人口，却只是1070平方公里的弹丸之地，而作为人口密度最高的上海，1700万人却拥有6340平方公里。这就跟解放前的中国农民一样———一辈子的梦想可能就是置下五亩地。对香港地产商而言，有地才是生存的硬道理。

项目运作"一条龙"化。香港房地产开发企业通常采用拿地、盖房、销售、物管"一条龙"式的滚动开发模式，作为"全能开发商"扮演着各类角色。长江和黄、新鸿基地产、新世界发展、恒基兆业等10家地产集团都是这样开发楼盘的。这种全能型模式有利于形成地产巨头，行业集中度相对较高，有利于

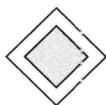

资源的优化配置，正由于此，前十家地产商的开发量占香港总开发量的80%左右。获取土地是第一要义。政府高度垄断土地，大开发商高度垄断市场，房地产发展商占有了最具稀缺性的土地资源后，其他行业和社会财富自动聚拢而来，想不赚钱都难。香港不同于美国，地少人多、寸土寸金，拥有土地成了房地产开发企业竞争力的核心所在。

融资渠道相对单一。总体来说，香港地产商大型化、财团化之后，其自身财力已经比较雄厚，然后通过银行贷款和预售款，基本就能满足开发经营需求，没有太大动力进行多元化融资。

期房预售制。1953年，在香港严重供小于求的卖方市场下，霍英东首创卖楼花的游戏规则，期房预售使得开发商除银行贷款外，又获得了一个新的融资渠道。从而在资金要求上大大降低了开发商的入行门槛。

二、美国模式——敛聚暴利门都没有

通过严格的专业化细分，形成一条横向价值链，构成以专业细分和金融运作见长的房地产发展模式。美国模式代表了西方发达国家房地产开发的主流模式。其核心是金融运作，美国拥有最成熟和完善的房地产金融体系，房地产投资信托基金和投资商成为主导者，而开发商、建筑商、销售商以及其他房地产服务商则成了围绕资本、基金的配套环节。

美国地产模式的背景及特点是：

土地自由供应。理论上讲，在1990年日本地产泡沫最大的时候，如果把整个东京卖掉后就可以买下整个美国，由此我们可知当时日本地价之高，美国地价之低。如果再追溯一下历史，当年美国西部大开发时，只需交纳10美元手续费就可以免费获得无人居住土地160英亩，只要定居和开垦5年，土地就永远归私人所有；由此形成美国62%土地私有的格局，让政府不可能对土地供给进行严控。

专业分工明确。美国房地产发展模式主要由房地产金融产业链、开发产业链、中介产业链和流通产业链等相互协调共存，强调房地产开发的所有环节由不同的专业公司来共同完成。而且不同公司根据自己的专业特长而专注于某个细化产品市场。比如：有专做写字楼的，也有独做大型超市的，既有做郊区

成排别墅群的，也有独营退休社区的。

以金融运作为核心。在美国房地产模式的各个链条中，金融产业链最为发达。美国没有一家房地产开发企业进入世界500强，但却有许多以房地产投资收益为利润来源的投资商、投资基金等金融机构进入世界500强。美国的房地产金融产业链由房地产基金、投资商和银行组成，其中最大部分是房地产基金，美国的房地产投资商主要是从事物业投资，而非物业开发，因此美国真正的大地产商都出于金融领域。以房地产投资信托基金为代表，美国目前约有300多只房地产投资信托基金，管理资产总值超过3000亿美元。

收益大众化。美国的房地产资金只有15%左右是银行资金，剩下的70%是社会大众的资金，其中35%是退休基金，35%是不动产基金。房地产基本上是私人投资，全国大多数人都可以通过不同方式参与房地产的投资，主要渠道是房地产投资信托基金、上市企业股票、MBS（房产抵押贷款证券）等。全民参与投资，既降低了房地产金融风险，也使行业利润被民众摊平，基本不可能出现如任由国内房地产开发商敛聚暴利的现象。

三、新加坡篇——政府干预才有保障

由于政府实施了积极的住宅保障政策，新加坡成为全世界住宅问题解决得最好的国家。新加坡是一个市场经济国家，但在住宅消费保障制度方面，政府干预和介入得很深。当然，这也与其是城邦型的地理特征有关。

政府大力发展公共住宅。政府于1960年成立了建屋发展局，制定了"五年建屋计划"，大力发展公共住房，即一般所说的"组屋"。1968年，新加坡政府又提出了"居者有其屋"的计划，从出租廉租房为主向出售廉租屋过渡。受到英国的影响，新加坡近年来也倾向于住房私有化，通过推行住房私有化计划，新加坡一方面成功地把原属国家所有的住房逐步转让给个人，另一方面对经济收入不同的家庭，实行不同的政策。对收入高的居民，国家不包其住房，使其住宅完全商品化；对中低收入家庭，实行准商品模式，由政府投资建造社会住宅，然后再按优惠条件出售。梯级消费加上公积金支持的购买力使新加坡80%以上的居民购买了组屋居住。

实行住房公积金保障制度。公积金制度是新加坡于1955年建立的一项强制储蓄制度，由雇主和雇员共同缴纳，以解决雇员退休生活保障问题。1968年，新加坡政府为了解决中低收入家庭的住宅问题，允许动用公积金存款的部分作为首期付款之用，不足之数由每月交纳的公积金分期支付。这项规定使低收入者既能购房又不影响生活，从而极大地促进了低收入者购房的积极性。该项规定最初只针对最低收入家庭，1975年后政府才对中等收入家庭放开了限制。公积金制度成为新加坡国民储蓄的主要组成部分，新加坡也成为东南亚地区解决住宅问题的典范。

根据收入情况分级确定住房保证水平。分级提供公有住宅补贴要求严格按家庭收入情况来确定享受住宅消费保障水平。在住宅短缺时期政府规定只有月收入不超过800新元的家庭才有资格租住公用住宅。

政府对购房补贴也采用分级的办法。例如，一室一套的，政府补贴1/3；三室一套的，政府只补贴5%；四室一套的，政府不仅没有补贴，而且按成本价加5%的利润；五室一套的，政府按成本价加15%的利润。由于房价上涨，出售公有住宅所赚得的利润必须向房屋开发局缴纳一部分。5、公有住宅的合理配售政策。自1968年以来，新加坡购房者日益增多，搞好公房配售，让购房者觉得合理公平，成为房屋开发局的重要课题。起初，政府采用登记配售，以登记的先后顺序出售，后来改为定购制度。每季度公布一次建房计划，定购并申请房屋的人进行抽签，中签后经过购房审查交付订金，后随即签订购房合同，并交付房价的首付款。一般等两年多就可以住上新房。这种办法缩小了各地区、各类型住宅的供求差距。

四、德国篇——国家控制企业承担

德国采取住房政策和金融政策相结合，与市场经济相配套的措施，其梯度型、自助性的金融体系在解决居住问题方面发挥了明显的作用。

公共住宅的建设与供应。战后，德国面临非常严重的房屋短缺，为此政府大力推动低价住宅建设，同时也支持建设了相当规模的福利性公共住宅。国家和私人共同投资，主要以国家控制为主，承建公益性的大众住房。承建者可

以是个人，也可以是工厂企业或其他法人，个人或企业只承担造价的20%的投资，其余由各级政府投资或者由政府提供担保。住房建成后，以出租为主，但是租住房屋的必须是低收入居民，住户凭低收入证书才能租用，房租仅相当于一般房租的1/3，其余由政府补贴，也可以采用分期付款的办法将房屋出售给个人，售价也低于市场价格。

房租补贴制度。该制度是目前德国对低收入居民住房保障的主要方式。新的住宅补贴法规定实行房租补贴制度，由政府根据家庭人口、收入及房租支出情况给予居民以适当补贴，保证每个家庭都能够有足够的住房支付能力。

住宅储蓄制度。德国经营住房金融的机构很多，商业银行和私人银行都可以为个人购建住房提供金融服务。第一类是互助储金信贷组织，比如住宅互助储金信贷社；第二类是契约储蓄系统，任何居民个人按照合同契约规定，连续几年存入一定数额的定期储蓄存款，存足一定金额时，即可取得住房贷款的权利。低收入家庭还可以减免个人所得税；第三类是私人建筑协会和公营建筑协会，他们的贷款办法是自定、封闭性的。1999年，德国住宅投资占GDP的7.2%，其中住宅储蓄占整个住宅信贷的22%。

购房财政税收政策。为鼓励私人建房，政府通过减免税和其他奖励措施予以鼓励。联邦所得税法规定多方面优惠。此外，财政还给予收入较低的购房人不同程度的购房补贴，86%的德国人都可以享有不同额度的补贴。

五、日本篇——特殊的官商关系

在日本的住房保障体系中，集团企业扮演着尤为重要的角色，而政府也以低息贷款等措施不断促进着民间企业的住宅建设。日本的住宅消费保障在其社会保障中占有十分突出的地位。日本公共住房的供应模式别具特色，主要以日本住宅金融公库、日本住宅都市整合公团和地方住宅供给公社为主体，其中住宅金融公库承担为公共住房融资的职责，后两者则直接负责建设和提供住宅。

1.重视法律保障。第二次世界大战后，日本住宅短缺达420万户，约2000万人无房可住，占到当时人口的1/4。为了缓解住宅短缺问题，日本政府于1950年制定了《住宅金融公库法》、1951年制定了《公营住宅法》、1955年制定了

《日本住宅公团法》。此后又陆续出台了一系列相关法规，通过建立健全住宅消费保障的法律法规，使得日本住宅政策逐步走向正轨。

2.优惠的住宅政策。日本政府的具体做法是首先以低息贷款促进企业从事民间住宅建设；其次以低税和免税优惠促进私人住宅的兴建与购置；最后是充分发挥地方群众团体的作用，吸收社会资金发展住宅建设。

3.集团企业发挥积极作用。日本经济发展的一大特点是集团企业的强大，大企业与政府关系良好，而政府对大企业的影响力巨大，形成特殊的官商关系。早在1980年，日本就有200多万家大企业，建造了16万平方米以上的住宅区240多处。此外，日本政府在住宅保障方面的具体措施还包括：政府以低税、免税的手段促进私人住宅的建造；发挥各类社团组织的作用，吸收社会资金参与住宅建设。

六、英国篇——靠私有化减轻负担

英国居民中有近70%的居民拥有自有住房产权，30%的居民租赁住房；其中20%的居民向当地政府租赁公有住房，10%的居民租住私人房屋。英国是资本主义国家中福利制度发展最早的一个国家，是住房问题产生最早也是政府干预最早的国家。1950年后，英国采取房租补贴替代原来的建筑补贴政策，使穷人成为补贴的最大受益者，被称为"真实租金政策"。1962年为规范当时民间兴起的建房社团的活动，颁布了建房社团法，规定建房社团的宗旨是为社团成员筹集资金，并以完全所有或租赁保有房地产证券形式贷给社员等。最初的做法也是兴建公共住房，以低价出租给低收入者。但随着这一制度的发展，逐渐出现了财政负担过重的问题。1984年，英国通过了《住宅与建房控制法》，推行住房私有化，大大减少了政府的负担。在英国也存在着中低收入家庭买不起、租不起房子的问题。英国政府采取了强制性规定，利用财政倾斜政策和市场化手段相结合的办法，解决了这一问题。如开发商新建住房中，必须有50%低价出售，否则政府不批准建设规划；为关键岗位人员提供购房补助或优惠贷款；与房地产公司建立合作社，允许灵活的混合产权，如购房者可以先买一半的产权，或买一半租一半等。

后　记

　　本书的写作是基于本人对房地产行业的执着和热爱，从业十几余年来，经历了房地产行业所有的业务流程环节，在实操过程中痛并快乐着。同时也深深体会到，房地产行业好像一幅令人如痴如醉的山水画卷，令人流连忘返。同时又像是春秋战国的群雄争霸大戏，英雄们为保住行业江山及身家性命，不得不金戈铁马，拼命厮杀。

　　在2015年上半年，"互联网+"下的各"+"都非常火，传统实体都受到冲击，各行各业实体经济如不在被颠覆的路上，那么它一定是在变革的道上，而且这些来的是那么自然，影响又那么迅速。一不留神，房地产行业也即将面临被改造的宿命了。与其被改造，不如如同"互联网+"一样去做"+"。

　　近几年，中小型房地产开发企业的命运走向呈现扑朔迷离态势，在这急剧格局裂变而又面临行业淘汰出局的市场环境下，不免对其忧心忡忡。在与业内朋友谈论之时，都对房地产中小型开发企业未来发展方向流露出悲观之所见。加之朋友们与个人的意见相同，都急呼何不汇总每个人所长，把预测的行业趋势集成一书为业内参考。因此，就有了本书的初创构思。但要写好需集各众之观点，才能更好地全面剖析到位。但碍于朋友们各忙其事，无法静心整理写作，因此一致推荐本人著写，好在上北大汇丰商学院学习期间，国内顶级经济专家学者教授对各种类经济趋势课题有过探讨，从而能明白经济运行之趋势。也幸得同行业朋友和北大汇丰商学院的同学作为本书课题顾问团，提供各自企业或在职公司真实案例作为本书

题材，并汇总他们个人的经验和智慧，指导本书写作方向，大大增加了本书作为行业实操借鉴的参考价值，特此感谢他们！

本书旨在为中小型房地产开发企业和相关联行业在"互联网+"时代风口之下，房地产行业如何拥抱"互联网+"，提供更多思考方案，希望本书对房地产开发企业及相关从业人员带来更多感悟，通过践行多种房地产"+"下新的商业模式，企业转型升级成功。

在写作过程中，希望做到将中国房地产行业发展的变迁史浓缩成一本书，编著一本可读性强的行业参考素材。因而在写作过程中，时刻警醒，勿忘不能偏离方向。现终完稿成书，写下后记，向领我进入房地产行业的那人和为本书付出汗水的众多朋友们致以深深的感谢！本书在出版策划方面有幸得到人民日报出版社和出版专家鲆叔的帮助，在他们的团队操作下进行整合出版。在吸取文献参考素材中，本书也进行"+"的整合，引用了相关联的文章，一并表示感谢！在历经半年多写作过程中，得到了明森董事长、公司同事们的支持与帮助，感谢他们！写书过程中，得到了内人和孩子们的理解与支持，忙于整理书稿，无暇陪他们，内心愧欠。

在本书即将出版之际，内心也忐忑不安，怕本书欠缺太多，无法达到写作本书的初衷，本意是想让房地产开发企业，特别是中小型房地产开发企业及相关联的行业和行业从业者能从书中获取有价值的信息，但因本人才疏学浅，水平有限，唯恐无法达到。如有不足之处，请多多谅解。

杨家浩

2016年8月13日晚

参考文献

1.刘瑛，乔宁. 房地产开发. 北京大学出版社，2007.

2.孙晓璐编著. 房地产经营管理一本通. 经济科学出版社，2007.

3.夏联喜. 房地产项目管理. 中国建筑工业出版社，2009.

4.李忠. 房地产项目系统定位策划. 人民邮电音像电子出版社，2010.

5.刘新华. 房地产经济学. 上海财经大学出版社，2010.

6.明源地产研究院. 房地产项目运营最佳实践. 中国建筑工业出版社，2011.

7.李海涛编. 房地产金融. 天津大学出版社，2013.

8.吴增胜. 房地产开发项目投资管理手册. 中国建筑工业出版社2013.

9.大连万达商业地产股份有限公司. 商业地产运营管理. 清华大学出版社，2013.

10.同济大学经纬不动产研究院. 中国房地产白皮书（2013—2014）. 同济大学出版社，2014.

11.[美]罗伯特·M·哈达威. 美国房地产泡沫史（1940—2007）. 海峡书屋，2014.

12.[美]霍默·霍伊特.《房地产周期百年史：1830～1933年芝加哥城市发展与土地价值》. 贾祖国，译. 经济科学出版社，2014.

13.刘丽娟编. 养老地产新兵入门/房地产开发新兵入门丛书. 中国建筑工业出版社，2015.

14.陈洪波，蔡喜洋. 全球房地产启示录之稳定的德国. 经济管理出版社，2015.

15.中国科学院大学中国产业研究中心. 2016中国房地产市场回顾与展望. 中国科学院预测科学研究中心编. 科学出版社，2016.

16.李春华，王业强，尚教蔚. 房地产蓝皮书. 社会科学文献出版社，2016.

万有智库

上架建议：房地产经济

ISBN 978-7-5115-4113-0

定价：48.00元